"十四五"职业教育河南省规划教材

全国电力行业"十四五"规划教材
职业教育电力营销类专业系列

电力客户服务

主　编　张凯艺　邱文严　张　潮

副主编　赵彩霞　马鑫鑫　吴振伟

　　　　刘　静　孟　祥　孙永生

参　编　闫晓雪　肖　飒　张倚天

　　　　段　鑫　付　湘　聂为明

　　　　王晓岑

主　审　杨义波

中国电力出版社
CHINA ELECTRIC POWER PRESS

内 容 提 要

本书为"十四五"首批职业教育河南省规划教材，全国电力行业"十四五"规划教材。

全书采用行动导向、任务驱动方式编写。全书共 5 个项目（18 个任务），根据典型工作任务和工作流程，设计为包括电力客户服务人员形象塑造（备）、电力客户关系建立（待）、电力客户关系互动（办）、电力客户关系维持（访），并增加了数字智能电力客户服务实践应用案例，通过电力营商环境优化、探索数字化供电所助力乡村振兴、大数据用能分析、帮您降本增效等项目指导学生开展社会实践和岗位体验，为学生课外社会实践提供指导手册，激励学生了解电力客户服务发展前沿。每个任务由学习情境描述、学习目标、任务书、任务分组、任务准备、育心笃行、任务指导、任务实施、拓展实践、相关知识点、评价反馈等构成，内容紧密联系电力客户服务工作实际，以客户为中心，针对性强，充分体现现代高等职业教育产教融合、工学结合的特点。

本书作为电力客户服务专业课程教材，主要适用于高职高专院校电力营销、电力客户服务与管理、供用电技术、发电厂及电力系统、电力系统自动化技术等相关专业的学生；以及电力营销人员在职培训教材；也可作为电力客户服务管理者及客户服务人员的参考书。

图书在版编目（CIP）数据

电力客户服务/张凯艺，邱文严，张潮主编 . —北京：中国电力出版社，2023.9（2024.7 重印）
ISBN 978 - 7 - 5198 - 7484 - 1

Ⅰ.①电… Ⅱ.①张…②邱…③张… Ⅲ.①电力工业－工业企业管理－销售管理－商业服务－中国－高等职业教育－教材 Ⅳ.①F426.61

中国国家版本馆 CIP 数据核字（2023）第 186461 号

出版发行：中国电力出版社
地　　址：北京市东城区北京站西街 19 号（邮政编码 100005）
网　　址：http://www.cepp.sgcc.com.cn
责任编辑：冯宁宁（010 - 63412537）
责任校对：黄　蓓　王海南
装帧设计：赵姗姗
责任印制：吴　迪

印　　刷：北京锦鸿盛世印刷科技有限公司
版　　次：2023 年 9 月第一版
印　　次：2024 年 7 月北京第二次印刷
开　　本：787 毫米×1092 毫米　16 开本
印　　张：14
字　　数：313 千字
定　　价：48.00 元

前　　言

本书秉承习近平新时代中国特色社会主义思想指导下的职业教育理念，根据高等职业教育人才培养目标和电力行业人才需求，在普通教育办学模式向企业社会参与、专业特色鲜明的类型教育转变中，在"三教"改革、"职教20条"、校企共建协同育人背景下，结合电力体制改革推动电力产品消费，使学习者在为客户和社会创造价值中实现自身价值。本书以电力行业这一关系国计民生的重要基础产业和公用事业为出发点，以电力营销优质服务是电网公司的生命线为关键点，将客户服务理论与电力企业营销特色和标准深度融合，培养学生成为具有国际领先能源互联网企业营销理念和优质服务意识的高素质技术技能人才。

本书在编写过程中重点突出国家电网公司生产技能人员职业能力要求，电力客户服务技能的实用性和针对性，以及高职人才能力培养与现场岗位考核要求。内容以职业能力培养为核心，引入了国家标准、行业标准、"1+X"证书和职业规范，依据高等职业院校学生认知规律，科学、合理地设计了教学情境和学习任务。全书共5个项目（18个任务），内容包括电力客户服务人员形象塑造（备）、电力客户关系建立（待）、电力客户关系互动（办）、电力客户关系维持（访），每个任务由学习情境描述、学习目标、任务书、任务分组、任务准备、育心笃行、任务指导、任务实施、拓展阅读、相关知识点、评价反馈等构成，并增加了数字智能电力客户服务实践应用案例，通过电力营商环境优化、数字化供电所助力乡村振兴、大数据用能分析帮您降本增效等项目指导学生开展社会实践和岗位体验，为学生课外社会实践提供指导手册，激励学生了解电力客户服务发展前沿。

本书主要有以下特色：

1. 立足行业、教培融合，场景体验育人

依托行业办学优势，校企一体，教培天然融合，"营销专家＋技术能手＋企业培训师＋教学名师"四元教学团队，发挥各自专长，共同设计和打造项目任务、课程标准、微课资源，共建精品在线资源库、员工培训资源等。学生在校学习和岗位培训同步，丰富的企业资源为开展场景浸润式教学提供有效载体，促进育人质量提升。

2. 理实一体、任务驱动，打造对话课堂

依托供电客户经理等岗位真实内容，按照新型供电服务工作流程设计任务，每个任务由学习情境描述、学习目标、任务书、任务分组、任务准备、育心笃行、任务指导、任务实施、拓展实践、相关知识点、评价反馈等构成，利用任务工单，实施使学生从知识被动接受者转变为主动建构者，教师从教学专家转变为指导引领专家，实现师生有效互动，打造对话式课堂。

3. 根植电力、深挖思政，践行电业为民

结合学校"根植行业、教培一体、创新发展、特色鲜明"的办学定位，对接专业育人目标"具有工匠精神和信息素养，能够从事电力营销、电力客服的高素质技术技能人才"，确定课程思政主线为"不忘服务初心，践行电业为民使命"，挖掘"以人为本理念、劳动意识、低碳环保意识"等思政元素，构建以"中国电力成就、电力客服劳模"等为思政载体的育心笃行专题，形成"一任务一思政主题"的课程思政格局。

4. 过程评价、激励增信，建活页式教材

融入电力人才评价等评价标准，建立学生个体档案，实施自我评价、专家评价、企业评价、教师评价、组间评价、组内评价的"六元评价主体"；注重过程评价，创新"理论考核＋实操成果"的结果评价，强化增值评价激励增信。通过教材中基于真实项目、典型工作任务的教材体系，形成新型活页式教材。

本书为"电力客户服务"课程的配套教材，该课程结合数字教材的发展趋势，先后在蓝墨云班课、中国大学 MOOC、智慧职教等平台构建数字化、立体化教学资源，已建设完成课程资源（微课）200 余个，相关教辅资源包括校企实践类数字化资源、课证融通"客户代表"技能鉴定（中级）题库 1 套、活页式优质服务话术库 1 套、口袋书 1 本等，其中本书数字资源总码包括课程资源、思政资源、供电营业规则，扫码可查阅。基于此，同时配套出版数字教材，开设省级精品在线课程，增加学习途径和学习方式。

本书为"十四五"首批职业教育河南省规划教材，由张凯艺（郑州电力高等专科学校）、邱文严（郑州电力高等专科学校）、张潮（郑州电力高等专科学校）担任主编，赵彩霞（国网河南技培中心）、马鑫鑫（国网郑州供电公司）、吴振伟（国网河南省电力公司超高压公司）、刘静（郑州电力高等专科学校）、孟祥（郑州电力高等专科学校）、孙永生（郑州电力高等专科学校）担任副主编，闫晓雪（郑州电力高等专科学校）、肖飒（郑州电力高等专科学校）、张倚天（国网河南技培中心）、段鑫（郑州电力高等专科学校）、付湘（郑州电力高等专科学校）、聂为明（郑州电力高等专科学校）、王晓岑（国网郑州供电公司）参与编写。

智慧职教：
电力客户服务

郑州电力高等专科学校杨义波教授主审本书，提出了很多宝贵意见。同时，本书在编写过程中得到相关供电企业的大力支持和帮助，并借鉴了一些专家、学者的观点。在此一并致谢。

由于编者水平有限，疏漏和不当之处在所难免，敬请广大读者批评指正。

编者
2023 年 5 月

目　　录

项目1 客户服务人员形象塑造（备）
——为中国电力代言

任务1 轻松入门——职业礼仪展风采

学习情境描述

本任务按照《供电服务标准》（Q/GDW 10403—2021）和《客户代表》岗位标准（4-11-01-00）创设任务情境，以供电营业厅为学习场景，通过仪容仪表检查、仪态塑造等任务提升个人形象；学生在老师的带领下，通过团队合作、自主探究、班级展示等形式完成此次任务。旨在提升电力营销人员供电服务水平，树立以客户为中心的服务理念，践行"人民电业为人民"的企业宗旨，电力客户服务人员作为直接面向电力客户的窗口，应能够传承中华文化、展示企业形象。

学习目标

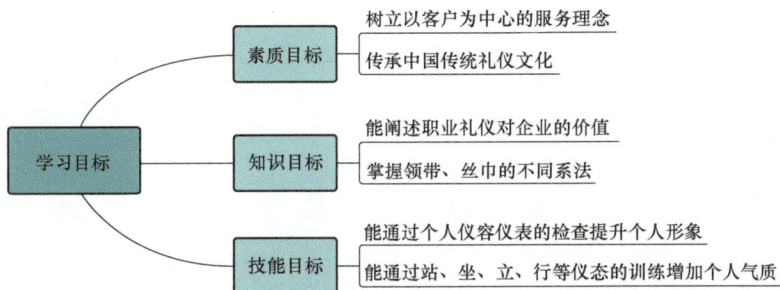

任务书

请阅读任务书，见表1-1，了解本次任务详情。

表1-1 任 务 书

任务书	轻松入门——电力职业礼仪展风采			
学习情境	供电营业厅实训室	任务学时	4学时	任务编号	任务1-1
学习形式	理实一体化	学习方法	角色扮演法 合作学习法	执行标准	《电力系统营销服务》（中级）"1+X"职业技能标准
学习设备	营业厅柜台等		学习平台		国网学堂
任务描述	本次任务结合课前理论知识的学习进行仪容仪表检查、仪态的训练，完成个人形象管理。男士学会打领带、女士学会系丝巾；通过训练掌握站、立、坐、蹲等基本仪态；学会礼仪操。每项任务完成后针对自己存在的问题进行总结并积极修正			

任务书	轻松入门——电力职业礼仪展风采		
任务内容	(1) 检查仪容仪表		

(1) 检查仪容仪表

检查项目	检查内容	检查结果
发型	清洁度、长度等	
面容	包括眼睛、鼻子、嘴巴、牙齿等	
指甲	清洁度、长度等	
服装	清洁度、TPO原则、适体性、搭配等	
鞋袜	整体性、清洁度、搭配等	
配饰	搭配、色彩、款式等	
个人卫生	是否有不雅行为	

(2) 打领带、系丝巾

作为供电客户服务人员，在营业大厅等正式场合下需要穿着正装，男生需要打领带、女生需要系丝巾，请大家搜集各种不同的系法，以组为单位在班级进行展示

(3) 仪态的训练

按照课前知识的学习请以小组为单位进行站姿、坐姿、行姿、蹲姿、手势的训练，并通过礼仪操的表演展示学习效果

任务成果	(1) 仪容仪表互评表 (2) 打领带、系丝巾效果图 (3) 小组情景模拟视频

任务分组

按每组4～6人成立营销班组，明确班组成员的工作任务，并填写学习任务分配表，见表1-2。

表1-2   学 习 任 务 分 配 表

营销班组		班组长	
组员			

任务分工：

💡 任务准备

（1）阅读任务书，了解任务内容。

（2）收集《供电服务标准》（Q/GDW 10403—2021）、《客户代表》岗位标准（4-11-01-00）中对供电客户服务人员职业形象的要求。

（3）在现代职业礼仪中探寻中国传统文化。

（4）自主探寻服务手势的种类。

育心笃行

中国传统文化
中的以人为本

📜 任务指导

（1）认真阅读任务单中的任务描述和任务详情。

（2）结合任务书以小组为单位进行形象互评，完成互评表。

（3）学习打领带、系丝巾的不同方法，并提交效果图。

（4）结合任务书以小组为单位进行仪态的学习。

（5）以小组为单位进行角色扮演，查漏补缺，多次练习达到熟练规范。

⚗️ 任务实施

引导问题 1 从着装、礼仪等方面寻找电力职业礼仪中的中华文化？

_____

_____

_____

_____

育心笃行

古代文化之
服饰礼仪

引导问题 2 个人形象管理对公司形象的价值是什么？

_____

_____

_____

_____

⟫ 小 提 示

我们可以从当代人的职场礼仪回溯华夏文化（又称汉文化），当现代职场礼仪 VS 华夏汉礼仪时，不知道能碰撞出多少火花呢？

华夏文化是以诸子百家文化为主流，兼收并蓄，百花齐放，是全方位的文化。正所谓华夏乃衣冠上国，礼仪之邦。中国有礼仪之大，故称夏；有服章之美，谓之华。而时代虽在进步，但礼仪之态不变。特别是在公众场合和职场上更需要注重礼仪，不然就会让内行人笑话。

如职业着装仪表必须符合本人的个性、体态特征、职位、企业文化、办公环境，志趣等，特别是职业女性，从化妆到套装、裙子、礼服、夹克、发型和指甲，再到鞋子、首饰、装饰品和衬衣，这些着装的细节都表现出一个人的能力和经验。

汉服从服饰结构（交领右衽、褒衣广袖、系带隐扣）到纹饰配件（纹章布料、足衣首服、色彩配饰），再到形制类型（深衣、上衣下裳、襦裙）。正所谓："黄帝尧舜垂衣裳而天下治"，这言行举止自然透露着礼仪文化。

引导问题 3 如何理解"给客户的第一印象—职业化"这句话？

_____

_____

🔹 小 提 示

客户服务人员初次在面见客户时，不仅展示的是客户服务人员本身，同时也代表了企业的形象。让客户对你感到信任，让客户认为你是具有一定专业素养的专业客户服务人员，这样客户才会放心地选择你的企业提供的产品或服务。作为客户，他也非常关注客户服务人员带给他的第一感受。在初次见面时，客户一般通过两个信息源来判断客户服务人员的专业程度：一是客户服务人员的个人形象；二是客户服务人员的服务态度。

电力客户服务
之着装礼

客户服务人员的个人形象。在与客户接近时，个人形象是留给他人好印象至关重要的一环，得体的着装，优雅的气质，和蔼可亲的态度都能给客户留下美好的印象。作为供电企业的客户服务人员，要求着装统一、整洁、得体，仪容自然、大方、端庄，举止文雅、礼貌、精神。

每次展现的形象将增加客户对企业的信心。研究表明，个人感觉对方外表的魅力与想再次与之相见的相关系数为 0.89，这要比其他特征，如个性、兴趣相同的相关系数高。由此可见，人的外表在人际交往中产生着重要的影响。

引导问题 4 列举手势的种类，见表 1-3。

表 1-3 手 势 的 种 类

手势的种类	基本规范	适用场景

引导问题 5 列举站姿的种类，见表 1-4。

表 1-4 站 姿 的 种 类

站姿的种类	基本规范	适用场景

引导问题 6 列举坐姿的种类，见表1-5。

表1-5 坐 姿 的 种 类

坐姿的种类	基本规范	适用场景

引导问题 7 以小组为单位进行形象检查，并记录检查结果，总结形象管理要点，见表1-6。

表1-6 形 象 管 理 要 点

检查项目	检查内容	检查结果
发型	清洁度、长度等	
面容	包括眼睛、鼻子、嘴巴、牙齿等	
指甲	清洁度、长度等	
服装	清洁度、TPO原则、适体性、搭配等	
鞋袜	整体性、清洁度、搭配等	
配饰	搭配、色彩、款式等	
个人卫生	是否有不雅行为	

引导问题 8 男生学习打领带、女生学习系丝巾，并能总结出不少于3种的系法，组间进行效果图对比，开展互评。

引导问题 9 练习职业礼仪操，各小组录制视频，查找问题，并以小组为单位在班级进行展示，记录团队合作过程及感悟。

柜 台 服 务 规 范

（1）当客户来柜台办理业务时，客户服务人员应立即停办内部事务，主动向客户问好，认真听取、确认客户的要求，快速接办客户业务。

（2）当客户需要办理的业务不在本柜台时，应热情指引客户至相应柜台。当客户较多时，运用"办一安二招呼三"的原则进行客户接待，照顾好每位客户。

（3）受理客户查询电费、办理业务情况时，应首先询问并核实客户身份，符合条件方可查询。

（4）受理用电业务时，应主动向客户一次性告知所需提供的相关资料、证件、办理的基本流程、收费项目和标准，并提供业务咨询和投诉电话。受理同一客户较多业务时，主动帮助客户合理安排办理顺序，缩短办事时间。

（5）其他柜台等待办理的客户较多时，主动提示客户到本柜台办理业务；当为等待时间较长的客户办理业务时，应主动向客户致歉。

（6）客户递上资料证件时，应双手接过，认真检查证件；递还证件时，应将证件的正方朝向客户，感谢客户配合，并提醒客户收妥。

（7）受理客户业务时，应首先核查申请客户有无拖欠应结费用或其他违约用电行为。当核查出客户尚有未结费用时，须礼貌提示客户先交费后方可办理。

（8）当客户证件及相关资料不齐而不能受理时，应礼貌告知并请客户带齐证件和资料再来办理，将客户须带齐的证件和资料列出清单，连同客户的证件资料交给客户，并将95598供电服务热线告知客户。

（9）认真审核客户填写的业务登记表，如填写有误，应礼貌地请客户重新填写，并给予热情的指导和帮助。核实客户提交的资料无误后，在营销管理信息系统中选择正确的业务类别（流程），准确、快速录入，及时传递到下一个工作环节。

（10）当客户的要求与政策法规相悖时，要向客户耐心解释，取得客户理解，不能与客户发生争执；当客户过于激动时，可由专人接待并做好进一步解释工作。

（11）业务受理完毕，应主动告知客户所办业务的答复时间和注意事项，并将相关票据、证件和资料交给客户，请客户收妥。

（12）受理客户咨询时，应认真倾听、分析、详细记录并确认客户的咨询内容。岗位职权范围内能立即答复的，直接给予明确的答复。当时无法答复，应说明情况请客户谅解并做好记录，留下客户联系电话，就客户咨询的问题及时请示营业厅主管或相关部门，待有明确的答复结果后，主动按约定的时间回复客户。

（13）对于咨询业扩、报装申请和日常用电申请的客户，客户服务人员应详细介绍并引导其办理相关用电手续，指导客户填写相关业务登记表，以及应提供的相关资料，告知客户办理业务的柜台。

（14）当客户来营业厅抱怨、投诉、举报时，主动将情绪激动的客户引导至独立的

电力客户服务
之服务礼

接待室进行接待，以免影响大厅内的其他客户，造成不良影响。

（15）在受理业务过程中遇到其他客户投诉时，应向正在办理业务的客户表示歉意，请其稍候，同时立刻报告营业厅主管（或值班经理）处理。

（16）接待客户投诉时，应按"先安抚客户、后处理事情"原则办理。

（17）服务人员需要离开柜台时，处理完手中正在办理的客户业务后，将"暂停服务"牌正面朝向客户放在柜台上，并向下一位的等待者表示歉意，方可离开柜台。无当班人员的服务柜台，必须摆放"暂停服务"牌。

（18）客户所办事项受理完毕时，服务人员应主动询问客户是否还有其他需求。

（19）客户离开柜台时，应微笑与客户道别。客户离开后，应将业务受理单据及时传递到下一环节，并迅速整理好柜台上的资料，迎接下一位客户的到来。

（20）下班时，对于正在处理中的业务应照常办理。若下班时仍有等候办理业务的客户，必须全部办理完毕后方可下班，不得找借口拒绝。

（21）营业厅主管（或值班经理）应对业务受理中的疑难问题及时进行协调处理。

引导问题 10 以小组为单位进行站姿、坐姿、行姿、蹲姿、手势的训练，注意团结协作、互帮互助，并录制视频记录学习过程。

引导问题 11 按照《供电服务质量标准》中对服务礼仪的要求开展组内训练，并进行客户服务场景模拟，记录模拟情况。

▶ **小 提 示**

（1）营业员应统一着装、佩戴工号牌（工作牌）。

（2）行为举止应自然、文雅、端庄、大方。

（3）为客户提供服务时，应礼貌、谦和、热情。当客户的要求与政策、法律、法规及公司制度相悖时，应向客户耐心解释，争取客户理解，做到有理有节。

规范的礼仪标准

容貌端正，举止大方。

端庄稳重，不卑不亢。

态度和蔼，待人真诚。

服饰规范，整洁挺括。

打扮得体，淡妆素抹。

训练有素，言行恰当。

📖 拓展阅读

客户对客户服务人员的第一印象不仅局限于个人的外在形象，还包括客户服务人员的精神面貌、行为举止等诸多方面。客户服务人员的敬业精神、工作态度都将影响客户对服务内容的判断。

1. 打造引人入胜的开场白

客户服务人员首次接待客户时，注意交流要把握好分寸，不要与客户长篇大论地套近乎，若弄巧成拙，反招致客户的反感，要做到：

（1）目光专注，精力充沛。

（2）以微笑来迎接客户。

（3）与客户做愉快简短的交流。

2. 了解客户的需求

心理学家马斯洛的人的需求层次理论，如图 1-1 所示。客户的需求是不断发展的，当较低层次的需求被满足后，就会追求更高层次的需求。对于客户不同层次、千差万别的服务需求，企业的客户服务人员需要进行提前预测。

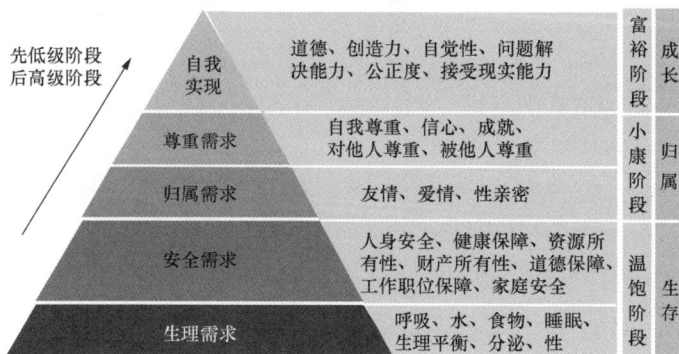

图 1-1　5个需求层次

先低级阶段
后高级阶段

自我实现　道德、创造力、自觉性、问题解决能力、公正度、接受现实能力　富裕阶段　成长

尊重需求　自我尊重、信心、成就、对他人尊重、被他人尊重　小康阶段　归属

归属需求　友情、爱情、性亲密

安全需求　人身安全、健康保障、资源所有性、财产所有性、道德保障、工作职位保障、家庭安全　温饱阶段　生存

生理需求　呼吸、水、食物、睡眠、生理平衡、分泌、性

中国素称礼仪之邦，礼在传统社会生活中无处不在，传统礼仪形态丰富完整，是中国宝贵的历史文化遗产。在古今中西的文化激荡中，中华儿女始终不忘传承优良的传统礼仪文化，并保持中华礼仪文化的独特性，来看看这些是如何在职业礼仪中体现的吧。

职场礼仪

职场礼仪，是指人们在职业场所中应当遵循的一系列礼仪规范，包括内在和外在两种主要因素，每一个职场人都需要有塑造并维护自我职业形象的意识。了解、掌握并恰当地应用职场礼仪有助于完善职场人的职业形象。

1. 职场礼仪的原则

（1）敬人的原则。职场交往过程中需要尊敬、重视对方，无论是上级之间、平级之间、下级之间、客户之间，尊重对方是最起码的教养。

（2）真诚的原则。只有真诚待人，才能尊重他人；只有真诚尊重，方能创造和谐愉快的人际关系，真诚和尊重是相辅相成的。真诚是对人对事的一种实事求是的态度，是待人真心实意的表现。

（3）自律的原则。自我对照，自我反省，自我要求，自我检点，自我约束，勿妄自尊大、口是心非，这些都是自律的基本要求。

（4）适度的原则。职场礼仪同样需要适度得体、掌握分寸，多一分会让人感觉过于热情，显得谄媚，少一分又让人感觉过于冷淡，显得自傲。

2. 职场礼仪的重要性

（1）职场礼仪是一个人的思想道德水平、个人修养的外在表现。

（2）职场礼仪有助于个人发展。拥有良好职场礼仪的人能和身边的同事相处融洽，更容易被领导所认可，从而能得到更多的重用，有助于个人发展。

职场形象

一、仪容

一个人的仪表在社会交往过程中是构成第一印象的主要因素，窗口客户服务人员仪容仪表影响到客户对客户服务人员的专业能力和任职资格的判断。因此，员工的仪容仪表代表了企业的形象，每一位员工都应当注意自己的形象，给客户留下美好的印象。

客户在接受客户服务人员的服务时，通常是通过客户服务人员的外表形象来进行初步判断的，也就是说，他会通过一个人的外表来判断给他提供服务的人员是否是专业的。对于客户服务人员来说，适当的修饰外貌十分重要，它体现的是良好的精神面貌和积极乐观的工作态度。

1. 发型

发型的基本要求是庄重、整洁、大方。注意头发的卫生，经常清洗，使头发干净发亮，身上没有脱落的头发和头屑。男士鬓角不超过耳部，前额头发不触及眉眼，脑后头发不触及衣领，不可留长发、怪发，更不宜剃光头，要经常修理头发。女士头发不能太长，不要使用颜色太鲜艳的发夹，染发要接近黑色。女士的头发应视身高、年龄、职业而异，一般以短发和盘发较为适宜。

2. 面容

保持面部的洁净，进行适当的容貌修饰，使人感到大方、端庄、有活力。

（1）眼睛：清洁、无分泌物，避免眼睛布满血丝。室内不可戴墨镜。

（2）鼻子：鼻毛应剪短。勿当众抠鼻子。

（3）嘴巴、牙齿：清洁、无食品残留物。注意口腔卫生，坚持刷牙；刷牙最好做到"三个三"，即每天刷三次，饭后3min进行，刷牙用时3min；忌吃葱、大蒜、韭菜、臭豆腐等能引起口臭的食品，口腔有异味的人员应采取适当的方法克服，可以含茶叶或嚼口香糖以除异味。

（4）胡子：男士应每天修面，不可留大胡子。

无论男女，在干燥的季节里要特别注意面部的保养，以保持面部的滋润和清洁。

3. 指甲

保持指甲的清洁，必须经常修剪和清洗指甲，男士不能留指甲，女士指甲的长度以自己张开手，从手心这一面看不到指甲为宜，不能涂色彩太浓的指甲油。

4. 个人卫生要求

个人卫生是个人精神面貌的体现，个人卫生方面要做到"三勤"，即勤洗澡、勤换衣服、勤漱口；不要在人前"打扫个人卫生"，比如剔牙齿、掏鼻孔、挖耳屎、修指甲、搓泥垢等，这些行为都应该避开他人进行，否则，不仅不雅观，也不尊重他人。

二、女士职业妆容

1. 女士发型

（1）发型基本要求：日常工作着装，职场女性应力求保持发型整齐、干练。一般头发长度不宜超过肩膀，若超过肩膀则需要扎起或盘起；头发颜色以自然色为主；头发清洁、无头屑，发质软者可用摩丝定型；头发披散、蓬乱均不宜。

图1-2 女性职业形象

（2）脸型与发型：脸型与发型的搭配有很多技巧。一般人的脸型分为：圆脸、方脸、长脸、菱形脸、心形脸、不均匀脸等。在我们选择发型的时候最好能扬长避短，把我们最美的一面展现出来。女性职业形象如图1-2所示。

2. 化妆的基本要求

对从事客户服务工作的女性来说，化妆要少而精，强调和突出自身具有的自然美部分，减弱或掩盖容貌上的缺陷。一般以淡妆为宜，不能浓妆艳抹，并避免使用气味浓烈的化妆品。

（1）化妆色彩要与自己的肤色相协调，色彩要求淡雅、和谐统一，给人以美的感受。女士一般希望面部化妆白净一点，但不可在化妆后明显改变自己的肤色，应与自己原有肤色恰当结合，这样才会显得自然、协调。

（2）化妆区域应与自己的脸型相协调。脸宽者，强调五官时可适当集中一些，描眉、画眼、涂口红、拍腮红要尽量往中间集中，以收拢缩小面部，使脸型显得好看些；脸窄者，修饰五官时可适度放宽，比如眉心距离可以适当拉大一些，着重强调外眼角等。

（3）化妆浓淡应根据时间、场合来定。妆面一般可分为浓妆和淡妆两种。白天多为工作和学习时间，适宜化淡妆，显示出青春活力和淡雅的气质；而晚上多为休闲和社交时间，可以根据场合选择浓妆，在暗淡的灯光下更显出健康的肤色和美丽。

三、仪表

个人形象资源指的主要是容貌、魅力、风度、气质、化妆、服饰等，这是一种值得开发、利用的资源。电力企业窗口客户服务人员应统一着装，让客户一眼可以看到，专业感会更强。关于职业服装的要求如下。

1. 适体性原则

这要求服饰与个体自身的性别、年龄、容貌、肤色、身材、体形、个性、气质及职业身份等相适宜和相协调，力求反映一个人的个性特征。选择服饰因人而异，着重点在于展示所长，遮掩所短，显现独特的个性魅力和最佳风貌。

2. TPO 原则

TPO 是英文中 time、place、object 三个单词的英文字母缩写。"T"指时间，泛指早晚、季节、时代等；"P"代表地方、场所、位置；"O"代表目的、目标、对象。TPO 原则是目前国际上公认的着装标准，遵循这一原则，就是合乎礼仪的。

3. 整体性原则

这要求服饰先着眼于人的整体，再考虑各个局部的修饰，促成修饰与人自身的诸多因素之间协调一致，使之浑然一体，营造出整体风采。正确的着装，能起到修饰形体、容貌等作用，形成和谐的整体美。服饰美就是从这多种因素的和谐统一中显现出来的。

4. 适度性原则

这要求服饰无论是在修饰程度上，还是在饰品数量和修饰技巧上，都应把握分寸，自然适度，追求虽刻意雕琢而又不露痕迹的效果。

四、职场配饰

服饰能给人一个整体印象，而配饰的选择则是"细微之处见真章"。

1. 配饰佩戴原则

（1）场合原则。女士赴宴或者参加舞会等，可以佩戴一些较大的胸针等配饰；平日上班或者休闲时，可以佩戴一些小巧精致、淡雅的胸针、项链、耳环等。

（2）服饰协调原则。一般情况，女士如果佩戴项链，项链色彩最好与衣服颜色协调，穿运动服或者工作服时，可以不戴项链和耳环；带坠子的耳环忌与工作服相配。

（3）色彩原则。佩戴首饰时，应力求同色，若佩戴两件或两件以上饰品，应该使色彩一致或者主色一致。

（4）简洁原则。佩戴首饰最好的原则就是少而精，忌讳把全部家当都往身上戴，给人一种庸俗、毫无美感的印象。

2. 男士配饰要点

男士的配饰有方巾、手表或金银配饰等。

（1）戒指。银色白金戒指，戴在无名指为佳。如果已经佩戴了戒指，手上尽量不要出现第二件金属配饰。

（2）手表。如果是个年轻人，那么可以选择各种款式的手表，注意要选择金属表带、表盘简洁的手表。

（3）包。包的颜色与腰带、皮鞋一致，材质以皮质为主；款式简洁、大方、职业，直线感强。

（4）皮带。长短适中，余下部分12cm左右；颜色与包、皮鞋一致。

3. 女士配饰要点

（1）耳饰。耳饰有很多种，耳线、耳环、耳钉等都可以作为职场女性不同场合的配饰。一般的正常场合下搭配小巧精致的耳钉就可以了，不过要注意的就是结合您的脸型来搭配耳饰。

（2）项链。项链可以与耳饰一起来搭配，色调统一即可。职场女性参加酒会、婚礼、晚会等场合，可以佩戴一些较鲜艳夺目的项链等珠宝首饰。

（3）手表。手表是职场女性的装饰品。职场女性佩戴手表，穿搭简约的职场装束，能给人做事果断利落、干练成熟的感觉。

（4）手提包。不同场合需要搭配不同的包，如通勤包、晚装包、休闲包、手提包、公务包等。合身的套装加上实用的通勤包，能彰显职场女性的专业形象。注意包的颜色要与衣服的颜色搭配，整体颜色协调才好看。

五、仪态

1. 站姿

▶ 要　求　自然、轻松、优美、挺拔。

▶ 要　领　站立时身体要端正、挺拔、重心放在两脚中间，挺胸，收腹，两肩要平、放松，两眼自然平视，嘴微闭，面带笑容。平时双手交叉放在体后，与客户谈话时应上前一步，双手交叉放在体前。女士站立时，双脚呈"V"字形，双膝及脚后跟均应紧靠。男士站立时，双脚可以呈"V"字形，也可以双脚打开与肩同宽，但应注意不能宽于肩部。站立时间过长而感到疲劳时，可一只脚向后稍移一步，呈稍息状态，但上身仍应保持正直。

▶ 注　意　站立时不得东倒西歪、歪脖、斜肩、弓背、O形腿等，双手不可叉腰，也不能抱在胸前或插入口袋，不可靠墙或斜倚在其他支撑物上，站姿如图1-3所示。

2. 坐姿

在接待客户时，坐姿要求：坐姿要端正稳重，切忌前俯后仰，半躺半坐，上下晃、抖腿，或以手托头，趴伏在桌子上。不论哪种坐姿，女性都切忌两腿分开或两脚呈八字形；男士两腿可略微分开，但不要超过肩宽。若需侧身说话，不可只转头部，而应上体与腿同时转动面向对方。坐姿如图1-4所示。

客户服务
之仪态礼

图1-3 站姿

图1-4 坐姿

3. 走姿

要求：充满活力、自然大方、神采奕奕。

▶ 要 领 行走时，身体重心可稍向前倾，昂首，挺胸，收腹，上体要正直，双目平视，嘴微闭，面露笑容，肩部放松，两臂自然下垂摆动，前后幅度约45°，步幅度要适中，一般标准是一脚踩出落地后，脚跟离未踩出脚尖的距离大约是自己的脚长。女员工走一字线，双脚跟走成一直线，步子较小，行如和风；男员工行走双脚跟走成两条直线（尽量靠近），迈稳健大步。行走时路线一般靠右行，不可走在路中间。行走过程遇客户、上司等时，应自然注视对方，点头致意，并主动让路，不可抢道而行。如有急事确需超越时，应先向客户、上司等致歉后才加快步伐超越，动作不可过猛；在路面较窄的地方与上司、客户等相遇时，应将身体正面转向上司、客户等；在前面引导宾客时，要尽量走在宾客的侧前方。

▶ 注 意 行走时不能走"内八字"或"外八字"，不应摇头晃脑、左顾右盼、手插口袋、吹口哨、与他人搭肩搂腰等。走姿如图1-5所示。

4. 蹲姿

要拾取低处物品时，不能只弯上身，翘臀部，而应采取正确蹲姿。下蹲时两腿紧靠，左脚掌基本着地，小腿大致垂直于地面，右脚脚跟提起，脚尖着地，微微屈膝，移低身体重心，直下腰拾取物品。

图1-5 走姿

5. 手势

▶ 要 求 优雅、含蓄、彬彬有礼。

13

▶**要　领**　在接待、引路、向客户介绍信息时，要使用正确手势，五指并拢伸直，掌心不可凹陷（女士可稍稍压低食指）。掌心向上，以肘关节为轴。眼望目标指引方向，同时应兼顾客户是否明确所指示的方向。

▶**注　意**　切记不可只用食指指指点点，而应采用掌式。

练一练

（1）（单选）每一个员工的个人形象都在不同程度上反映出（　　）。

A. 企业形象和文化　　　B. 服务理念和精神风范　　　C. 服务范围

（2）（单选）正式场合着装，服饰整体不应超过（　　）颜色。

A. 1种　　　　　　　B. 2种　　　　　　　C. 3种　　　　　　　D. 4种

（3）（判断）作为供电营业厅客户服务人员，客户进门时应采用横摆式的手势迎接。（　　）

评价反馈

请大家根据本次任务完成情况填写综合评价表，见表1-7。

表1-7　　　　　　　　　　　综 合 评 价 表

班级：		姓名：		学号：	
评价项目		评价内容	评价方式	分值	得分
线上学习 （20%）	云教材	数字教材阅读时长	【过程评价】 平台数据	5	
	平台资源学习	资源自学完成度		5	
	平台活动和测试	参与线上活动态度与能力		10	
	中华文化小课堂专题	课程思政学习效果反馈点1			
线下实操 （40%）	形象检查	能根据形象检查表完成自我检查	【过程评价】 教师评价60% 组内互评20% 组间互评20%	10	
	打领带、系丝巾	掌握几种打领带、系丝巾的方法		10	
	礼仪操	能够按照规范完成礼仪操		10	
	柜台服务礼仪演练	完成柜台服务职业礼仪情景模拟		10	
	育心笃行学习情况	课程思政学习效果反馈点2			
任务成果 （20%）	仪容仪表互评表	记录完整、正确	【结果评价】 教师评价60% 组间互评40%	10	
	小组情景模拟视频	动作熟练、服务流程规范		10	
	思政口袋书记录情况	课程思政学习效果反馈点3			
学习增量 （20%）	个体学业成就	与上个任务成绩对比	【增值评价】 平台数据对比 学生自评	5	
	职业素养提升	服务意识、主动性增强		5	
	师生互动频率	师生互动次数增加		5	
	公益活动参与	公益活动、社会实践参与情况		5	
综合得分				100	

任务 2　新手上路——服务话术暖人心

学习情境描述

本任务按照《电力系统营销服务》"1＋X"职业技能等级证书和《客户代表》岗位标准（4-11-01-00）创设学习情境，按照典型工作任务设计3个子任务：语言训练测评、模拟客户查询电量电费时的对话、模拟客户申请对计量装置进行校验时的对话等提升学生服务话术，并在老师的带领下进行电话服务、现场服务的场景切换，使大家具备多场景下的语言表达服务技能。

学习目标

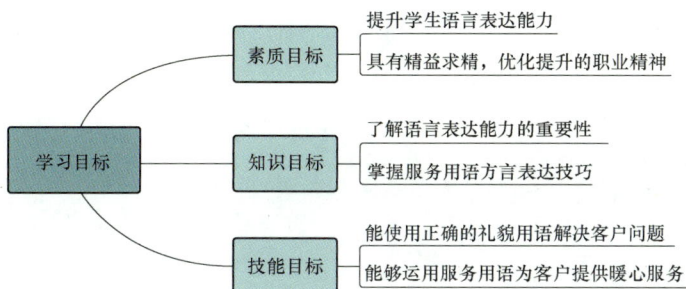

学习目标
- 素质目标
  - 提升学生语言表达能力
  - 具有精益求精，优化提升的职业精神
- 知识目标
  - 了解语言表达能力的重要性
  - 掌握服务用语方言表达技巧
- 技能目标
  - 能使用正确的礼貌用语解决客户问题
  - 能够运用服务用语为客户提供暖心服务

任务书

请阅读任务书，见表1-8，了解本次任务详情。

表 1-8　　　　　　　　　　　　　　任　务　书

任务书	新手上路——电力服务话术暖人心				
学习情境	供电营业厅实训室/95598工作站	任务学时	4学时	任务编号	任务1-2
学习形式	理实一体化	学习方法	角色扮演法 合作学习法	执行标准	《电力系统营销服务》（中级）"1＋X"职业技能标准
学习设备	营业厅柜台、呼叫设备等	学习平台			智慧职教
任务描述	本任务是作为电力客户服务人员应该具备的重要技能，也是"1＋X"证书重点考核内容，带领大家学习语言表达的重要性，服务语言表达技巧；课前学生们自主学习相关理论知识，课中教师带领大家通过练一练、引导问题等探索服务语言的实际应用，各组通过团队协作、角色扮演等完成语言测试、场景模拟等任务；任务完成后查漏补缺，优化提升，能够通过课后实践检验话术技能				

任务书	新手上路—电力服务话术暖人心
实施步骤	
任务成果	(1)《常用和礼貌用语七字诀》测试录音 (2) 客户查询电量电费对话录音 (3) 客户申请计量装置校验对话录音

✏️ 任务分组

按每组 4~6 人成立营销班组，明确班组成员的工作任务，并填写学习任务分配表，见表 1-9。

表 1-9   学 习 任 务 分 配 表

营销班组		班组长	
组员			

任务分工：

💡 任务准备

（1）阅读任务书，了解任务内容。

（2）收集《供电服务标准》（Q/GDW 10403—2021）、《客户代表》岗位标准（4-11-01-00）中对供电客户服务人员服务用语的要求。

（3）以客户身份拨打 95598 客服电话，针对某一用电问题进行咨询，记录服务话术。

（4）思考客户服务人员为什么要提高语言表达能力？

📜 任务指导

育心笃行

企业文化之
职业表达

（1）各小组认真阅读任务单中的任务内容和实施流程。

（2）按照任务内容反复训练，自主完成 3min 测试并录音。

（3）在教师的指导下各组分角色扮演客户和客户代表，完成场景对话。

（4）记录场景模拟对话过程，总结电话服务和现场服务话术的异同点。

（5）各组根据记录的模拟视频查找问题，班级成果展示，复盘优化。

⚗ 任务实施

引导问题 1 说说营业窗口常用文明礼貌用语。

_____

_____

引导问题 2 说说营业窗口服务忌语有哪些。

_____

_____

_____

小 提 示

客户服务文明用语和忌语

营业窗口文明
用语和忌语

1. 礼貌用语规范

迎送用语：欢迎、再见、请进、请您走好……

问候用语：您好、早上好、晚上好、大家好……

致谢用语：谢谢、非常感谢、多谢合作……

拜托用语：请多关照、拜托您了……

赞赏用语：太好了、真棒、好极了……

致歉用语：对不起、抱歉、请原谅……

理解用语：深有同感、所见略同……

祝贺用语：祝您生日快乐、节日愉快、恭喜……

征询用语：请问……

请求用语：请、请稍候、请您配合、劳驾、打扰了……

2.工作服务用语与服务忌语

在服务工作中应自觉使用礼貌用语，杜绝服务忌语，严禁使用有伤客户自尊、有损人格以及讽刺、挖苦、嘲弄、责怪、粗俗、生硬、调侃、蛮横无理的语言。工作服务用语与服务忌语，见表1-10。

表1-10 工作服务用语与服务忌语

序号	服务内容	服务用语	服务忌语
1	为客户办理业务时	请问、请稍候、我马上为您办理	急什么！你没看见我正忙着吗？
2	客户进门打招呼时	您好！请坐！请问您需要什么帮助	干什么？那边等着
3	客户所办业务不属于自己职责时	对不起，您的业务请到××柜台办理，请往这边走	不知道！自己去问
4	所办业务一时难以答复，需请示领导时	请稍候，我们研究一下。对不起，请留下您的联系电话，我在××日答复您	我办不了，没办法或找领导去
5	客户交款时	收您××元，找您××元，请点好	快交钱！给你！拿着
6	与客户交谈工作时	您好、请、谢谢、打扰了、劳驾、麻烦、再见	废话！真啰嗦
7	客户离开时	请您走好、再见	快走吧
8	到客户处自我介绍时	您好！我是××供电公司的××，是来抄电表（收费、装表、换表等）的	电力公司的
9	告别客户时	打扰了，谢谢您的合作！再见！	走了
10	接听客户电话时	您好！我是××供电公司的××，请问您需要什么帮助	什么事？不知道
11	客户打错电话时	您打错了，这里是××供电公司	打错了！错了
12	未听清楚，需要客户重复时	对不起，我没听清楚，请您再说一遍，谢谢您	听不清楚！听不到
13	接到的电话问题不属于本岗位职责时	对不起，请您拨打××电话，找××（咨询）	打错了，这事我不管
14	工作出现差错时	对不起、请原谅、请多批评	错了！你生什么气
15	受到客户批评时	您提的意见有利于改进我们的工作，我们一定虚心接受，请多提宝贵意见	这又不是我的错，有意见找领导去

序号	服务内容	服务用语	服务忌语
16	遇有个别客户蛮不讲理时	不用着急，有事好商量，如果您有意见，我可以请有关方面帮助解决	你怎么这样不讲道理，我没法跟你谈
17	客户道谢时	没关系，这是我应该做的	算了！算了
18	客人参观检查工作时	您好！我叫××，负责××工作，欢迎检查指导	你是哪来的！要看什么
19	当客户咨询电价结算时	我们是按物价局批准的电价政策文件执行	这是供电部门规定

引导问题 3 熟读《常用礼貌用语七字诀》，并录音测试，要求吐字清晰，富有情感，语速适中，测试时间为3min，测试结束后记录自己的测试效果和测试时间。

_____

_____

小提示

与人相见说"您好"，问人姓氏说"贵姓"，问人住址说"府上"，仰慕已久说"久仰"。

长期未见说"久违"，求人帮忙说"劳烦"，向人询问说"请问"，请人协助说"费心"。

请人解答说"请教"，求人办事说"拜托"，麻烦别人说"打扰"，求人方便说"借光"。

请改文章说"斧正"，接收好意说"领情"，求人指点说"赐教"，得人帮助说"谢谢"。

祝人健康说"保重"，向人祝贺说"恭喜"，老人年龄说"高寿"，身体不适说"欠安"。

看望别人说"拜访"，请人接受说"笑纳"，送人照片说"惠存"，欢迎购买说"惠顾"。

希望照顾说"关照"，赞人见解说"高见"，归还物品说"奉还"，请人赴约说"赏光"。

对方来信说"惠书"，自己住家说"寒舍"，需要考虑说"斟酌"，无法满足说"抱歉"。

请人谅解说"包涵"，言行不妥说"对不起"，慰问他人说"辛苦"，迎接客人说"欢迎"。

宾客来到说"光临"，等候别人说"恭候"，没能迎接说"失迎"。

引导问题 4 通过以下影响因素检测自己的声音，并给出整改方法，根据提示完成声音影响因素，见表1-11。

表 1-11   声 音 影 响 因 素

影响因素	检测内容	检测结果	整改方法
语调	是否抑扬顿挫、是否坚定		
声调	是否太尖或太低		
音量	是否太大或太小		
语速	是否太快或太慢		
停顿	是否有正确合适的停顿		
地方口音	是否有浓厚或难懂的地方口音		
其他	是否有过多的口头语或口头禅、发音错误等		

▓ 小 提 示

声 音 的 重 要

格莱斯顿说："99％的人不能出类拔萃是因为他们忽略了对嗓音的训练。他们认为训练不具任何意义。"在商场或是社交生活中，拥有响亮悦耳的声音是一项有价值的资产。不正确的声音经常让人忍不住想纠正，客户服务中心工作人员和客户发生冲突，往往是因为不正确的声音引起的。

心理学家研究发现，人与人之间的交流58％通过视觉，35％是通过听觉来实现的，只有7％是实际的语言。35％的听觉交流是通过语言来表达的，它包括音质、音频、语调、语气、停顿等，这些被称为副语言。在电话交流中，声音占交流效果的90％。因而很多通过电话销售或是提供电话服务的公司对员工的第一要求就是具有动听、有魅力的声音。因为宽厚、低沉的声音让人感到有权威、可信、可靠。运用声音交流的同时，还可以揭示你的性格是友好、热情、诚恳还是冷酷、无情、狡猾。客户可以通过对声音的印象判断公司的性质、职员的专业化程度、服务态度等，声音在电话中向客户描述和展示公司的形象，那种沉稳的声音让人感到公司有信誉、安全。

所以，对声音的训练就变得尤为重要。不妨试试，录下自己的声音，仔细听听，也让家人或亲友听，然后请他们指出需要纠正的地方。也许会发现，同事们不容易了解想表达的意思，是因为说话太快；亲朋好友也可能会指出本人所不知道的盲点，例如咬字不清或者用词不当等。听自己的声音，好像是看着镜子里的自己，清楚地看到自己的不足，并通过训练修正自己的声音。语气的含义，见表 1-12。

表 1-12   语 气 的 含 义

语气	代表含义	举例
急躁语气	焦急、暴躁、激动，或者很不耐烦	"抓紧时间""快点，我还有别的事""想不想买""挑够了没有""快下班了"
生硬语气	勉强、生冷、僵硬，或者不够柔和	"着什么急""喊什么""等着""废话""别乱动，你赔得起它吗？"
轻慢语气	轻狂、歧视、怠慢，或者失敬于人	"你知道吗？""听说过没有""你见过吗？""看清价格再说""买得起吗？""瞧一瞧自己"

引导问题 5 电话服务中处理用电业务申请的服务话术技巧是什么？

引导问题 6 按照《供电服务标准》（Q/GDW 10403—2021）中对服务话术的要求开展组内训练，并进行客户服务场景模拟，记录模拟情况。

育心笃行

《礼记》中的话术技巧

➤ 小 提 示

对于用电业务的咨询，95598 的客户服务人员主要要做好准确信息发布的工作，不能在电话里对客户说"我不太清楚"或是"我不肯定"之类的话语，更不能在电话里告诉客户错误的信息，因为在 95598 专线里的你就代表了供电公司，你的话必须是正确权威的。如果在值班过程中真的遇到了不能回答的问题，那么可以说"请您稍等，我为您查一下"，如果在短时间内查不到的话，可以对客户说："您可以留下联系方式吗？我们查到以后主动与您联系好吗？"在确认客户的回答后，才能挂上电话。

下面是一例 95598 处理新装变压器的对话，同学们可以参考模拟训练。

坐席：您好，××号为您服务，请问有什么可以帮助您的吗？

客户：我想咨询一下，申请安装一台 630kV·A 的变压器，有哪些程序？

坐席：首先您需要到所在地供电公司的营业大厅办理新装用电申请，申请受理后到通电大致有以下几个程序。现场查勘、供电方案的制定和答复、电气设计资料审核、工程施工、电气竣工验收、签订供用电合同、装表接电等。

客户：需要交增容费吗？

坐席：您指的应该是供、配电贴费，已经取消此项收费。

客户：我们办厂需要持续供电，接双电源需要另外缴费吗？

坐席：若采用多电源供电（包括双电源），需要缴纳一定的高可靠性供电费用。

客户：知道了，谢谢。

坐席：不客气，欢迎再次拨打 95598，再见。

引导问题 7 以电话服务为场景，各组分角色扮演客户代表和客户，模拟客户查询电量电费时的对话，录制视频，总结其话术技巧。

引导问题 8 以供电营业大厅为场景，更换角色模拟查询电量电费时的对话，录制视频，总结其话术技巧，并与电话服务对比列出共同点和差异点。填写不同场景话术技巧 1，见表 1-13。

表 1-13　　　　　　　　　　　　　　　不同场景话术技巧 1

角色分配	共同点	差异点
供电营业大厅话术技巧		
与电话服务话术共同点		
与电话服务话术差异点		

引导问题 9 以电话服务为场景，各组分角色扮演柜台客户服务人员和客户，模拟客户申请对计量装置进行校验时的对话，录制视频，总结其话术技巧。

引导问题 10 以供电营业大厅为场景，更换角色模拟客户申请对计量装置进行校验时的对话，录制视频，总结其话术技巧，并与电话服务对比列出共同点和差异点。填写不同场景话术技巧 2，见表 1-14。

表 1-14　　　　　　　　　　不同场景话术技巧 2

角色分配	共同点	差异点
供电营业大厅话术技巧		
与电话服务话术共同点		
与电话服务话术差异点		

引导问题 11 客户服务人员在遇到方言客户，无法理解对方表达内容时，应如何处理？

▶▶ 小 提 示

方 言 的 应 对

面对方言客户，应通过关键字沟通，尽量掌握客户诉求。无法准确理解或掌握客户诉求时，应通过设问方式准确核对客户联系电话，并根据客户来电区域和系统内行政区域，与客户逐一核对所属区县。参考话术：

（1）"对不起，我听不懂您的方言，您可以说普通话吗？"

（2）当客户无法使用普通话时，"对不起，我听不懂您的方言，您身边有会讲普通话的人吗？"

（3）若客户身边没有会讲普通话的人，"非常抱歉，我听不懂您的方言，我能让听懂您方言的工作人员和您联系吗？"

（4）取得客户认可后，与客户核对信息，"请问您是在××市××县（区）吗？您的联系电话是××吗？请您保持电话畅通，稍后会有工作人员与您联系。"

📖 拓展实践

请同学们结合《客户代表》职业技能等级证书（中级）内容，练习以下内容，并以小组为单位模拟场景，录制视频，提升为国际客户服务的语言表达能力。

英语客户
服务秘籍

HELLO! HOLA! مرحبا हेलो! ПРИВЕТ! 您好！

1. 营业窗口接待常用英语口语

（1）称谓用语。

老大娘、老大爷、师傅、同志、先生、女士、Grandma、Grandpa、Master、Comrade、Sir。

问好：您好！早上好！下午好！

Hello/How do you do! Good morning! Good afternoon!

（2）客户进门。

小姐、小朋友

Madam、Miss、Kid

您好！请坐，请问有什么可以帮您？

Hello! Take a seat please, what can I do for you?

您好！请坐。请问您要办理什么业务？

Hello! Take a seat/Have a seat, please. What can I do for you?

（3）为客户办理业务时。

请稍候，我马上为您办理。

Please wait for a moment, We will do it at once.

（4）当明确客户需要办理的业务，需要引导时。

您好！请往这边走。这边请！

Hello, this way please!

（5）客户所办业务不属于自己的职责时。

对不起，您的事情请到××处找××同志，请往这边走。

Sorry, please come to……, and……will help to solve your problem. This way, please.

请稍候，我先帮您联系一下。

Just a moment（second）please. I'll contact the person concerned for you.

（6）所办业务一时难以答复需请示领导时。

1）请稍候，我们马上研究一下。

Wait for a minute, we'll deal with the matter at once.

2）对不起，请留下电话号码，我们改日答复您。

Sorry, Please tell me your telephone number, we'll reply you as soon as possible.

（7）前面的客户业务办理时间过长时。

1）抱歉，让您久等了，我会加紧办理的。

I am sorry to keep you waiting for a long time. I'll attend to it as soon as possible.

2）对不起，现在业务比较忙，请您稍候。

I'm sorry. We are a bit busy now. Please wait a moment.

（8）与客户交谈工作时。

您好、请、谢谢、打扰了、劳驾、麻烦、再见。

Hello、Please、Thanks、Faze、Excuse me、See you.

（9）客户离开时。

请您走好，再见！

This way please，Bye‐Bye!

感谢您的光临。

Thank you for coming.

（10）离开客户时。

打扰了，再见！谢谢您的合作！

Sorry to trouble you，and thanks for your cooperation! See you!

（11）接客户电话时。

您好！我是××电业局，请问有什么可以帮您！

Hello，This is ×× Electric Supply Bureau，what can I do for you?

（12）客户打错电话时。

同志，您打错了，这里是供电公司。

Sorry Sir，you dialed the wrong number，this is Electric Supply Bureau.

（13）未听清楚，需要客户重复时。

对不起，我没听清楚，请您再说一遍，谢谢您！

Sorry，I didn't catch it，could you please repeat it，thank you!

（14）接到电话问题不属于本岗位职责时。

请稍候，我先帮您联系一下。

Just a moment please. I'll contact the person concerned for you.

（15）工作出现差错时。

对不起，我错了，请原谅，请多批评。

Sorry，It's my fault，thanks for your understanding and your suggestions are highly appreciated.

（16）受到客户批评时。

您提的意见我们一定慎重考虑，有利于改进我们工作的，我们一定虚心接受，欢迎多提宝贵意见。

Great thanks and care are paid to your precious advice. More suggestions are expected.

（17）客户提出建议时。

谢谢您，您提出的宝贵建议我们将及时反馈给公司相关领导。再次感谢您对我们电力公司的关心和支持。

Thank you for your valuables suggestions. I will report them in time to our leaders. Thanks again for your concern and support to our Electric Power Corporation.

（18）当客户对我们有误解时。

对不起，可能是我刚才没讲清楚，我们处理工作的程序是……

I'm sorry. I might not say it clearly，Our procedure is……

（19）遇有个别客户蛮不讲理时。

不要着急，有话慢慢说，如果您有不同意见，可以请有关方面解决。

Don't worry. If you hold different views，please let us know ，and we'll help to solve your problems.

（20）客户询问电费时。

您可以通过触摸屏幕来查看，有不明白的地方，我给您解释。

You can check this through the touching screen，I can explain the problem you · have.

（21）客户询问电能表损坏原因时。

对不起，电表损坏原因需经过鉴定才能确定，然后答复您。

Sorry，the damage of the breaker box will be confirmed after examination，and we will inform you.

（22）客户电能表损坏丢失时。

劳驾！请您介绍一下电表损坏（丢失）的情况好吗？

Could you please tell us the details?

（23）客户对校验结果不相信时。

同志，经检定电能表确定合格。如果您不放心，我们可以一起到技术监督部门复检。

Sir/Madam，The meter has been approved after it has been inspected. If you have any question about it，we can go Breau of Quality and Technical Superision together for sure.

（24）客户向我们道谢时。

别客气，这是我们应该做的。

You are welcome. It's our duty.

（25）当客户离开时。

感谢指导，再见！

Thank you very much! See you!

2. 业务办理常用口语

（1）当客户临柜时。

您好，请坐，请问您需要办理什么业务？

Hello，please sit down. What kind of business do you want to do?

（2）需要客户填写用电申请表时。

请您填写用电申请表，这是示范样本。

Please write the application，this is a sample.

（3）当客户的资料准备不齐时。

对不起，您还需要准备××资料才能办理。

Sorry，you can't handle the business until you prepare for the ××.

（4）当发现客户填写的用电申请登记表填写与实际不符时。

对不起，您填写的用电申请表与××资料上的内容不一致，请您核对后再重新填写，好吗?

Sorry，the application is different from the information. Please check it again.

（5）当发现客户还有相关费用未结清时。

对不起，您还有××费用尚未结清，暂时无法办理，请您结清后再来办理。

Sorry，we can't do it for you right now. The electricity bills haven't been paid off，and then apply.

（6）当客户已办理完用电申请登记表手续时。

您登记××业务的手续办好了，我们的工作人员将会在××个工作日内上门勘查，相关事宜我们会及时通知您。

Your business have finished，and our workmates will be surveyed within in ×× workdays，I'll call you if necessary.

（7）向客户答复书面供电方案时。

这是为您确定的供电方案，请您审核! 同意的话，请签字!

This is your power project，check it，please! If you no objection，please signing.

（8）当现场不具备供电条件时。

对不起，您的供电要求我们暂时还不能满足，原因是××，请谅解!

Sorry，we can't satisfied your requires right now. Because××.

（9）通知客户缴纳相关费用时。

根据确定的供电方案和××合同约定，您需要缴纳××费用××元，请到××柜台办理。

According to the power plan and the contract，you need to pay ×× Yuan. Please check out and pay off.

（10）在受理客户交费时。

您的应缴金额是××元，实收××元，这是发票和找您的××元，请您清点好。

You need to pay ×× Yuan. You've given me ×× Yuan. Here is your invoice and charge，please check it.

（11）客户询问什么时候能答复供电方案时。

我们对社会承诺，×个工作日内给您答复。

Power company promises that the meter must be installed and the electricity be supplied within × workdays.

（12）完成客户用电申请录入后，再递给客户用电申请查询卡时。

这是您的用电申请编号和查询卡，以后您可以凭这个编号，通过 95598 网站、电话或营业厅自助查询系统查询您的业务办理进度。

This is your computer application number and inquiring card，you can use this number to inquire 95598 web、telephone and parlor about your business progress by yourself.

（13）客户办理临时用电业务时。

请问贵公司需要申请施工用电，需要使用多长时间？

Would you please tell me how to apply for the temporary power supply for construction?

（14）客户询问临时接电费用收取标准时。

临时接电费是对申请临时用电的客户收取，这是我们的宣传资料，上面介绍了收费依据、标准和相关事项，请您阅读。

The temporary connecting fee would be charged from the applied temporary users, here are the introduction booklets of charging standards. Please read.

相关知识点（"1+X"证书）

自古以来，我国就有重视语言表达能力的传统，并已充分认识到口头表达在安邦定国、社会交往中的作用。古人说"一人之辩，重于九鼎之宝；三寸之舌，强于百万雄师。"语言是最普遍、最方便、最直接的传递方式。作为电力客户服务人员尤其是供电营业窗口客户服务人员，肩负着受理客户需求、传递供用双方信息、沟通客户关系的神圣职责，其良好的语言表达能力对提高优质服务水平、提升窗口形象意义重大。

客户代表语言表达基本素质要求（1+X证书）

一、语言表达

1. 语言表达能力的基本概念

所谓语言表达能力，就是指思维逻辑清晰，用词准确得当，能够通过简练、生动并有说服力、感染力的语言，快速准确地向他人表达出自己的思想、行为的一种能力。

2. 语言表达能力的重要性

供电企业是一个服务性企业，面向广大客户。不同岗位的电力客户服务人员都会与客户面对面交流，语言表达是必不可少。通过学习，培养良好的语言表达能力，可提高电力客户服务工作质量，在供用电全过程服务中起到重要的作用。

总之，语言表达能力是提高素质、开发潜力的主要途径，是驾驭人生、改造生活、追求事业成功的无价之宝，是通往成功之路的必要途径。

3. 语言表达能力在服务中的作用

（1）提高服务素养。语言是信息的第一载体，语言的力量能够征服世界上最复杂的东西——人的心灵，语言是最简便、最快捷、最廉价的传递手段，比书面表达更灵活、更及时、更直截了当，因而也更行之有效。良好的语言表达能力是促进坐席人员成长的重要条件之一。

在为客户服务的过程中，根据实际情况将电力政策、法律法规等知识在头脑中形成意念，通过语言传送给客户，语言传送过程中以最合理的搭配原则将字、词、句组织起来，清晰明了告知客户，让他们领悟我们的意思，理解我们的表达，相信我们的态度，最终与我们达成共识。在突发事件中，灵活运用丰富的词汇含量、广泛的知识储量和应变能力，用语言说服和打动客户，所以语言表达能力的培养，能提高坐席人员优良的服务素养，使信息传送的过程准确高效。

（2）提升服务质量。客户在享受供用电服务时，从电力客户服务人员的言谈话语中感觉到电力人的职业素养，尤其是客户服务人员作为供电服务窗口人员，更是代表了整个企业的职业素养。所以提高个人的语言表达能力，将会提升整个企业的服务质量。客户只有从电力客户服务人员的语言中感受到专业、热情、诚恳的态度，情绪被平复，问题被解决，才会认为供电企业能够为他们提供高品质的服务，从知晓到了解，从喜欢到偏好，从信任到忠诚。

（3）展示优秀的企业形象。客户对供电公司的概念形成于与这个企业的客户服务人员接触时的感知，比如营业厅为客户提供了一次美好的服务享受，那么客户必然会将对客户代表的好感和服务过程的满意转移为对公司的忠诚，同时公司的优秀形象也将获得极大的展示空间。而一次失败的服务，客户也不会认为是某个客户服务人员或营业厅的工作问题，会从情感上扩大为属于供电公司的整体素质问题，使供电公司的企业形象受到负面影响。

客户服务人员为客户提供服务时，对于语言表达要谨慎、规范和专业，因为，我们向外界发出的每一个声音都不是个人行为，而是代表自己所在的企业，甚至于企业品牌。因此，为了牢固树立企业的优秀形象，电力客户服务人员的语言表达能力就更为重要。

4. 语言表达能力的培养途径

电力客户服务人员的语言表达能力只有在日常工作和生活中加强重视、不断培训、经常练习，才能打好基础并且获得长线成长的源泉，主要有四个培养途径：

（1）文字阅读。应该多涉猎电力政策法规、电力论文、服务礼仪、心理分析等类型的文章，以宽泛的阅读量作为语言表达的基本积淀。通过日常的文字阅读，不断地将专业词汇、标准用语、服务技巧等在大脑中加深印象，避免在沟通中出现无话可说、语无伦次和词不达意的现象。除了文字阅读以外，还可以通过报纸、电视新闻等媒体渠道，了解时事，拓宽知识面，客户服务人员甚至可以学习主持人、辩手、演讲者等职业的语言表达技巧，提高自己的语言表达能力。

（2）日常表达。在非工作时间里，营业厅客户服务人员也会用语言向外界传递自己的意念和想法，这个时间比工作时间更长，所以应该充分利用这些时间来培养自己。与家人交流时，应该礼貌文明用语，避免形成口头禅；与同事交流时，应该规范用语，尽量使用普通话；社交场合中，应该掌握基本礼仪，提高表达的品质和格调。

还可以采用自说自听、己说人听这两种方式，有意识、有计划地培养语言表达能力。自说自听就是自己对自己说话，可以自己准备可供叙述的文章，或者根据一件事物进行即兴自说；己说人听是自己对别人说话，依托"看、想、说"这个快速的过程，理解观察对象，展开丰富联想，迅速组织内部语言和词语序列，提升语言表达能力。

（3）语言交流。语言交流是两个人或更多人之间运用问与答的形式培养语言表达能力。在平时应超越枯燥的文字符号，运用丰富多变的语音、语调、节奏和态势等特有手段来向外界表情达意。在语言交流时，还要不断调整思路、组织语言，以一种高度集中、快捷有序的思维过程，即兴而谈。对于语言表达能力来说，不说不练是无法获得提高的，只能通过不断地练习，做到熟能生巧，勤能补拙，锻炼自己在不同的语言环境中，左右逢源，得心应"口"。

（4）写作练习。写作的过程是逐字表述的，落笔之后，还可以进行修改，语言表达则是直接从思维链到词语链，无法修改，所以在和客户沟通时更要慎思、敏思。在平时应注重文字能力的培养，通过行文时稳健的思考过程来拓展个人思维的深度、广度、高度，以文字驾驭能力、概括分析能力等综合能力形成良好的"内语言"条件，从而使"外语言"，也就是语言表达能力得到质的飞跃。

二、 声音及语言的感染力

客户服务人员的语言能力的运用主要体现在以下几个方面。

1. 语气

语气有很强大的感染力，客户服务人员与客户进行沟通时，说话时的语气很关键。要注意讲话的语气，要成为一个会说话的人。

（1）不卑不亢。客户服务人员的说话语气要做到不卑不亢，不要让客户感觉你是在哀求他，那种唯唯诺诺的语气只会传达一种消极的信息给客户，同时不利于建立自身的专业形象。另外，也不要让客户感觉你有种盛气凌人的架势，这样说话会给客户留下极为不好的印象，潜在的交易也很可能因此而泡汤。

例：

"您看……这件事情……啊……全靠您了……"（卑微）

"你不知道我们公司啊?"（傲慢）

（2）避免不良语气。客户服务人员在工作岗位上与服务对象口头交谈的时候，务必要在自己的语气上表现出热情、亲切、和蔼和耐心，最重要的是不要有意无意之间，使自己的语气显得急躁、生硬或者轻慢。

2. 语速与节奏

语速即说话的速度，语速会在客户的大脑中形成对客户服务人员的不同印象：语速过快，客户会觉得客户服务人员不耐烦、不在意；语速过慢，客户则会觉得客户服务人员漫不经心。

三、 服务话术

服务语言是企业与客户之间联系的纽带，是沟通的工具。在服务过程中，客户服务人员向客户传输服务意识离不开服务语言，而传输的效果又会直接影响服务质量和客户的满意度。良好的语言表达能力要求客户服务人员在简单重复的表达中显示出自己的内涵，不仅能满足客户提出的需求，还能挖掘客户未想到但可能存在的需求，从服务的深度和广度上给客户带来愉悦。

四、 服务语言的表达技巧

1. 人体语言的运用技巧

人体语言是以人的动作、表情、界域和服饰等来传递信息的一种无声伴随语言。它与自然（有声）语言相辅相成，共同表达一个人的思想、情感等信息。在人际交往中，人体语言是一种广泛运用的重要沟通方式，它与有声语言一起，共同塑造个人的语言魅力。有专业机构曾认为：在面对面沟通中，人体语言在整个语言表达效果中占55%。恰到好处地运用人体语言，能有效地增进双方谈话、沟通的效果。

人体语言包含的内容较多，在营业窗口中常用的有：

（1）首语，即通过人体头部活动所表达的信息，包括点头和摇头。一般来说，点头表示首肯，有致意、同意、肯定、承认、赞同、感谢、应允、满意、认可、理解、顺从等；摇头表示否定。但首语又因文化和环境的差异而具有不同的形式和含义，要注意区别。

（2）手势语，是通过手和手指活动所表达的信息。包括握手、招手、摇手和手指动作等。手势作为信息传递方式，一般先于有声语言，所以在日常交往中使用频率很高，范围也很广泛。

（3）表情语，是指发生在颈部以上各个部位的情感体验的反应。人的六种基本面部表情，如快乐、惊讶、恐惧、愤怒、厌恶、蔑视都是通过颈部以上部位表达的。在日常交谈中，应精神饱满，眼睛平视对方，双眉在自然平直的状态，谈话时，上下嘴唇应自然开合，尽量少努嘴和撇嘴，站立、静坐或握手时嘴可以微闭，不要露出牙齿，保持微笑状。

（4）姿势语，是指身体在某一场景中以静态姿势所传递的信息。一般要求坐姿良好，上身自然挺直，两肩平衡放松，后背与椅背保持一定间隙，不用手托腮，不跷二郎腿，不抖动腿。站姿端正，抬头、挺胸、收腹、双手下垂置于大腿外侧或双手交叠自然下垂；双脚并拢、脚跟相靠、脚尖微开。

2. 客户服务用语技巧

（1）多用请求式语言。在与客户沟通时，要避免用命令式的语言，多用请求式语言。命令式语言往往会让人产生"强迫去做"的想法，而请求式语言表达的是尊重对方，请求别人去做。

试比较：

"把您的联系电话留下来。"

"请把您的联系电话留下来。"

"您能把联系电话留下来吗？"

"您不介意我留下您的联系电话吧？"

一般来说，疑问句比肯定句更能打动人，尤其是否定疑问句，更能体现出对客户的尊重。

（2）多用肯定语言。否定句与肯定句的意思刚好相反，但如果运用巧妙，肯定句可以代替否定句，而且效果更好。例如：

> 客户："我们选择××公司的电气设备，可以吗？"
> 客户服务人员："不行，这家公司没有电气设备生产的相关许可证明。"

这样直接回答，客户会因为被拒绝而很不舒服，如果换个方式回答：

> "真抱歉，这家公司现在还不具备生产这类电气设备的相关资格证明，我想贵公司也和我们一样，肯定不放心使用没有通过质量鉴定的设备吧。我们这里有一些产品质量和商业信誉都很好的厂商资料，您不妨看一看，或许有您满意的。"

这种肯定式的回答会使客户有一种贴心的感觉，从而提升我们的服务形象。

（3）说话要生动委婉。在接待客户和进行内部沟通时应做到：介绍业务形象生动、语言精练；陈述观点通情达理、娓娓道来；处理投诉心平气和、言辞委婉；切忌啰嗦、急躁和言辞激烈。使用正确的语法，逻辑严谨，不要前后矛盾。不说令人厌恶或忌讳的字眼，委婉陈词。对一些特殊的客户，要把忌讳的话说得很中听，让客户觉得你是尊重和理解他的。

> 比如：对较胖的客户，不说"胖"而说"丰满"；对胡搅蛮缠、声音亢奋的客户，不说他"吵"而说"激动"；对咬文嚼字、斤斤计较的客户，不说他"小气、儒"，而说"办事认真、作风严谨"。

练一练

（1）（多选）在与客户沟通中人体语言也起着重要作用，主要包括（　　）。

A. 手势语　　　　　B. 首语　　　　　C. 表情语　　　　　D. 姿势语

（2）（多选）（思政）中国传统文化中以下哪些是对自己的谦称？（　　）

A. 拙　　　　　B. 敝　　　　　C. 愚　　　　　D. 家

（3）（判断）与客户电话沟通和现场沟通语速应该是一样的，均为 120～140 字/min。（　　）

评价反馈

请大家根据本次任务完成情况填写综合评价表，见表 1-15。

表 1 - 15 　　　　　　　　　　　　综 合 评 价 表

评价项目		评价内容	评价方式	分值	得分
线上学习 (20%)	云教材	数字教材阅读时长	【过程评价】 平台数据	5	
	平台资源学习	资源自学完成度		5	
	平台活动和测试	参与线上活动态度与能力		10	
	中华文化小课堂专题	课程思政学习效果反馈点 1			
线下实操 (40%)	服务文明用语测试	完成服务用语 3min 测试	【过程评价】 教师评价 60% 组内互评 20% 组间互评 20%	10	
	自我声音检测	能根据检测表完成自我声音检测		10	
	业务对话实战	能够按照规定场景完成对话实战		10	
	国际客户应对	能为国际客户提供服务		10	
	育心笃行学习情况	课程思政学习效果反馈点 2			
任务成果 (20%)	测试录音	规定时间内规范完成	【结果评价】 教师评价 60% 组间互评 40%	10	
	业务对话实战录音	使用服务话术小组合作完成		10	
	思政口袋书记录情况	课程思政学习效果反馈点 3			
学习增量 (20%)	个体学业成就	与上个任务成绩对比	【增值评价】 平台数据对比 学生自评	5	
	职业素养提升	服务意识、主动性增强		5	
	师生互动频率	师生互动次数增加		5	
	公益活动参与	公益活动、社会实践参与情况		5	
综合得分				100	

任务 3　内外兼修——心理建设强态度

学习情境描述

本任务是作为电力营销人员应该具备的重要技能，也是《电力系统营销服务》"1+X"职业技能等级证书考核内容，带领大家学习缓解心理压力的方法，掌握心理压力调整技巧；课前学生们自主学习相关理论知识，掌握情绪管理内容及方法；课中通过面对面，对不满、发怒客户的情绪管理等学会工作中如何管理情绪，各组通过团队协作、角色扮演等情景模拟完成任务；任务完成后查漏补缺，优化提升，并在课后完成同理心训练。

学习目标

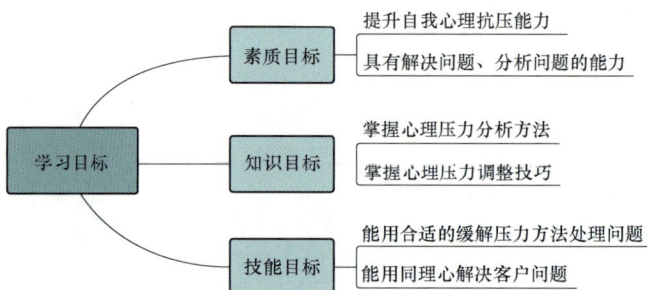

任务书

请阅读任务书，见表 1-16，了解本次任务详情。

表 1-16　　　　　　　　　　　任　务　书

任务书	内外兼修——自我心理建设强态度				
学习情境	供电营业厅实训室	任务学时	4 学时	任务编号	任务 1-3
学习形式	理实一体化	学习方法	角色扮演法合作学习法	执行标准	《电力系统营销服务》（中级）"1+X"职业技能标准
学习设备	营业厅柜台、呼叫设备等		学习平台		智慧职教
任务描述	客户经理发现一位客户由于欠费未停电造成 300 多元的电费拖欠，在上门告知和提醒时，客户很生气，质问为什么没有交电费供电公司不及时采取停电措施，客户经理感觉很委屈，因为当时正是河南 7·20 特大暴雨期间，河南省电力公司为保障民生实施欠费不停电的政策，这明明是利民举措为什么客户会有这么大的情绪反应？ 在和客户进一步谈话中了解到这位客户平时退休工资很低，靠收租金维持日常开销，但是在洪水过后，租户跑了，拖欠着房租、水电费等。这位客户觉得如果供电公司及时停电，就不会造成现在拖欠 300 多元的电费问题了，现在租客跑了，要由他去弥补这个损失，所以客户非常生气。 假如你是这位客户经理，如何尽快调整情绪，给客户做好解释工作，提升自我心理建设能力				

任务书	内外兼修——自我心理建设强态度
实施步骤	
任务成果	（1）自我情绪调整方法及效果反馈表 （2）解决客户问题模拟视频 （3）客户对问题解决回访单

✍ 任务分组

按每组 4～6 人成立营销班组，明确班组成员的工作任务，并填写学习任务分配表，见表 1-17。

表 1-17　　　　　　　　　　　学 习 任 务 分 配 表

营销班组		班组长	
组员			

任务分工：

（1）阅读任务书，了解任务内容。

（2）思考生活中你是如何管理自己的情绪。

（3）结合我国经典名著《三国演义》，谈谈你对"既生瑜，何生亮"的理解，并思考做好情绪管理的重要性。

（4）总结任务情境中暴露的问题。

✏️ 任务指导

（1）各小组认真阅读任务单中的任务内容和实施流程。

（2）按照任务实施流程掌握自我情绪调整方法，自主完成效果反馈表。

（3）在教师的指导下各组分角色扮演客户和客户服务人员，完成场景对话。

（4）记录场景模拟对话过程，面对不满、发怒客户时立即调整个人情绪并总结处理方法。

（5）用积极的心态给客户做出解释，小组互评。

（6）各组根据记录的模拟视频查找问题，按照事件前、中、后完成自身情绪管理，班级成果展示，复盘优化。

🧪 任务实施

育心笃行

提高心理健康
的简单方法

引导问题 1 利用心理测评软件测试压力承受能力，并进行自我总结。

_____

_____

引导问题 2 列举你生活中的释压方法。

_____

_____

_____

引导问题 3 当存在心理压力时，你的症状有哪些？

_____

_____

⠿ 小 提 示

心理压力的一般症状

为了能有效地管理压力，还需要了解压力承受者在生理、情绪、行为、精神及心理方面出现的症状，压力的症状如下。

（1）生理方面：心悸和胸部疼痛、头痛、掌心冰冷或出汗、消化系统问题（如胃部不适、腹泻等）、恶心或呕吐、免疫力降低等。

（2）情绪方面：易怒、急躁、忧虑、紧张、冷漠、焦虑不安、崩溃等。

（3）行为方面：失眠、过度吸烟喝酒、拖延事情、迟到缺勤、停止娱乐、嗜吃或厌食、吃镇静药等。

（4）精神方面：注意力难以集中，表达能力、记忆力、判断力下降，持续性地对自己及周围环境持消极态度，优柔寡断等。

（5）心理方面：消极、厌倦、不满、生气、冷淡、认命、健忘、幻想、心不在焉等。

如果对这些症状长期视而不见的话，它们会严重地危害健康甚至危及生命。另外，还会影响工作的效率，从而影响到与客户、同事间的关系。如果只是出现其中一种症状，就没有必要太担心。但是如果多种症状同时出现，则说明健康已亮起了红灯，必须寻求帮助。可以找上级主管要求他们重新安排工作，额外培训或多分配一些设备来帮助工作。另外，也可以去看医生。

引导问题 4 如何理解同理心，同理心与同情心的区别是什么？根据提示完成表1-18。

表1-18 同理心与同情心区别

外在表现	有同理心	无同理心	同情心
观点和看法	例：接纳对方观点和看法	例：否定/争辩	情绪和对方一致（同理心则着重了解，不至于失去客观与冷静）
此时此刻的感受			
对待事件的态度			
自我情绪表达			

⁑ 小 提 示

同 理 心

所谓同理心，是指站在当事人的位置和角度上，客观地理解当事人的内心感受及内心世界，而且把这种理解传达给当事人。简单来说，同理心就是将心比心，同样的时间、地点、事件，而将当事人换成自己，设身处地去感受、去体谅他人。

同理心的力量

1. 同理心的含义

同理心的语言表达包括以下三个方面：

（1）营造倾听、接纳、温馨和尊重的态度，使对方愿意表露感受、表达看法。

（2）进入对方的感受世界，站在对方的立场体会和了解对方的表达。

（3）将自己的理解表达给对方。

客户服务人员要记得多付出真诚的关爱，并在同理心的基础上，用实际行动表达出来。虽然对于客户服务人员来说可能只是举手之劳的一点点小动作，却时常能给客户带来意料之外的极大震撼与回响。

2. 同理心的培养

具有同理心，擅长表达同理心的人，在服务工作中，往往会更受欢迎，那么客户服

务人员怎样才能培养自己的同理心呢？不妨试试从下面两个方面多多练习。

（1）要养成仔细观察对方面部表情的习惯。人类经历任何一种情绪时，都会不自觉地产生某种相应的面部表情。比如：愤怒的时候，会皱眉、咬牙、紧绷双唇；惊讶的时候，会高高地挑起眉毛，嘴巴和眼睛大大地张开。即便是想要刻意掩饰自己的情绪，大部分人不可能做到完全地掌控自己的面部表情。

（2）要练习主动倾听和复述观点的能力。具有同理心的重要标志是能够理解对方的观点，并让对方知道这一点。而要达到这样的效果，最好的方法是向对方表明他所说的你已经听明白了，并询问对方自己的理解是否正确。常用的示范用语包括："我这样理解对吗？""您刚才表达的是这个意思吗？"同样，也可以去尝试反馈和确认对方的情绪，比如说，询问对方："我刚才那样说，让您很生气，是吗？"

引导问题 5 针对任务单中的事件分析客户服务人员压力产生的原因。

▶▶ 小 提 示

客户服务人员心理压力产生的一般原因

在工作环境中和工作时的感觉以及你个人的因素都会产生压力。从某种意义上讲，生活产生压力、工作中有许多因素会给人造成压力。客户服务人员面临的压力主要有四个方面：客户因素、市场因素、公司因素、个人因素。

1. 客户因素

（1）客户期望值的提升。当前，各行各业企业的服务水平已经比以前有了很大的提升，都在积极地改进自己的服务水平和服务质量，结果就是客户对于服务的期望值越来越高，以及客户的自我保护意识也在加强，客户每天都被优质服务包围着。所以，客户对服务的要求也就越来越高了。

（2）服务失误导致的投诉。在客户投诉的处理上，可以通过一些技巧很好地化解客户的抱怨。但是，有些投诉是非常难解决的，像服务失误导致的投诉就属于这一类。比如客户的家用电器烧坏，尽管供电企业会按照《居民家用电器损坏处理办法》赔偿客户，但是有些客户认为烧坏修复的电器和原电器是不一样的。这个时候，对于客户的不满意，客户服务人员就只剩下道歉这一条路了。但是，并不是所有的客户都会接受致歉。所以，如何有效处理因为服务失误而导致的投诉给客户服务人员造成了巨大的压力。

（3）不合理的客户诉求。有时候客户提出的不合理要求也会给客户服务人员造成很大的压力，比如，客户家中的电灯不亮了，要求抢修人员到家里处理故障。按照公司规定客户资产可提供延伸服务，但客户又不同意付费。所以，如何在遵守公司规定的前提下，让客户接受自己的合理解释，就成了客户服务人员的一道难题。

2. 市场因素

（1）服务行业竞争加剧。这是一个鼓励竞争和允许竞争的时代，所以，没有哪个能盈利的企业会一直没有竞争对手。竞争导致的结果就是要做得越来越好，越来越优质，供电企业向社会发布的《供电服务十项承诺》《员工服务十不准》等一系列服务承诺，就是重视客户服务、重视对客户利益的保护。所以，企业对客户服务的重视程度提高，客户服务人员工作压力的增大也是必然的。

（2）服务需求波动。几乎所有的行业都会有服务的高峰期，当高峰期出现的时候，由于要服务的人数众多，客户服务人员的服务热情就很难维持，毕竟在频繁的服务中，体力、心力、智力都大消耗。比如居民客户实行阶梯电价的政策调整，老客户要求分户，或者要求新装开户等，如果符合分户和新装条件可以按流程办理，只是增加工作量的问题。但有很多不符合条件的客户提出新装要求，就需要客户服务人员不停与客户解释，赢得客户的谅解，但有些客户不会理解这些，他们要求在任何时候都能享受到优质的服务，如果享受不到，就会表示不满，向客户服务人员施压。因此，在客户服务的特殊时期也能提供令客户满意的服务，也是客户服务人员必须承受的压力。

3. 公司因素

一方面是超负荷的工作。客户需求的变动会给客户服务人员带来超负荷的压力。客户需求的变动使企业很难按照客户的最大化的要求来安排自己的服务，有些公司客户服务人员少，工作量大，有时还要加班加点，所以如何调整心态、提升解决难题的能力，以更好地在超负荷的工作压力下提供好的服务，是客户服务人员面临的又一个挑战。

另一方面是营销调度指挥不顺畅。由于营销与生产之间、营销部门之间的沟通协调不畅，内部监督考核力度不足，造成客户服务人员调度工作的执行力差，相关部门对客户反映的供用电问题不能及时解决，造成客户的不满，对客户服务人员造成巨大的心理压力。

除此之外，还有时间安排不合理等因素。欠费停电时间安排欠考虑造成客户生活不便，引发客户不满，到营业柜台办理复电手续时，拒交复电费，听不进客户服务人员的解释，不配合业务办理，有的甚至把怨气发到客户服务人员的身上，辱骂客户服务人员，客户服务人员受委屈造成心理压力。

4. 个人因素

（1）服务技能不足。营业厅柜台服务是一个充满压力的职业。它要求柜台客户服务人员既要具有丰富的业务知识又要掌握灵活处事的技能。如果不能掌握应对各种突发问题的技巧，不能了解客户的多样性，那将给自己和客户增加不同程度的压力。比如说处理客户的投诉，对于服务技能不足的客户服务人员就不能从工作中得到满足感，却常常有失望、沮丧感，这给客户服务人员造成了很大的心理压力。

（2）人际关系。人不可能在工作时做到与世隔绝。由于人际关系不和谐，工作环境中的人员相互之间缺乏信任、支持和理解，常常导致精神上的压力，而由此产生的矛盾与冲突也会引发工作压力。因此，保持良好的人际关系是减轻工作压力的办法之一。

（3）身体状况。主要包括生理、心理健康。客户服务人员身体的营养状况与其感知能力、工作精力、应变能力都有很重要的关系。客户服务人员大多是女性，身为女儿、妻子、母亲、雇员，角色冲突长期存在，有些不仅承担着生育、养育后代的压力，而且面临职场竞争压力。比如人际关系压力、情感婚姻压力、孩子教育压力、工作竞争发展压力……对于性格内向的女性，她们报喜不报忧，即使遇到困难、麻烦都不轻易向人倾诉，最终因承受不了巨大压力而精神崩溃，患上各种疾病。

引导问题 6 判断"压力只能带来负面影响，所以要尽可能地消除所有压力"这种认识是否正确，举例说明。

引导问题 7 以小组为单位总结工作中缓解压力的方法，并针对任务中客户不满、发怒情况给出解决方案。

⯈ 小 提 示

发怒客户不满产生压力的缓解方法

1. 通话时如何缓解压力

（1）首先，无论客户有什么过错，客户服务人员都没有理由把声音变大、语速变快，用通常不会用的语句来"回敬"客户。首先应当尽量让对方把话说完。

（2）当有些客户无休无止地表达情绪时，适当地控制语境也是一种艺术。可乘对方换气时说一些积极的话来接过话题，比如说"您对我们公司这么关注，让我们很感动"或"您的时间一定很宝

贵，我想……"

（3）在倾听客户时，应该非常主动认真，作一些笔记，让客户知道你的重视。回复客户最好不要用"好，好……""对，对，对……"等词语，以免让正在气头上的客户接过去说"好什么"或"不对"等。正确的表达应该是"知道了""我理解""我明白"等。

（4）即使是对方出言不逊，也不要对其不良行为做任何评判，更不要让对方道歉或认错。这样做无助于你控制对话过程和解决问题。你可能会被气得呼吸变粗、说话变快变高声，这时你应先喝一口水，做一下深呼吸，把自己调整到正常状态，然后开始主动对话。

应当注意：保持声音的优美与吐词的清晰，对方正在气头上，本来注意力就不在倾听上，让人听不清晰的表达会加剧对立情绪。尽可能将对话向积极、建设性方向上引导，比如，借着问客户的回电号码，可以由区号谈到客户的所在地，接着可引出某些轻松的话题稍聊一下以缓解对方的愤怒情绪。在足够的冷静和热情下，仔细运用公司业务流程规范来尽最大可能为客户解决实际问题，在此过程中向客户不断表示"十分了解您的心情""一定尽我所能帮您解决这个问题"。无论是否有怀疑，永远假设客户在说真话，不对对方的"背后动机"试图做任何分析追究，因为这种追究过程往往会造成更多的负面影响。

2. 放下电话后如何缓解压力

（1）走到窗边看一下外面的绿色，做一下深呼吸，喝几口水。特别是你在刚上班就碰到很不客气的客户，更要离座活动一下，然后再重新开始，别让这个电话影响了一天的情绪。

（2）休息时幽默一下。试着读些、看些、听些幽默搞笑的故事。到了工作休息时间，与同事们一起分享一些你在应对客户的时候所发生的令人捧腹大笑的经历，或许还能从别人身上学到一些新的客户服务方法。

（3）学会选择性忘记。不要老是在脑海中重演一些不愉快的过程，要保持快乐和放松。微笑有助于减轻压力，让人轻松愉快起来，不要在意别人的评价。

（4）不要和其他客户服务人员诉苦，可向值班长或管理人员汇报，这样会使你更正面地做一个回顾。

（5）提高自信心，寻找成就感。当客户的故障得到及时处理，当你用文明规范的语言为客户查询电费、客户的一声"谢谢"能够让你增加成就感和自信心。作为客户服务人员，每一个电话响起，都是帮助客户解决一个问题，会让我们感觉到这是一种被需要和享受，如果我们有了这样的想法，就会有助于改善不良心态。

3. 下班回家后，如何缓解压力

（1）读书：一本好书常常可使人心胸开阔，气量豁达。

（2）学会遗忘：离开工作状态就忘掉一切不愉快的事情，不要将不良情绪带回家中、带到朋友中去，这样只会让你的情绪更坏。

（3）健身：业余时间，加强有氧活动，可以到健身房跑步、练瑜伽来缓解身心的紧张，提高身体的耐受度。哪怕是慢走都很有益，你可以闻花木香、做深呼吸来缓解身体的疲劳。

（4）要有充足的睡眠。每个人所需要的睡眠量都有所不同。建议每天至少要保证8h的充足睡眠。建立良好的作息时间表，营造良好的睡眠环境，保证充足而又优质的睡眠。

引导问题 8 从以下减压方式中选择适合自己的方法，将对应序号填入自我减压表格中，见表 1-19，并在组内进行分享。

表 1-19 　　　　　　　　　　　　　　自 我 减 压

项目	选项序号	效果
自我减压方法		
适合自己放松心理压力的食物		

小 提 示

心理压力是个体在生活适应过程中的一种身心紧张状态，源于环境要求与自身应对能力不平衡；这种紧张状态倾向于通过非特异的心理和生理反应表现出来。

1. 减压的方式

现代医学显示，心理压力会削弱人体免疫系统，从而使外界致病因素引起肌体患病。现代生活的压力，像空气一样无时无刻不在挤压着我们。据研究，下列 20 种心理调节措施是行之有效的减压方法。

（1）一吐为快。假如你正为某事所困扰，千万不要闷在心里，把苦恼讲给你可信的、头脑冷静的人听，以取得解脱、支持和指正。

（2）开怀大笑。健康的开怀大笑是消除压力的最好方法，也是一种愉快的发泄方法。"笑一笑，十年少"，忧愁和压力自然就和你无缘了。

（3）听听音乐。轻松的音乐有助于缓解压力。如果你会弹钢琴、吉他或其他乐器，不妨以此来对付心绪不宁。

（4）阅读书报。读书可以说是最简单、消费最低的轻松消遣方式，不仅有助于缓解压力，还可使人增加知识与乐趣。

（5）重新评价。如果真做错了事，要想到谁都有可能犯错误，若事与愿违，就应进行重新自我评价，才能不钻牛角尖，继续正常地工作。

（6）大喊大叫。在僻静处大声喊叫或放声大哭，哭并不可耻，流泪可使悲哀的感情发泄，也是减轻体内压力的一种方法。

（7）与人为善。遇事千万别怀恨在心（包括自己是对的）。怀恨于心付出的代价是使自己的情绪紧张，用别人的错误惩罚自己。

（8）不要挑剔。不要对他人期望过高，应看到别人的优点，不应过于挑剔他人行为。世上没有完美，可能缺少公正，因而要告诉自己，能好最好，做不到完美也不是自己的错。

（9）留有余地。不要企图处处争先，强求自己时刻都以一个完美形象出现，生活不需如此，你给别人留有余地，自己也往往更加从容。学会说"不"。

（10）学会躲避。从一些不必要的、纷繁复杂的活动中，从一些人为制造的杂乱和疲劳中摆脱出来。在没有必要说话时最好保持沉默，听别人说话同样可以减轻心理压力。

（11）免当超人。不要总认为什么事都应做得很出色，应明白哪些事你可稳操胜券，然后集中精力干这些事。淡泊为怀，知足常乐，可减轻心理压力。

（12）放慢节奏。当局面一团糟无法控制时，不妨放慢节奏，不要把无关紧要的事安排在日程表中，进行一次"冷处理"。

（13）做些让步。即使你完全正确，做些让步也不会降低你的身份。何况一些事也许冷处理更好，退一步会有更多余地。

（14）遇事沉着。沉着是一个人是否成熟的标志之一。沉着冷静地处理各种复杂问题，有助于舒缓紧张压力。

（15）逐一解决。紧张忙乱会使人一筹莫展，这时可先挑出一两件当务之急的事，一个一个地处理，一旦成功，其余的便迎刃而解。

（16）熄灭怒火。遇事切莫发火，学会克制自己，暂熄怒火。待怒气平息后，有助于你更有把握地、理智地处理问题，多想"车到山前必有路"。

（17）做点好事。你如果一直为自己的事苦恼，不妨帮助别人做点好事，这样可缓解你的烦恼，给你增添助人为乐的快意。

（18）眺望远方。一旦烦躁不安时，请睁大眼睛眺望远方，看看天边会有什么奇特的景象。既然昨天和以前的日子都过得去，那么今天和往后的日子也一定会安然度过。

（19）换个环境。适当地改变环境可以减轻心理压力，这并非消极的回避，有益的"跳槽"可另谋新的岗位，再自我反省，吸取教训。

（20）外出旅游。思想压力过大，不妨在家属、朋友的陪同下，做短期外出旅游。秀丽的山河，定会使你心醉。此时此景，你的一切忧愁和烦恼早已飞到九霄云外了。

2. 放松心理压力的食物

食物不但能满足我们的生理需求，让我们的身体得到能量，也可以帮助我们缓解心理压力，调整不良情绪。下面就来看一下，帮助我们放松心理压力，调整不良情绪的食物有哪些！

（1）香蕉。香蕉是一种营养丰富的水果，富含多种维生素和矿物质，其中维生素B6 和镁元素对于缓解压力特别有益。它可以促进血清素产生，调节情绪，带来放松感。它可以调节血糖，稳定的血糖水平有助于减少疲劳感，还可以改善睡眠，有助于人体放松并进入深度睡眠状态。

（2）葡萄柚。葡萄柚含有丰富的维生素C，在制造多巴胺时，维生素C是重要成分之一。多巴胺是一种神经传导物质，用来帮助细胞传送脉冲讯息；多巴胺会影响大脑的运作，传达开心的情绪，恋爱中男女的幸福感，与脑里产生大量多巴胺的作用有关。

（3）蔬果。叶酸存在于多种蔬果中，含量较丰富的有芦笋、菠菜、柑橘类、番茄、豆类等，当叶酸的摄取量不足时，会导致脑中的血清素减少，易引起情绪问题，包括失眠、忧郁、焦虑、紧张等。叶酸还能促进骨髓中的幼细胞发育成熟，形成正常形态的红细胞，避免贫血；妇女怀孕期间缺乏叶酸，会影响胎儿神经系统的发育。

（4）全麦面包。碳水化合物有助于增加血清素，睡前 2h 吃点碳水化合物的食物，如蜂蜜全麦吐司，有安眠的效果。

引导问题 9 以任务描述为场景，各组分角色扮演柜台客户服务人员和客户，模拟面对客户不满、发怒时处理问题的情景，录制视频，总结心理状态的变化。

引导问题 10 根据本次任务，组内互换角色，针对此次事件再次进行模拟，通过之前同理心的分析感同身受，又有什么不一样的体验呢？

📖 **拓展阅读**

育心笃行

"同理心"
《道德经》
中的处事之道

有这样一个故事，相信听了对我们每个人都会有启发。

塞尔玛陪伴丈夫驻扎在沙漠里演习，他一个人留在陆军的小铁房子里，天气热得受不了——在仙人掌的阴影下也有华氏 125 度。她没有人可以聊天——身边只有墨西哥人和印第安人，而他们不会说英语。她非常难过，于是就写信给父母，说要丢开一切回家去。她父亲的回信只有两行，这两行信却永远留在她的心中，完全改变她的生活。

"两个人从牢中的铁窗望出去，一个看到泥土，一个却看到了星星"。

塞尔玛一再读这封信，觉得非常惭愧。她决定要在沙漠中找到"星星"。塞尔玛开始和当地人交朋友，他们的反应使她非常惊奇，她对他们的纺织、陶器感兴趣，他们就把最喜欢但舍不得卖给观光客人的纺织品和陶器送给了她。塞尔玛研究那些引人入迷的仙人掌和各种沙漠植物，又学习有关土拨鼠的知识。她观看沙漠的日落，还寻找海螺壳，是几万年前这沙漠还是海洋时留下来的……原来难以忍受的环境变成了令人兴奋、流连忘返的奇景。

是什么使这位女士的内心发生了这么大的转变呢？

沙漠没有改变，印第安人也没有改变，但是这位女士的心态改变了，她把原先认为恶劣的情况变为一生中最有意义的冒险。她为发现新世界而兴奋不已，并因此写了一本书，以《快乐的城堡》为书名出版了。她从自己造的"牢房"里看出去，终于看到了"星星"。

📖 拓展阅读

读读这首托物言志诗，当受到压力时感受竹子无畏无惧、积极乐观的精神面貌。

《竹石》
清　郑燮
咬定青山不放松，立根原在破岩中。
千磨万击还坚劲，任尔东西南北风。

🌱 相关知识点（"1+X"证书）

服务工作是人与人打交道的工作，不同的客户对于服务有着不同的理解和看法，而服务的宗旨是让客户满意，所以，客户工作往往给客户服务人员带来了不小的压力。要想成为一名优秀的客户服务人员，应该能正确地看待自己的工作压力，并分析压力形成的原因，从而找出正确的应对方法。

一、认识压力

在日常工作中，经常听到有人抱怨：压力太大！那到底什么是压力，又是什么造成了压力？

压力，心理学上的定义为：个体在生理和心理上感受到威胁时的一种紧张状态。压力由压力因素和压力反应组成，压力因素是因人而异的，根据个人对事物认知的不同而相异。比如对于考试不及格的结果，甲可能会觉得无法接受，非常难过，但对于乙来说，这根本算不了什么大事，不往心里去。压力反应则是每个人对压力因素采取的习惯反应模式，这也跟个体差异有关，有的人会自动地将压力转化为动力，而有的人就会被压力击垮，比如有的运动员面临强大的竞争对手或是参加越重大的赛事，反而能增强他们的斗志，超水平发挥，而有的运动员则处理不好这样的心理压力，总在比赛中发挥不出好的水平。

根据以上压力概念的理解，我们认为压力是一种普遍存在于人们心理上的，对于能力的需求之间感到的不平衡，是一个人心理上的感受，对待事件总感觉处理不好、能力不足、时间不够用等，从心理上有种恐惧、厌烦、不舒服等感觉。"水能载舟，亦能覆舟"是对压力很贴切的形容。适度的压力能给人提供前进的动力，能让人保持警觉，保持一个较好的状态。而过度的压力，犹如压力不足一样，也会影响个人的表现，短期压力突然过大，能够将人击倒甚至崩溃。

客户服务人员既面临着各种各样的客户人群和大量的客户问题，又面临着公司绩效的考核，这些都要求客户服务人员发挥多种技能并灵活应对。据调查，客户服务人员的压力指数已成为仅次于航空管制员、城区高中教师、警察，为第四个最具压力的职业。许多客户服务人员由于不能科学地处理好压力，身体长期处于亚健康状态，久而久之，会引起各种疾病。

正确地看待压力，科学地缓减压力成为现代客户服务人员的必修课。企业如何科学地管理压力，也成为提高企业效率，增进企业活力的一种途径。

二、 心理压力原因

心理压力一般包括三个方面的原因：第一种是指那些人感到紧张的事件或环境的刺激。比如上级领导要检查工作这件事情给下属带来紧张；第二种，压力是一种个体主观上感觉到的内部心理状态；第三种，压力也可能是人体对需要或者可能对他造成伤害的事物的一种生理反应，也就是说，当人感觉到压力的时候，他可能会脸红、心跳加快、手心出汗等。

三、 心理压力对客户服务人员的影响

客户服务人员一天要接待几十个客户，既要感同身受地为客户处理问题，同时还得第一时间平息和安抚客户的情绪。他们在面对客户投诉、情绪发泄或在电话销售过程中遇到客户拒绝时，会产生很大的心理压力，严重的甚至会产生接触客户的恐惧情绪，导致无法正常发挥应有的水平。所以窗口客户服务人员压力都比较大；如果过大的压力得不到有效的疏导，对员工的情绪，心理状态，甚至是身体健康都会有较大的影响。

1. 工作压力的消极影响

如此之多的压力，在没有得到有效调节的前提下，对客户服务人员会有哪些影响呢？

（1）失去工作热情。当工作压得喘不过气的时候，相信任何人都无法保持工作热情，有的时候，甚至会对工作产生厌倦感。

（2）情绪波动大。当一个人被巨大的压力笼罩时，其他的任何小事都可能会导致他发脾气。所以，压力大的人常常被形容为"火药筒"——一点就着。

（3）工作效率下降。由于不能合理地释放压力，容易形成衰弱、失眠、疲乏等心理状况，降低了身体对疾病的抵抗力，从而导致工作效率明显下降，严重的甚至连最简单的工作都无法完成。

（4）工作失误。客户服务人员长期面临压力，会在生理和心理上造成一定的变化，从而引起工作上的变化：一是工作的错误增加，出现一些本来不应有的错误；二是工作易出事故，例如：对待客户不耐烦、与客户顶撞等。

（5）工作退缩。客户服务人员如果频繁遭受失败的打击，会在心理上出现担心、畏

惧、自信心不足等不良情绪，在行为上表现为推诿或退缩，不敢面对现实。

（6）影响人际关系。许多人都说，不应该把工作带回家，尤其是工作中的压力。但是又有几个人能真正做到呢？所以，在工作中有压力的人，他的家人、朋友通常也要跟着承受这种压力。开始，大家会给予谅解和帮助，但是时间久了，人际关系就会变差。

2. 工作压力带来的积极影响

（1）引发正向的情绪。铁人王进喜同志生前有一句名言："井没压力不出油，人无压力轻飘飘。"这是他几十年工作经验的总结。的确，如果没有足够的大气压力的驱动，哪怕地下有再多的石油，也无法上升到地面，被开采利用。同样的道理，人也需要有压力驱动，当一个人没有压力时，他就会四肢乏力、精神萎靡，处于一种漂浮、焦躁的状态。脚底不实，"轻飘飘"的人是做不好工作的。从这个意义上来说，压力是进步的动力。要做好工作，必须不断给自己加压力。

对于客户服务人员来说一定程度的压力对人体是有益的，它可以使人的精神处于激活状态，使客户服务人员的精神聚焦于某个事物，可以发挥人的潜能，提高工作和学习的效率。

（2）促进注意力的集中。压力，其实都有一个相同的特质，就是突出表现在对明天和将来的焦虑和担心。而要应对压力，客户服务人员首要做的事情不是去观望遥远的将来，而是去做手边的清晰之事，因为为明日做好准备的最佳办法就是集中你所有的智慧、热忱，把今天的工作做得尽善尽美，这就要求坐席人员在工作中注意力集中，对客户的问题做到有问必答、严谨、规范。

（3）提升工作的能力。既然压力的来源是自身对事物的不熟悉、不确定感，或是对于目标的达成感到力不从心，那么，疏解压力最直接有效的方法，便是去了解、掌握状况，并且设法提升自身的能力。通过自学、参加培训等途径，一旦"会了""熟了""清楚了"，压力自然就会降低、消除。对于客户服务人员来说，要把压力转化成动力，就必须通过学习提升自己的业务能力，既要具有丰富的业务知识又要掌握灵活处事的技能。只有这样才能对客户的各类问题做到胸有成竹、心中有数。

所以，对于追求进步的人来说，压力如同弹簧，只有压得更紧，弹得就会越远，承受的压力越大，进步就可能越快。

当我们意识到压力这种东西是一把双刃剑的时候，我们就应该不再害怕任何压力，不因为自己能承受巨大压力而沾沾自喜，也不因为自己不能承受的压力而烦躁不安。于是，对你自己不能承受的压力就会泰然处之，并不放在心上；对你自己能承受的压力，就应该抓住机会，努力工作，加速提高自己的能力。这也就是古人所说的宠辱不惊的境界吧。

四、情绪管理

1. 情绪的含义

在每个人的身上，都存在这样一种神奇的力量：它可以使你精神焕发，也可以使你萎靡不振；它可以使你冷静理智，也可以使你暴躁易怒；它可以使你安详从容地生活，也可以使你惶惶不可终日。总之，它可以加强你，也可以削弱你；可以使你的生活充满甜蜜与快乐，也可以使你的生活抑郁、沉闷、暗淡无光。这种能使我们的感受产生变化

的神奇力量，就是情绪。情绪就是人对于客观事物是否能满足自己需要而产生的态度的体验。

常见的情绪包括爱、感恩、同情、幸福、快乐、愤怒、失望、沮丧、难过、抑郁、无奈、担心、焦虑、害怕、恐慌、痛苦、怨恨、悲伤等。

2. 情绪 ABC 理论

心理学家阿尔伯特·埃利斯提出了 ABC 理论，其中 A 表示诱发事件，B 表示信念，C 表示情绪和行为。通常，我们会认为自己的情绪和行为是直接由诱发事件引起的，即是 A 引起的 C。ABC 理论则认为，A——诱发事件是引起情绪及行为反应的间接原因，B——我们对诱发事件所持的信念、看法、解释才是引起我们情绪及行为反应的更直接的原因。

举例来说：

A 是张三在期末考试中，统计学挂了。

B1 是我总是那么笨，估计下次还是过不了，导致形成 C1——失望的情绪。

B2 是这次没有太多时间复习，准备不充分，因此就得出 C2——继续努力的积极情绪。

3. 学会情绪调节

学会情绪调节的核心是学会去掉非理性的、不合理的信念，建立正确的信念，从而获得积极的情绪。非理性信念的特点是绝对化、过分概括化、糟糕透顶。埃利斯认为，非理性信念主要包括八条：

（1）我应该受到周围每一个人的喜爱与赞扬。

（2）一个人必须非常能干、完美，而且在各方面都有成就，这样才是有价值的人。

（3）如果事情不是自己所想象、喜欢和期待的样子，那实在太可怕了。

（4）人大多数的不快乐、不幸福都是由外在的因素所引起的，自己很难控制。

（5）逃避某些困难或自身的责任，要比面对更容易。

（6）一个人必须依赖他人，而且必须有一个强者为靠山。

（7）一个人过去的经验和历史对他目前的一切极为重要。

（8）任何问题都应有正确或完整的答案，若找不到正确或完整的答案将是非常糟糕的。

调控自我的情绪，使之适时、适地、适度，这种能力建立在自我觉知的基础之上。"认识你自己"是苏格拉底的名言，其真意是：当自己的情绪产生之时便能自我觉知。自我觉知是一种内在注意力，既不会随情绪之波、逐情绪之流，也不会对所察觉的夸大其词或过度反应，而是保持中立。哪怕深陷情绪的骚乱暴动之中仍能自省，客观反映自我。既能觉知到自我的情绪，又能对自己的情绪有清醒的评价。具备了这种能力，便能有效地摆脱恶劣情绪的困扰。

4. 自我情绪的调整

（1）自我心态的调整。要以平和的心态对待压力，同时要锻炼自己的心理承受力。

比如在工作时，客户或同事说了一些令你伤心或是恼怒的话，你应该进行自我控制，深呼吸一下，或是用"宰相肚里能撑船"等话来开导自己。计较和争执只会给你带来更大的伤害。

（2）制定切实可行的计划。许多人喜欢用更高的要求来鞭策自己，这也会给自己带来不小的压力。在这时，若一味贪功，制定出超越自己能力的计划，将使自己无法获得成就感，最终失去完成计划的兴趣。所以，"量体裁衣"地制定出计划，在自己获得成就感的同时，激励自己向下一目标进发。

（3）合理高效地利用时间。时间的安排和利用是决定客户服务工作成功与否的关键。在开展工作之前，列出一张详细的时间表，按照计划一项项地完成，你会发现你的工作变得井然有序，甚至还能剩下空余时间做其他的事情。

（4）不断提高自我能力。话说"熟能生巧"，一般人面临自己不熟悉的工作任务时，往往会产生较大的压力，而工作熟悉后，压力会随之而减退，取而代之的是胜任工作的愉悦感。所以，作为客户服务人员，只有不断地学习和提高，走在工作的前面，才能避免因工作难度加大而带来的压力。

（5）积极地自我对话。不时地鼓励自己，不如常对自己说："你一定会有办法的""你能够完成任务""没什么，过一阵子就会好起来了"。这些自我勉励或是自我宽慰的话，在某种程度上会排解你的压力，使你免受消极影响，依然饱怀进取激情。

（6）适时休息。有的人喜欢把自己的活动日程安排得过满，让自己像一部高速运转的机器，弦续得太紧始终是要断的。所以，工作努力也要张弛有度。密集的客户约见使你感到厌烦的话，你可以逃离一下，放缓你的工作节奏，放松自己，与朋友和家人享受一下生活。当你再出现在客户面前的时候，你会觉得精力充沛，精神焕发。

（7）微笑。尽量在你身边发现高兴的事情，经常对自己和别人微笑。微笑是人类沟通最好的润滑剂，让你和你周围的人都轻松愉快起来。

（8）培养业余爱好。人陶醉于自己的业余爱好中时，对自己是一种积极休息和放松，为工作补充能量。当然培养自己的业余爱好时，宜选择一些有利身心健康的爱好，如运动、养花、集邮、画画等。

5. 公司管理方面的技巧

员工健康的心态是公司顺利开展业务的基础，企业的领导者和人力资源部门应充分了解客户服务人员的压力现状，从组织层面拟订并实施各种有效的压力管理，减轻员工的压力。

（1）优化企业管理水平，减缓心理压力。企业管理者应充分了解员工的心理需要，经常主动地与员工进行沟通，通过一定的管理机制满足员工的一些要求，或是帮助他们解决困难。让员工感受到来自企业和领导的关怀及爱护，从心理上亲近领导，减少畏惧感和逆反心理，形成良好的人际关系和宽松的工作环境，避免负面心理压力的产生。

（2）改善工作环境，减轻恶劣工作环境给客户服务人员带来的压力。提供舒适的办公环境能提高员工的工作效率，同时能使员工在工作时心情舒畅。比如工作间不要过于拥挤，提供休息室、音乐、植物或漫画书等。这类方式适合的员工是：工作经验较多、自我调节能力较好，能很好区分工作和个人感受的员工，这样的员工只需要外界的一点儿帮助，就可以很快恢复到良好的工作状态。作为供电企业，管理层还不应忽视对户外作业的客户服务人员工作条件的改善，户外作业的客户服务人员往往面临着恶劣的天气、高危险的操作，注意力下降就会导致事故。所以企业应当尽量地为客户服务人员提供较好的劳保用品和先进的工具，让员工在工作时没有心理负担，以提高工作效率，确保安全。

（3）加强员工心理素质的培养和训练，增强员工的心理承受能力。增强员工的心理素质是解决员工压力的根本途径。通过心理知识的普及和宣传，组织员工定期参加一些心理素质训练，让员工了解心理压力发生的规律以及心理调适的方法，在遇到心理压力时就能恰当地进行自我调节。比如，现在许多电力公司常为一线客户服务人员举办心理培训讲座，定期对员工进行拓展训练，这些举措对员工的心理压力进行了适时疏导，加强了员工的压力转换、自我放松的能力。

6. 班组方面帮助客户服务人员调整情绪

（1）班组长的帮助。对于工作经验不太长，受客户情绪干扰过大（或者说个人的情绪投入过多），并且自我调节技能不太好的员工，班组长要先把员工带离工作现场，使其平静下来，表示对他的体谅，然后再开始辅导。比如了解他情绪失控的原因，引导他思考如何才能避免再次发生这种状况，让他说出具体的行为（例如，在开口说话前深呼吸等）；比如做换位思考的练习，自己扮演客户服务人员，员工扮演不理智的客户，让他感受一下对待这样的客户用其他办法进行处理的结果，并让员工告诉你他的感受。

（2）同事的帮助。主要体现在鼓励员工对出现情绪失控的同事进行安抚，如建议他去休息等，主要是为了避免不良情绪影响到整个团队。

（3）班组活动。班组定期组织集体活动，如羽毛球、拔河比赛之类，缓解疲劳、减轻压力。定期开展班组服务研讨会，使成员之间及时沟通，保持乐观、团结、热情、开放的团队气氛。

五、 客户服务人员心理压力调整技巧

压力得不到缓减和释放，积累到一定程度就会影响到客户服务人员的性情，比如丧失工作热情；情绪波动较大，动不动就发脾气；导致失眠、心悸、胃肠功能紊乱等身体上的不适，与同事关系难以融洽，容易得罪客户；公司、企业也会因为员工的不在状态而遭受损失。如何释放自己的压力呢？企业又如何科学地进行压力管理，给员工一个相对宽松的工作环境呢？下面将介绍一些处理压力的技巧。

电力客户服务
人员解压妙招

1. 关于心态的解析

心态就是内心的想法，是一种思维习惯状态。心态不同，观察和感知事物的侧重点不同，对信息的选择就不同。比如杯子里有半杯水，有的人会说它是半空的，而有人就会说它是半满的。人们只愿意看到和听到他们想要看到和听到的，因而我们所处的环境和世界就不同。人的心态只有两种，要么积极，要么消极。消极心态通常的表现形式有两种：过分谨慎，时常延时，不敢当机立断，恐惧失败，害怕丢脸，不敢面对挑战，稍有挫折就后退。

生活中，失败者平庸者很多，很多都是因为心态问题。遇到困难，他们总是挑选容

易的倒退之路，"我不行了，我还是退缩吧"，结果陷入失败的深渊。成功者即使遇到困难，也会拥有积极的心态，用"我要！我能！""一定有办法"等积极的意念鼓励自己，于是便能想尽办法，不断前进，直到成功。因此，一个人能否成功，关键在于他的心态。成功人士与失败人士的差别在于成功人士有积极的心态，而失败人士则习惯于用消极的心态去面对人生。

2. 如何培养积极的心态

具备一个积极的工作心态对于一个客户服务人员来说是非常必要的。因为我们将要面临的工作充满了挑战。面对投诉客户的"无端指责"，一遍遍重复着相同内容，在短时间内变换不同的身份和角色……如何通过训练和培养形成一个积极的心态呢？我们可以从下面的几条建议做起。

（1）建立乐观心态。一位年轻的船员，第一次出海航行，在航行途中，不幸突遇狂风巨浪，将船上的桅杆打得快要断裂了，他受命爬上去修整，免得翻船。当他往上爬的时候，由于船只摇动得很厉害，加上又很高，他一直往下看，好几次差一点摔下来。一位有经验的老水手看了，急忙对他大叫："孩子，不要往下看，抬头往上看。"年轻的船员听了便不再低头看下面，而是抬头往上看，那种天摇地动的感觉突然就消失了，他的心情也逐渐恢复了平静。

这个故事告诉我们，生活中碰到不如意的事情是很正常的，但是如果学会用积极的、自信的、充满阳光的心态来看待这些不顺的话，就能够平安渡过难关。

（2）适当心理宣泄。当有太多的心理压力和焦虑情绪的时候，要及时地宣泄出去，具体做法有：选择适当场合喊叫、痛哭；在心理医生的指导下进行自我放松训练；回忆自己最成功的事；积极锻炼身体；参加各种文体活动；参加集体活动和社会活动等。要时刻告诫自己：你是你的主人，你唯一能控制你的就是你自己。

（3）有效情绪管理。悲观的人对着桌子上的半杯水，会难过地说："还剩半杯水。"而快乐的人看到它，会乐观地说："还有半杯水。"过度的压力，有很大部分是自己造成的，尤其是自我的期望、价值观等的影响。也就是说，我们应当做自己情绪的主人，而不能被负面的想法牵着鼻子跑。

比如当客户因电力故障而埋怨时甚至责骂时，就要做到不卑不亢，调整好自己的情绪，平静地说："对不起，给您造成不便，请您谅解，我们会尽快安排抢修人员为您处理。"同时要理解客户为什么埋怨，假如我是客户，家中没电会怎样呢？实际上，处理客户投诉是一件非常有意思也很有意义的事。当你每天在清理一共接受了多少客户抱怨的时候，也要想想你同时也帮助了这么多人，那是一件多么有意义的事情。当你接起电话，面对的可能是一个暴怒的客户，但是经过你的努力，对方不但满意地挂断电话，还不断地向你表示感谢，这时你会感受到一种多么大的成就感，不是谁都有机会在一天之内接触这么多形形色色的人，这对一个人来说，是一个多么好的体验社会、了解人情世故的机会。所以，我们应该尝试对自己进行有效的情绪管理，做自己情绪的主人，维持心理平衡。

练一练

（1）（单选）有客户打电话，说死了五只鸭子，抱怨公司饲料不好，要求赔偿和退

货，以下哪种回答方式最佳？（　　　）

A. 造成鸭子死的原因有很多，但只死五只鸭子一般不是饲料问题。

B. 是吗，你先自己处理一下，抽时间我们来看看到底是怎么回事。

C. 啊，出现这种事情您一定很着急吧，我们会配合您处理。

D. 是吗，有什么症状，我们马上派客户服务人员赶到。请放心，我们的饲料质量一般是没有问题的，如果是我们的原因，我们会承担相关的责任的。

（2）（单选）在情绪 ABC 理论中，引起我们情绪反应的最直接的原因是（　　　）。

A. 诱发事件　　　　　B. 信念　　　　　C. 心情　　　　　D. 行为

（3）（判断）同理心是一种内在气质，是一种稳定的、不容易改变的心理状态。（　　　）

评价反馈

请大家根据本次任务完成情况填写综合评价表，见表 1 - 20。

表 1 - 20

综 合 评 价 表

班级：		姓名：	学号：		
评价项目		评价内容	评价方式	分值	得分
线上学习 （20%）	云教材	数字教材阅读时长	【过程评价】 平台数据	5	
	平台资源学习	资源自学完成度		5	
	平台活动和测试	参与线上活动态度与能力		10	
	中华文化小课堂专题	课程思政学习效果反馈点1			
线下实操 （40%）	自我抗压能力测评	完成自我抗压能力测试	【过程评价】 教师评价60% 组内互评20% 组间互评20%	10	
	情绪管理	能在面对不满客户时做好情绪管理		10	
	同理心运用	能使用同理心完成老年人服务任务		10	
	解决客户问题	缓解愤怒客户情绪		10	
	育心笃行学习情况	课程思政学习效果反馈点2			
任务成果 （20%）	自我压力分析表	正确分析自我情绪压力	【结果评价】 教师评价60% 组间互评40%	10	
	情景模拟视频	分角色扮演完成服务任务		10	
	思政口袋书记录情况	课程思政学习效果反馈点3			
学习 增量 （20%）	个体学业成就	与上个任务成绩对比	【增值评价】 平台数据对比 学生自评	5	
	职业素养提升	服务意识、主动性增强		5	
	师生互动频率	师生互动次数增加		5	
	公益活动参与	公益活动、社会实践参与情况		5	
综合得分				100	

项目 2 电力客户关系建立（待）
——人民电业为人民

任务 1 牛刀小试——电力客户识别分类

学习情境描述

按照《电力系统营销服务》"1＋X"职业技能等级证书、《客户代表》岗位标准（D-05-02）、供电企业《供电服务标准》（Q/GDW 10403—2021）中对电力客户识别、客户分类的要求，结合典型工作任务设计，充分利用电力营销业务系统中客户信息管理模块练习客户信息分类，并在老师的带领下掌握各种客户等级分类的划分，提升信息化手段使用能力。

学习目标

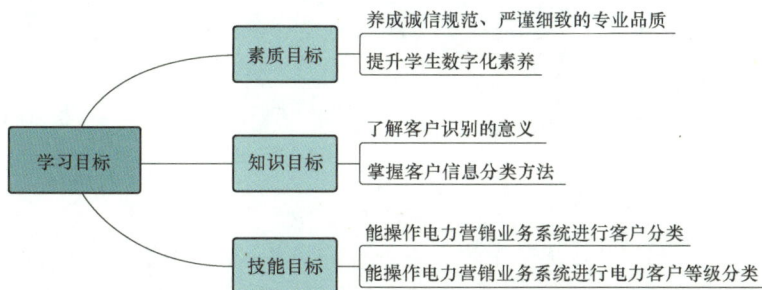

任务书

请阅读任务书，见表 2-1，了解本次任务详情。

表 2-1

任 务 书

任务书	牛刀小试——电力客户识别分类			
学习情境	电力营销实训室	任务学时	4 学时	任务编号	任务 2-1
学习形式	理实一体化	学习方法	自主探究法合作学习法	执行标准	《电力系统营销服务》（中级）"1＋X"职业技能标准
学习设备	电脑及操作平台	学习平台		电力营销业务应用系统	
任务描述	熟悉电力营销业务系统各项业务的基本操作，根据提供的任务背景信息，在系统中进行电力用户分类和电力用户等级分类的操作				

任务书	牛刀小试——电力客户识别分类
任务内容	（1）电压等级不满 1、10kV （2）电压等级为 10、35、110kV （3）突然中断供电将会造成人身伤亡或会引起周围环境严重污染 （4）会造成社会秩序严重混乱或在政治上产生严重影响的用户 （5）某高校用电 （6）突然中断供电会造成经济上较大损失的 （7）某贫困县农业排灌用电
任务成果	（1）电力用户分类明细单 （2）电力用户等级分类明细单

✍ 任务分组

按每组 4～6 人成立营销班组，明确班组成员的工作任务，并填写学习任务分配表，见表 2-2。

表 2-2　　　　　　　　　　学 习 任 务 分 配 表

营销班组		班组长	
组员			

任务分工：

💡 任务准备

（1）阅读任务书，了解任务内容。

（2）收集《供电服务标准》（Q/GDW 10403—2021）、《电力系统营销服务》"1＋X"职业技能等级证书、《客户代表》岗位标准（4-11-01-00）中对电力客户分类、电力客户等级分类的相关知识。

（3）结合任务书使用电力营销业务应用系统完成电力客户分类相关平台操作。

（4）调研电力客户办电、信息识别中的新技术。

📖 任务指导

（1）认真阅读任务单中的任务背景和任务详情。
（2）在电力营销业务系统中熟悉客户基本信息模块内容。
（3）小组讨论交流确定客户分类和等级分类。
（4）按照《供电服务标准》中客户分类进行操作。
（5）小组互评，多次练习达到熟练操作。

育心笃行

办电进入
"刷脸新时代"

🧪 任务实施

引导问题 1 反馈课前调研供电企业电力营销信息管理平台运行情况。

_____

_____

引导问题 2 思考在全国统一电力市场推进中电力客户需要识别吗？如何识别？

_____

_____

_____

_____

⠿ 小 提 示

根据著名的帕累托"80/20 法则"，企业 80％的利润来自 20％的大客户，大客户是影响企业生存的关键，是客户管理的重心。

客户分级：对客户进行价值细分、评估、识别谁是最有价值的客户，以便提供相应的服务举措。

对客户进行分级管理，企业应当首先明确自己 20％的客户是谁；其次，明确应采取什么样的倾斜措施，通过怎样的差别化管理，以确保 20％的客户的业务稳定与发展；再次，带动其他客户，促使他们向优良客户转化。

育心笃行

二十大报告指出：
构建全国统一
电力市场

电力客户信息
有效性识别

电力客户
分级管理

引导问题 3 电力客户分级和分类的联系和区别是什么？

_____

_____

一般客户分级和分类的联系和区别。

（1）联系。分级和分类都是为了区分不同客户，从而提供不同的产品，或者开展差异化的市场销售和服务活动。

（2）区别。客户分类更多的是从客户的客观属性出发，一般相对稳定，客户所属的类别在短时间内通常不会发生大的变化。而客户分级多是从企业自身的角度，根据对客户价值的分析判断做出的主观划分，更多的是着眼于不同级别客户的价值的大小。而客户所属的级别可能会因为客户价值的变化而快速地发生变化，比如随着交易量越来越多，一位客户可以从 C 类上升为 B 类客户，甚至 A 类客户。

客户分类和客户分级都可能造成产品服务的差异化，但客户分类造成的更多是产品功能的差异化，比如电脑制造商可能为教育行业与电信行业这两类不同行业的客户提供配置不同、功能侧重各有不同的电脑。

客户分级造成的更多是服务品质的差异化，比如更快的交货期、更优惠的价格、更好的付款条件（货到付款或更长的信用期、更大的信用额度）。

引导问题 4 根据《供电服务标准》（Q/GDW 10403—2021）中电力用户等级分类描述其特点，并列举相应用户填入电力用户等级表中，见表 2-3。

表 2-3　　　　　　　　　　电 力 用 户 等 级

分类等级	等级特点	列举用户
一类用户		
二类用户		
三类用户		

1. 电力用户分类

由于电力的特殊性，目前供电企业对电力市场客户主要有如下分类：

（1）按销售场所、渠道可分为直供、趸售、城市、农村市场。

（2）按客户用电量大小可分为大客户与中、小客户。

（3）按电价类别可分为工业用电、农业用电、商业用电与居民生活用电等客户。

1）居民生活用电。

2）大工业用电。

3）普通工业和非工业用电，后者为机关、机场、学校、医院、科研单位等用电。

客户的分类与处理技巧

4）商业用电、敬老院用电等。

5）农业生产用电，中、小化肥生产企业用电、贫困县农业排灌用电等。

2. 电力用户等级分类

按可靠性要求可分为一、二、三类负荷客户。电力用户的这种分类方法，其主要目

56

的是确定供电工程设计和建设标准，保证建成投入运行的供电工程的供电可靠，能满足生产或安全、社会安定的需要。

（1）一类用户，是指突然中断供电将会造成人身伤亡或会引起周围环境严重污染的；将会造成经济上巨大损失的；将会造成社会秩序严重混乱或在政治上产生严重影响的用户。

（2）二类用户，是指突然中断供电会造成经济上较大损失的；将会造成社会秩序混乱或政治上产生较大影响的用户。

（3）三类用户，是指不属于上述一类和二类负荷的其他用户。

引导问题 5 在电力营销业务应用系统中抽取一个二类客户，了解其基础信息、按照其用电信息、发展信息、服务信息、用能信息、费用信息等进行客户识别与分析。

📖 **拓展实践**

对于学有余力的同学可以在电力营销业务系统应用中再抽取一个 VIP 客户，分析客户具体信息，按照"客户金字塔"分级特点给出差异化措施。

▶ **小 提 示**

"客户金字塔"分级工具

1. 客户分级

（1）VIP 客户。金字塔最上层的客户，在过去特定期间，购买金额最多的1％的客户，被视为贵宾，享受特殊优质服务。

（2）主要客户。在过去特定期间，购买金额次之的 4% 的客户，对企业利润贡献率高，企业应重视和研究他们的意见。

（3）普通客户。占客户数量的 15% 的客户，要精心研究和培养。

（4）小客户。占 80% 数量、购买少的一般客户。

2. 分级之后的差异化措施

客户分级只是客户管理的开始，只分级却不进行相应的组织、流程配套，客户分级也就失去了意义。以下是一些客户分级管理配套措施：

（1）组织的差异化。

1）客户经理制。客户经理制是客户分级管理的一种重要形式，不同客户的管理差异在于是否有专职客户经理提供长期的、一对一的专业服务，或者在于由不同水平的人员担任不同类别客户的客户经理。

2）代理制。某些企业可能同时存在代理销售和直接销售两种销售模式。对于中小客户，他们主要通过代理商进行销售和提供服务，而对于大客户，他们则往往通过自己的销售组织和销售人员直接进行销售和提供服务。

（2）流程的差异化。通过差异化的流程来为不同级别客户提供差异化的服务，或者针对不同级别客户，采取不同的市场和销售策略。需要说明的是，流程的差异化往往可能需要通过信息系统来实现对不同级别客户实行不同的服务方式。例如为高端客户创建"绿色通道"，即客户进入客户人工服务台时始终在排队列阵最前位置；对中端客户，客户进入客户人工服务台，如遇话务忙未接入客户人工服务台，后台将在 24h 之内提取客户数据对客户进行回访，主动为客户办理业务咨询、业务受理等；对低端客户，按日常客户呼入客户人工服务台流程办理相关所需业务。对极个别的不受欢迎客户将被列入黑名单，在排队时永远处于优先级最低的位置。

相关知识点（"1+X" 证书）

一、 客户识别与分类的重要意义

恰当的客户分类对于客户信息管理具有重要意义，而客户识别又是进行客户分类的前提。对于电力行业来说，客户的有效性识别并不困难，这是由电力行业的特殊性决定的。一方面，供电企业所提供的产品和服务都是"电"，因此，从传统的概念来讲，供电企业的客户就是用电的主体，包括居民、政府、企业、商铺、事业单位、综合体等。从本质上来说，只要能够为企业带来价值的都属于客户的范畴；另一方面，电能在国民经济体系中起着基础性作用，电能的需求是普遍的而且短时间内无法替代，因此，短期内客户群体不会发生大的变动。

既然电力的需求是稳定的，消费者也不太可能用其他种类的能源消费来代替电能，那么电力营销工作中还有必要搞客户分类吗？

答案当然是肯定的。电能是一种特殊的商品，它的消费具有普遍性，国民经济各行业、社会大众都有需求。正是因为电能对国家经济稳定、社会发展有基础性、战略性作用，以及电能本身的特殊物理属性，导致不少客户对电力行业有了一些偏见和误解。因此，为提高客户满意度，提升企业形象，树立"诚信、责任"的国企形象，供电企业必须对客户进行分类管理，提供多样化、个性化的供电服务，不断塑造服务标准，配合推进各项电网运营业务的开展。图2-1所示为客户关系管理系统。

二、客户信息的定义及分类

1. 客户信息定义

信息是用于了解某些内容的必要元素。客户信息是指关于客户的行为、喜好、需求、联系方式等方面的资料。对于供电企业来说，客户信息是包含客户基础资料、联系方式、客户需求、客户细分、客户偏好等一系列用于描述客户相关的属性、性质、用电行为等内容的信息集合。此处的客户信息是指大客户的信息。

图2-1 客户关系管理系统

2. 客户信息分类

为了提高服务效率、促进服务工作更顺利地进行，客户服务部门应将企业拥有的客户信息进行科学划分。常用的客户信息分类方法有以下两种。

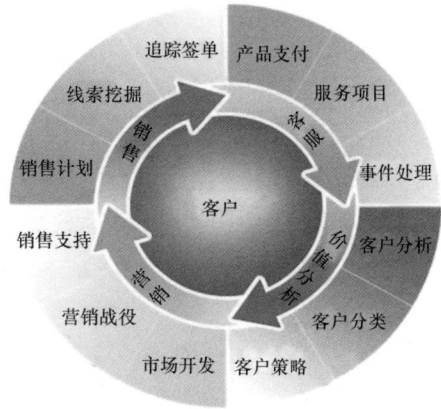

（1）横向划分。横向分类是为了便于销售业务的展开，即企业按客户的性质进行分类。通常的分类标准如下：

1）按所有权划分。客户信息可分为全民所有制客户信息、集体所有制客户信息、个体所有制客户信息、股份制客户信息和合资客户信息等。

2）按客户地理位置划分。客户信息可分为商业中心店信息、交通枢纽店信息、居民区店信息、其他店铺信息等。

3）按客户收入类型划分。客户信息可分为高收入层客户信息、中等收入层客户信息和低收入阶层客户信息等。

（2）纵向分类。纵向分类是根据企业对客户的商品管理、销售管理和货款回收管理的实际情况，确定客户等级标准，将现有客户分为不同的等级信息。通常的客户信息等级分类标准有两种。

1）按客户与本企业的交易数量。

2）按客户的信用状况，将客户分为不同的信用等级。

3. 电力客户信息分类

依据电力客户信息的性质，可以将其分为基础信息、用电信息、发展信息、服务信息、用能信息、费用信息六类。

（1）基础信息。客户基础信息是指涉及客户信息中比较基本和概括性的信息，包括客户类型、财务信息、用电用能概括性信息等。通过记录和整理这些信息，能够更好地了解客户的总体业务情况。主要包括以下内容。

59

1）企业基础信息：户名、户号、地址、客户编号、客户等级、邮编、营业执照、社会统一代码、开户银行、银行账号、行业类型、企业性质、企业规模。

2）法人基础信息：法人代表（企业负责人）姓名、身份证号、联系方式（手机、座机号码）。

3）其他负责人信息：电气负责人姓名、身份证号、联系方式、财务负责人姓名、身份证号、联系方式（手机、座机号码）。

（2）用电信息。客户用电信息是指围绕客户用电业务的信息，包括业扩报装信息、供电方案、负荷、客户用电行为等信息。记录这些信息，有利于了解客户的用电情况，从而掌握客户对于用电的需求，挖掘客户的潜在需求；同时，了解客户用电可能存在的问题，帮助客户更好地解决问题。主要包括以下内容。

1）业扩报装相关信息：申请时间、申请方式、电费、耗时、业务类型。用户分类、用电类型、容量、负荷性质。

2）供电方案相关信息：受电点、受电容量、供电电压。

3）负荷情况信息：负荷变化时间、用电量、均价、需量、无功补偿。

4）计量信息：计量方式、计费方法。

5）自备电源信息。

6）用电行为信息：违约用电记录时间、种类、违法窃电种类、频数、频率。

（3）发展信息。客户发展信息是指涉及客户公司的发展情况、规划等，通过记录这些信息，能够更好地了解客户的发展潜力，挖掘客户的潜在用电用能需求，寻找可能的合作机会。主要包括以下内容：

1）企业性质、行业类型、企业规模、技术实力等。

2）行业竞争、行业排名、市场份额等。

3）企业发展规划、发展阶段、改（扩）建计划、重大项目等。

（4）服务信息。客户服务信息管理是指供电企业与客户在用电服务方面的接触与交流，包括业扩报装、定期的用电检查、维修、增值服务，以及客户对于供电企业员工工作效率、服务态度等的评价信息。客户服务信息的记录有利于了解客户的用电情况、对供电企业的态度，从而改善客户服务，提高客户服务满意度。主要包括以下内容。

1）业务类型：增容、减容、暂停（恢复）、临时用电、销户等。

2）用电变更类型、申请时间、具体内容、服务满意度等。

3）用电检查、申请时间、检查人员、联系方式、检查结果、服务满意度等。

4）应急抢修、增值服务、客户拜访、客户回访、客户来访、客户线上交流记录、客户个人信息等。

（5）用能信息。客户用能信息管理是围绕客户购买、使用能源的相关信息，包括客户用油、热能、煤气、光伏、风能以及用能中断、故障报修等信息。通过这些信息，可以了解客户的用能情况，从而掌握客户对于用能的需求，实现新能源使用的转化；同时，用能的潜在问题，帮助客户更好地解决问题。这些信息主要来源于客户的用能申请表单和维修记录等。主要包括以下内容。

1）能源输入：类型、时间周期、市场价格、主要用途、占比等。

2）能源消耗：类型、对应设备、占比、主要用途等。

3）分布式能源：类型、设备、成本等。

（6）费用信息。客户费用信息是指与客户应该缴纳的用电用能费用相关的信息，包括客户的总费用、费用分布、交费行为、欠费行为等。这些信息主要来源于客户的费用账单记录。通过这些信息，可以了解客户的用电用能情况，根据缴费信息推测用户可能的用电用能变化情况；尤其是对欠费行为等的掌控，采取相应的行动促进客户按时交费。主要包括以下内容：

1）交费时间、交费周期、电量、总费用、欠费金额、欠费占比、预售电费占比等。

2）银行代扣不足次数、逾期交费率、预收交费率、平均回款时间、交费渠道等。

三、 客户信息的作用

客户信息在营销工作中的作用主要包括以下几点：

1. 营销决策的基础

掌握客户信息，有助于供电企业对客户需求、客户价值、客户信用等重要信息进行准确判断，从而合理分配资源，做出正确的营销决策。

2. 客户沟通的基础

掌握客户信息，可以针对客户的需求，更高效地与客户展开沟通，既减少了沟通成本，又能够收获较好的反馈结果。

3. 客户满意的基础

掌握客户信息，有助于客户服务人员了解客户个性化需求，为客户提供具有针对性的服务，从而提高客户满意度。

练一练

（1）（单选）以下电力客户信息分类按照纵向划分的是（ ）。

A. 所有权 　　　　　　　　　　 B. 客户地理位置

C. 客户收入类型 　　　　　　　　D. 客户信用状况

（2）（判断）供电服务具有垄断地位，不需要进行客户信息识别。（ ）

（3）（判断）客户发展信息是指涉及客户公司的发展情况、规划等，通过记录这些信息，能够更好地了解客户的发展潜力，挖掘客户的潜在用电用能需求，寻找可能的合作机会。（ ）

评价反馈

请大家根据本次任务完成情况填写综合评价表，见表 2-4。

表 2-4 综合评价表

班级：		姓名：	学号：		
评价项目		评价内容	评价方式	分值	得分
线上学习（20%）	云教材	数字教材阅读时长	【过程评价】平台数据	5	
	平台资源学习	资源自学完成度		5	
	平台活动和测试	参与线上活动态度与能力		10	
	中华文化小课堂专题	课程思政学习效果反馈点1			
线下实操（40%）	客户识别	能根据客户信息快速识别	【过程评价】教师评价60%组内互评20%组间互评20%	10	
	客户分类	能根据客户信息填写分类		10	
	客户分级	能根据客户信息填写分级		10	
	分级后差异化措施	能为VIP客户提供差异化措施		10	
	育心笃行学习情况	课程思政学习效果反馈点2			
任务成果（20%）	分类明细单	客户分类单填写完整、正确	【结果评价】教师评价60%组间互评40%	10	
	分级明细单	客户分级单填写完整、正确		10	
	思政口袋书记录情况	课程思政学习效果反馈点3			
学习增量（20%）	个体学业成就	与上个任务成绩对比	【增值评价】平台数据对比学生自评	5	
	职业素养提升	服务意识、主动性增强		5	
	师生互动频率	师生互动次数增加		5	
	公益活动参与	公益活动、社会实践参与情况		5	
综合得分				100	

任务 2 大显身手——电力客户信息管理

学习情境描述

本节课按照《供电服务标准》（Q/GDW 10403—2021）和《客户代表》岗位标准（4-11-01-00）创设学习情境，按照典型工作任务设计业扩报装业务客户信息的收集，充分利用电力营销业务系统中客户信息管理模块练习客户信息收集和处理，并自主探索学习大数据环境下的电力营销信息化建设的重要方法，提升个人数字化素养。

学习目标

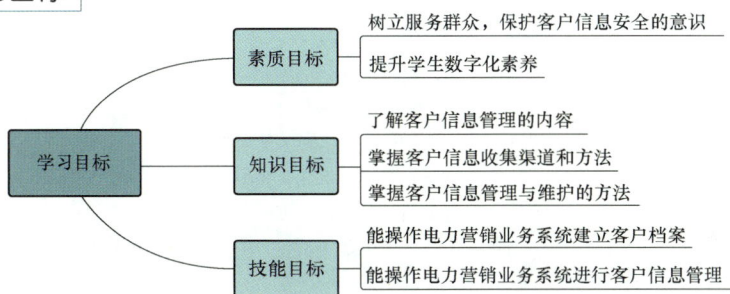

任务书

请阅读任务书，见表 2-5，了解本次任务详情。

表 2-5 任 务 书

任务书	大显身手——电力客户信息管理				
学习情境	电力营销实训室	任务学时	4 学时	任务编号	任务 2-2
学习形式	理实一体化	学习方法	自主探究法 合作学习法	执行标准	《电力系统营销服务》（中级）"1+X"职业技能标准
学习设备	电脑及操作平台		学习平台		电力营销业务应用系统
任务描述	从电力营销业务系统（测试库）中抽取一个非居民客户案例，按照案例背景收集该客户业扩报装相关信息，填写《客户用电报装基本信息登记表》，并在平台中录入				
任务内容	**客户用电报装基本信息登记表（非居民）**				

客户用电报装基本信息登记表（非居民）

客户名称				
用电地址				
通信地址			邮政编码	
负责人姓名		固定电话	移动电话	
联系人姓名		固定电话	移动电话	
原用电容量	kVA/kW	报装总量	kVA/kW	总用电容量	kVA/kW
报装事由描述				

任务书	大显身手——电力客户信息管理		

任务内容	用电期限	□永久	□临时	预计用电时间
	需提交的资料	（1）有关上级批准文件、立项批准文件（对于需要规划立项的） （2）有效的营业执照复印件［若属机关事业单位应提供事业法人证书或组织机构代码证复印件；若属军队的提供军队证明；若属农村用电无营业执照的，提供房屋产权人身份证原件及复印件1份（留存复印件）］1份 （3）经办人的身份证原件及复印件1份（留存复印件），法定代表人签章授权本单位人员的授权委托书1份 （4）建设工程规划许可证及附件（对于需要规划立项的） （5）经规划部门批准的地形图（1：2000）和用电区域平面图（1：500） （6）保证公用电网电能质量协议书（对于谐波源客户） （7）供电可行性咨询报告（必要时） （8）《客户用电报装基本信息登记表（非居民）》1份、《客户用电设备信息登记表（动力）》1份、《客户用电设备信息登记表（照明）》1份 （9）原《供用电合同》或原《供用电协议书》（增容客户需提供） 　　注：如客户为380/220V供电，则不需要提供上述资料中的1、4、5、6。但需提供产权证、购房合同、土地使用许可证等能够证明客户对用电点享有使用权的资料复印件1份（以上资料需1种即可）		
	客户申明	本表中负责人、联系人（被授权委托报装人）确为我单位在职人员，本表及附件中的信息和提供的相关文件资料真实准确，谨此确认。 　　　　　　　　　　　　　　　用电客户（签章）： 　　　　　　　　　　　　　　　填表日期：　　年　月　日		
	供电部门填写	报装编号		报装类别
		受理日期：　　年　月　日		

任务成果	（1）客户信息登记表 （2）电力营销业务应用系统客户基本信息表

✍ 任务分组

按每组 4～6 人成立营销班组，明确班组成员的工作任务，并填写学习任务分配表，见表 2-6。

表 2-6　　　　　　　　　　　学 习 任 务 分 配 表

营销班组		班组长	
组员			

任务分工：

（1）阅读任务书，了解任务内容。

（2）熟悉电力营销业务系统中客户档案建立的操作。

（3）调研供电服务中哪些客户信息可以通过政务系统获取，在客户信息管理时如何遵守职业道德。

（4）结合任务书使用电力营销业务应用系统完成电力客户分类相关平台操作。

任务指导

（1）认真阅读任务单中的任务背景和任务详情。

（2）在电力营销业务系统中熟悉客户基本信息模块内容。

（3）自主探究学习回答引导问题，并写出自己的答案。

（4）对本人在此次任务中的表现进行评价总结，查漏补缺并反复练习。

（5）小组互评，多次练习达到熟练操作。

育心笃行

企业文化之
职业道德

任务实施

引导问题 1 客户信息的收集渠道主要有哪些？

_____

_____

引导问题 2 收集客户信息时如何保护客户隐私？

_____

_____

育心笃行

筑牢电力客户
信息安全

▶ 小 提 示

在大数据时代，客户信息收集可以使用政务信息共享平台，也就是说可以在线上获取办电业务所需要的证件。比如在客户大厅进行业务办理时，客户忘记带身份证件，客户经理可以输入客户身份信息，经允许后拍摄客户人脸照片，利用人脸识别技术和公安政务信息进行比对，确认用电客户身份，实现"刷脸识别，零证办理"。

如果客户忘记带相关证明材料，或者有些信息政务平台不能查询到，也绝不会让客户跑第二趟，而是缺项受理，允许客户容缺后补，从而实现容缺办理。零证办理和容缺办理是供电企业便民服务的新举措。

为了保护客户的信息安全，对于像身份证、不动产证这些敏感信息采取了在线验证的方式，也就是只有输入了准确的参数，才能反馈相关证照的验证结果。提醒大家在使用时需要注意的是省、市两级政务服务专线对接的政务信息是不一样的，像身份证、户口本等信息是在省级层面集中管理的，像不动产证、土地证等各类信息是在各个地市自行管理的，所以大家在办业务的时候要注意选择。

另外还有指纹鉴权机制，要求我们客户经理强化自身职业素养，在调取信息过程中保护客户隐私，懂标准、会业务是客户经理优质服务的体现，让数据多跑路，让群众少跑腿，做到你用电我用心。

引导问题 3 电力营销业务系统中客户信息管理的具体模块和内容有哪些?

_____

_____

小 提 示 （"1＋X"证书）

客户信息管理内容如图2-2所示。

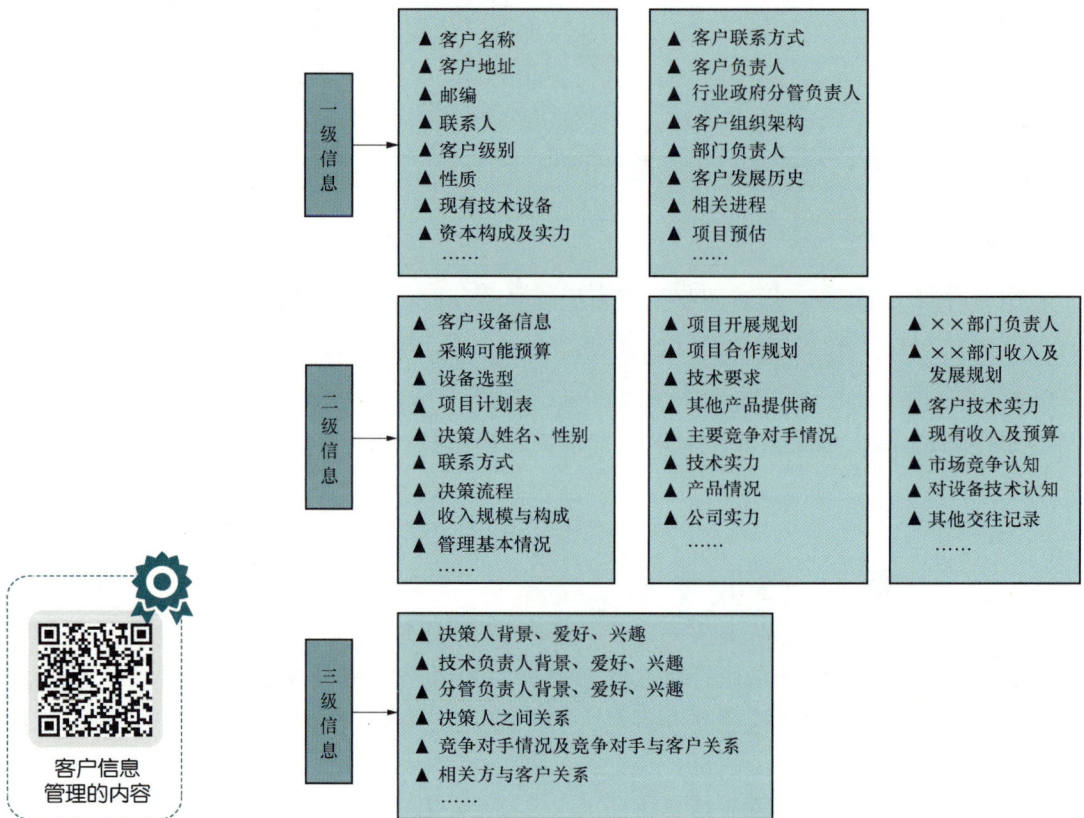

一级信息
- ▲ 客户名称
- ▲ 客户地址
- ▲ 邮编
- ▲ 联系人
- ▲ 客户级别
- ▲ 性质
- ▲ 现有技术设备
- ▲ 资本构成及实力
……

- ▲ 客户联系方式
- ▲ 客户负责人
- ▲ 行业政府分管负责人
- ▲ 客户组织架构
- ▲ 部门负责人
- ▲ 客户发展历史
- ▲ 相关进程
- ▲ 项目预估

二级信息
- ▲ 客户设备信息
- ▲ 采购可能预算
- ▲ 设备选型
- ▲ 项目计划表
- ▲ 决策人姓名、性别
- ▲ 联系方式
- ▲ 决策流程
- ▲ 收入规模与构成
- ▲ 管理基本情况
……

- ▲ 项目开展规划
- ▲ 项目合作规划
- ▲ 技术要求
- ▲ 其他产品提供商
- ▲ 主要竞争对手情况
- ▲ 技术实力
- ▲ 产品情况
- ▲ 公司实力
……

- ▲ ××部门负责人
- ▲ ××部门收入及发展规划
- ▲ 客户技术实力
- ▲ 现有收入及预算
- ▲ 市场竞争认知
- ▲ 对设备技术认知
- ▲ 其他交往记录
……

三级信息
- ▲ 决策人背景、爱好、兴趣
- ▲ 技术负责人背景、爱好、兴趣
- ▲ 分管负责人背景、爱好、兴趣
- ▲ 决策人之间关系
- ▲ 竞争对手情况及竞争对手与客户关系
- ▲ 相关方与客户关系
……

客户信息管理的内容

图2-2 客户信息管理内容

引导问题 4 大数据环境下如何进行信息价值挖掘?

_____

_____

_____

66

大数据环境下信息管理新模式

1. 利用人工智能开展信息采集

随着信息技术的发展，网络已经融入人们的生活，改变了人们获取信息的方式，尤其是大数据技术的发展与应用，可以更加高效地对大量的数据进行处理。所以，对于客户信息采集来说，要充分利用现代信息技术以及人工智能技术，这样才能对大数据进行有效筛选、勘误并整合，把有效的数据进行整理保存。移动网络的发展，不仅改变人们的生活，同样也改变人们对于信息的获取方式，人人都可以利用移动设备随时随地浏览想要的信息，因此，合理使用人工智能设备对数据信息采集，既能提高数据采集效率，又能不断完善补充档案信息。

2. 加强信息管理技术学习

随着科学技术的快速发展，大数据技术的成熟应用，进一步推动了信息管理技术的革新，虽然采用新的信息技术极大地提高了档案客户管理工作质量与效率，但对于相关工作人员也提出了新的要求，其不仅要对信息技术能够熟练地使用与操作，同时对于日常管理也要懂得维护。所以，为了进一步提高客户信息管理的工作效率与质量，必须要定期进行学习，提高自身专业技术与职业素质。

3. 树立资源共享性思维

大数据时代，除了一些特殊信息，几乎所有的信息都是可以共享的。网络中存储着海量信息，任何一个用户都可以通过自己的方式进行检索，搜寻对自己而言有价值的信息进行利用。这种共享式的信息管理方式极大地提高了信息的利用率，客户信息管理也应该树立这样的资源共享思维，将非机密档案进行共享，提高信息的再利用率，发挥其价值。要想将客户信息进行共享，首先要做的应该是与各级档案馆等建立联系，建立共享平台，促进档案行业内部的信息共享；此外，应该建立相应的网站，为外部用户建立共享渠道。

4. 要树立客户信息服务的网络化思维

一般来说，客户信息的服务性工作指供查询、再利用的工作，在客户信息管理纷纷进行数字化、网络化的改革之后，客户服务人员也要树立网络化思维。大数据技术的应用使得信息的开发、整合以及信息价值的挖掘工作都有了很大程度的提升。客户信息管理工作要注意利用网络的便利性及普遍性推动客户信息的再利用。除了被动地提供服务，大数据时代的信息管理工作甚至还可以通过更加积极的方式来促使客户信息创造价值，提高其利用率。

5. 可以从海量的客户信息中进行价值挖掘

信息时代的来临给社会带来了全方位的改变，大数据只是其中的一个时代特征。信息时代要求各行各业推动数字化、信息化的变革。客户档案信息通过相关设备与技术变成了数字化的存储信息，可以通过网络进行管理。在各部门共享信息的基础上可以挖掘出客户更大的需求和客户需要解决的问题。

引导问题 5 从电力营销业务系统（测试库）中抽取一个非居民客户案例，按照案例背景收集该客户业扩报装相关信息，填写《客户用电报装基本信息登记表》，通过平台录入总结录入流程。

📖 **拓展实践**

对于学有余力的同学可以在电力营销业务系统中再抽取一个新型业务充电设施服务客户，通过平台录入总结其信息管理差异点。

▓ **小 提 示**（"1＋X"证书）

在《电力系统营销服务职业技能等级》中，充电设施用电服务属于新型业务中的一种，在对此类用户进行客户信息管理时要注意收集用电习惯、电表安装要求、用电性质等。

🌱 **相关知识点**（"1+X"证书）

一、客户关系管理信息系统

客户关系管理最初是企业在市场竞争中的一种商业策略，但随着技术的发展，企业能够把握自身的客户关系管理策略与模式，开发相应的系统平台来更好地实现管理目标，如甲骨文、IBM等软件公司为企业提供客户关系管理系统服务，包括客户信息数据库、电话呼叫中心、网络服务平台等。客户关系管理信息系统也成为企业经营的重要工具。

客户关系管理信息系统的功能可以归纳为三个方面。首先是接触功能，即与客户进行沟通所需要的手段（如电话、传真、网络、电子邮件等）的集成和自动化处理；其次是业务功能，也就是对销售、营销和客户服务三部业务流程的信息化；最后是数据库功能即对上面两部分功能所积累的信息进行加工处理，开展一系列市场竞争分析和营销策略分析，为企业战略战术的决策作支持。

1. 接触功能

客户关系管理系统通过给客户提供各种方式和渠道与企业进行接触，典型的方式有呼叫中心、面对面的直接沟通、传真、移动销售、电子邮件、互联及其他营销渠道，如中介或经纪人等。在引入呼叫中心技术的基础上，通过增加电话、电子邮箱、传真等多样化与客户互动的接入方式，并能根据呼叫接入的差异提供多种路由算法和基于经验的智能路由等功能，强化与客户交流沟通的效果。同时，将门户技术引入客户关系管理系统，并与呼叫中心技术进行结合，能够为不同类型的客户对象提供交互应答服务，实现了呼叫中心的全部功能，增强了企业为客户服务的应急能力。同时，企业必须协调这些沟通渠道，保证客户能够采用其方便或偏好的形式随时与企业交流，并且保证来自不同渠道的信息完整、准确和一致。

2. 业务功能

业务功能是客户关系管理信息系统的主要功能，包括营销自动化、销售自动化、服务自动化等功能模块，以实现企业中各业务部门之间的资源共享和信息协调，从而实现企业与客户的有效沟通。营销自动化模块对市场营销活动进行计划、执行、监视和分析；销售自动化模块对企业的销售活动进行计划、执行、监视和分析，以帮助决策者管理销售业务；服务自动化模块提高与客户支持、现场服务和仓库修理相关业务流程的自动化并加以优化。

3. 数据库功能

数据库管理系统是客户关系管理信息系统的重要组成部分，是客户关系管理思想和信息技术的有机结合，是企业营销门店、客服中心等服务部门开展各种业务活动的基础。客户关系管理信息系统引入数据仓库的相关技术，对来自前端呼叫中心平台提供的信息和后台数据库的各种数据进行统计分析；并借助数据分析系统，进行客户分析和市场营销的辅助决策支持。从基于客户数据及企业业务活动的历史记录中提炼出有用的信息，包括针对客户的需求、竞争对手的产品等企业非常关注的信息。这有助于企业借助积累的历史数据，对其业务运营状况及营销活动成效做出正确的评价，以便了解客户行为及其趋向。运用数据库功能，企业可以与客户进行高效、可衡量、双向的沟通，真正体现了以客户为导向的管理思想，有利于与客户维持长久甚至是终身的紧密关系。

二、 客户关系管理信息系统主要特征

客户关系管理信息系统的应用主要体现了以下特性：

1. 综合性

客户关系管理信息系统包含客户合作管理、业务操作管理、数据分析管理、信息技术管理等子系统，综合了大多数企业关于客户服务、销售和营销自动化和优化的需要，通过具有多媒体、多渠道的联络中心实现了营销与客户服务的功能，同时通过系统具备的为现场销售和远程销售提供的各种服务实现其销售功能。通过运用统一的信息库，开展有效的交流管理和执行支持，使交易处理和流程管理成为综合的业务操作方式。

2. 集成性

客户关系管理信息系统需要与企业的其他信息系统进行高度集成。在电子商务的背景下，客户关系管理信息系统通过与企业资源计划、供应链管理、计算机集成制造、财务等系统的集成，彻底改革了企业的管理方式和业务流程，确保各部门各系统的任务能够动态协调和无缝连接。

3. 智能性

客户关系管理信息系统具有商业智能的决策和分析能力。它获得并深化了大量的客户信息，通过加强数据库的建设和数据挖掘工作，可以对市场和客户的需求展开智能性分析，从而为管理者决策提供参考依据。

4. 高技术性

客户关系管理信息系统涉及种类繁多的信息技术，如数据库、数据挖掘、多媒体技术等。同时，为实现与客户的全方位交流，在客户关系管理信息的方案部署中需要实现呼叫中心、销售平台、远程销售、移动设备以及基于互联网的电子商务站点的有机结合。客户关系管理信息系统通过深度应用不同类型的资源和专业技术支持，将不同技术、不同规则的功能模块融合成为一个统一的客户关系管理环境。

三、 客户信息的收集

客户信息的收集渠道和方法有多种，具体如下。

1. 主要方式：在业扩报装工作中收集

有的客户服务人员将客户信息收集看作是一项独立的工作，认为这会增加工作量，其实不然。据统计，绝大部分的客户信息其实是在日常的业务工作中自然完成的，其中，业扩报装是收集客户信息最为主要的渠道。根据业扩报装的工作流程，可以收集到的客户信息归纳如下：

（1）业务受理及现场勘查。通过营业厅、95598客户服务电话及网上客服系统等渠道受理业务后，需要进行现场勘查并填写现场勘查单。一张现场勘查单包含了丰富的基础信息与用电信息，以高压客户的业扩现场勘查为例，可以收集的主要信息包括用电性质、电压等级等。

（2）供电方案确定与答复。在供电方案的确定与答复过程中，包含客户提供申请资料和反馈供电方案两个主要步骤。其中，客户提供的申请资料中包含了较为丰富的信息，根据常见的工作情景，主要包括居民客户、个体工商户、企事业单位、房地产开发项目等。

（3）供用电合同管理。供用电合同是供电企业与客户签订的法定合同，是明确双方责任义务的重要文件。供用电合同中包含了诸多客户信息，借助供用电合同，可以便捷地查阅相关客户信息。

（4）业扩工程管理。业扩工程管理包含工程设计、设计审查、设备购置、工程施工、中间检查、工程验收等流程，其间可以获得客户信息的相关内容。

（5）装表接电。装表接电是业扩报装的最后一个主要流程，在此阶段可以对此前所收集的客户信息进行核验。

2. 次要方式：在其他工作中收集

在其他的业务办理过程中，也可以收集客户信息，作为主要方式的辅助与补充，如客户回访、社区宣传等。

客户信息的收集方式

3. 辅助方式：通过其他渠道收集

对于日常工作中难以收集到的客户信息，可以借助其他方式进行收集，比如企业高管的联系方式等，可以借助政府部门组织相关活动与会议（如能效管理会议）等进行收集。还可以查阅相关的权威报纸杂志、图书期刊、各类网站等进行收集。

四、 客户信息处理

这里提到的客户信息处理主要是指客户基础信息的录入，也就是客户档案的建立，通过以上各种方法收集到的客户信息要进行筛选和录入，如今随着大数据时代的到来，很多信息在收集过程中可以利用政务平台等进行调取和核查，如客户身份信息、房产信息、产权证明等。客户服务人员将调取和收集的客户信息录入电力营销业务系统为以后客户信息管理、维护等提供数据支撑。建立客户信息档案的过程与步骤如图 2-3 所示。

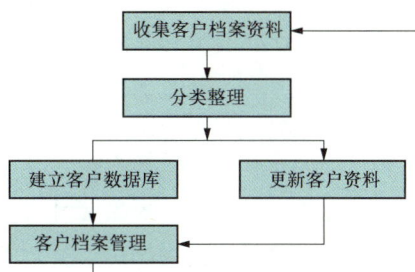

图 2-3 建立客户信息档案的过程与步骤

五、 客户信息更新维护

客户信息需要保持准确性与完整性，所以有必要对其进行及时的更新和维护。客户信息管理人员需要对信息进行更新、检查、纠错、补充等工作。

比如建立客户回访和跟踪服务机制。平时常说"跑业务"，所谓"跑"，就是要接触客户，缩短与客户的距离，与客户进行有效的互动。这就要求建立一种科学完善的客户走访和跟踪服务机制，通过走访和跟踪服务机制的运转，来推进客户关系的发展，拓宽合作范围。

一般来说，客户信息的更新维护可以分为两类：

1. 主动更新维护

主动维护是指客户服务人员由于工作需要主动向客户了解信息是否准确、是否有变动等。主动维护一般定期进行，目的是及时核验客户信息，确保信息准确有效。

2. 被动更新维护

被动维护是指当客户需要办理业务或获得其他服务时，通过各种渠道（包括线上的各类 App、微信，线下的营业厅、供电所等）提供信息，进而由客户服务人员或系统人员进行信息维护。

六、 信息网络环境下的电力营销业务系统

全国各供电公司建立了功能完好的电力营销业务系统，改变了供电营销的原有的服务方式，提高了工作效率，改善了服务质量。在客户服务层、营销业务层、质量管理层、决策支持层实现全面覆盖。在业扩报装、电能计量、电费计算和收缴、银行决算、用电检查、市场分析与预测、综合分析与决策支持等业务环节实现一体化集成，已经在供电企业发挥重要作用。这为智能化电网发展奠定了坚实基础。

练一练

(1)（单选）客户信息管理需要建立数据库，首先需要进行的是（　　　）。

A. 流程设计　　　　　　　　　　　　B. 客户互动

C. 信息收集　　　　　　　　　　　　D. 信息的分析与提炼

(2)（多选）客户用电信息主要包括（　　　）。

A. 用电类别　　　　B. 客户类型　　　　C. 合同容量　　　　D. 用电容量

(3)（单选）企业实施客户关系管理的最终目的是（　　　）。

A. 把握客户的消费动态

B. 针对客户的个性化特征提供个性化服务，极大化客户的价值

C. 做好客户服务工作

D. 尽可能多地收集客户信息

(4)（多选）在业扩报装工作中收集客户信息主要包括（　　　）。

A. 业务受理及现场勘查　　　　　　　B. 供电方案确定与答复

C. 供用电合同管理　　　　　　　　　D. 装表接电

(5)（判断）如果客户出于个人原因不愿意提供某些信息，从业人员应该谨慎地了解客户产生焦虑的原因，并向客户解释该信息的重要性，以及在缺乏该信息情况下可能造成的误差。（　　　）

评价反馈

请大家根据本次任务完成情况填写综合评价表，见表 2 - 7。

表 2 - 7　　　　　　　　　　综 合 评 价 表

班级：		姓名：	学号：		
评价项目		评价内容	评价方式	分值	得分
线上学习 （20%）	云教材	数字教材阅读时长	【过程评价】 平台数据	5	
	平台资源学习	资源自学完成度		5	
	平台活动和测试	参与线上活动态度与能力		10	
	中华文化小课堂专题	课程思政学习效果反馈点1			
线下实操 （40%）	居民客户信息登记	能根据客户信息完成登记	【过程评价】 教师评价60% 组内互评20% 组间互评20%	10	
	非居民客户信息登记	能根据客户信息完成登记		10	
	档案建立	利用电力营销业务系统建档		10	
	客户信息维护	完成主动维护和被动维护		10	
	育心笃行学习情况	课程思政学习效果反馈点2			
任务成果 （20%）	客户信息登记表	登记表填写完整、正确	【结果评价】 教师评价60% 组间互评40%	10	
	客户档案	客户基本信息填写完整、正确		10	
	思政口袋书记录情况	课程思政学习效果反馈点3			

评价项目		评价内容	评价方式	分值	得分
学习增量（20%）	个体学业成就	与上个任务成绩对比	【增值评价】平台数据对比学生自评	5	
	职业素养提升	服务意识、主动性增强		5	
	师生互动频率	师生互动次数增加		5	
	公益活动参与	公益活动、社会实践参与情况		5	
综合得分				100	

任务3 融会贯通——用电服务咨询查询

学习情境描述

按照《电力系统营销服务》"1＋X"职业技能等级证书、《客户代表》岗位标准（4-11-01-00）、《供电服务标准》（Q/GDW 10403—2021）中对营销业务受理的要求，在95598工作站答复低压电力客户用电咨询、高压电力客户用电咨询，掌握低压电力客户用电查询、高压电力客户用电查询的方法。

学习目标

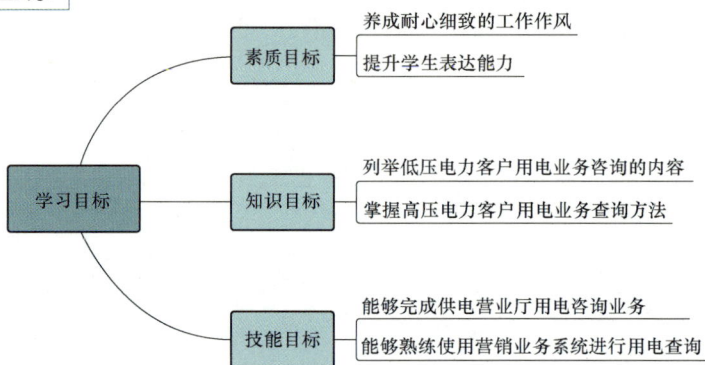

任务书

请阅读任务书，见表2-8，了解本次任务详情。

表2-8 任务书

任务书	融会贯通——用电咨询与查询				
学习情境	95598工作站	任务学时	4学时	任务编号	任务2-3
学习形式	理实一体化	学习方法	角色扮演法、合作学习法	执行标准	《电力系统营销服务》（中级）"1＋X"职业技能标准
学习设备	呼叫中心通信设备	学习平台		电力营销业务应用系统	
任务内容	（1）用电业务服务渠道咨询 （2）新型业务办理咨询（分布式电源） （3）停电信息及故障报修业务咨询与查询				

任务书	融会贯通——用电咨询与查询
实施步骤 （工作 流程）	咨询受理 → 咨询类型查询 → 咨询答复（是/否） 否 → 下发咨询单 → 相关部门反馈 是 → 咨询归档
任务成果	（1）申办用电业务渠道咨询信息查询单 （2）新型业务办理咨询（分布式电源）信息查询单 （3）停电信息及故障报修业务咨询信息查询单 （4）95598 工作站模拟咨询电话录音

任务分组

按每组 4～6 人成立营销班组，明确班组成员的工作任务，并填写学习任务分配表，见表 2-9。

表 2-9　　　　　　　学习任务分配表

营销班组		班组长	
组员			

任务分工：

（1）阅读任务书，了解用电咨询实施步骤。

（2）收集《供电服务标准》（Q/GDW 10403—2021）、《电力系统营销服务》"1＋X"职业技能等级证书、《客户代表》岗位标准（4-11-01-00）中对用电业务咨询与推广的相关知识。

（3）结合任务书分析用电业务咨询与查询中的难点和常见问题。

（4）感受世界领先能源互联网企业文化之行为规范。

育心笃行

企业文化
之行为规范

📜 **任务指导**

（1）结合引导问题将搜集的相关知识填写在对应位置。

（2）小组成员根据任务情景，按照任务实施步骤即工作流程，完成典型工作任务常见业务的咨询与查询，并在电力营销业务应用系统中完成信息查询单。

（3）各小组进行组内互评。

（4）各组选派代表在班级展示搜集到的典型做法。

（5）以小组为单位根据咨询业务流程角色扮演、模拟演练。

（6）教师针对各组展示情况进行评价，各组复盘优化。

🧪 **任务实施**

引导问题 **1** 简述《供电服务标准》（Q/GDW 10403—2021）中用电业务咨询、查询服务规范。

_____

_____

_____

_____

➤ 小 提 示

咨询查询客户服务人员涉及营业厅柜台综合服务人员、95598 客服专员、客户经理、台区经理、抄表员等，其行为规范内容如下：

（1）当客户咨询有关问题时，应专注聆听客户讲话，准确迅速地分析客户需求，针对具体的业务办理流程和手续，对客户进行通俗易懂的讲解和说明，在解答问题过程中，做到真诚、耐心和准确。

（2）主动协助和引导客户使用营业厅的自助服务设施，如智能服务终端等，及时更新自助服务终端的内容，提高使用效率，必要时，协助客户填写相关业务表格，详细说明业务填表方法和应该准备提供的有关资料。

（3）当时无法答复的咨询，应说明情况请客户谅解并做好记录，留下联系电话，告知客户答复的具体时间。

咨询查询过程中，遇到其他客户咨询时，应向正在咨询的客户表示歉意，请其稍后。

引导问题 **2** 填写 95598 咨询服务标准应答话术，见表 2-10。

表 2-10 95598 咨询服务标准应答话术

服务类型	服务情景	应答规范话术
开始接入电话	摘机接听时	
确认客户信息	客户信息采集	
判断客户需求	客户需求确认	
咨询查询沟通	系统查询需客户等待时	
	查询时需要与其他工作人员交流时	
	重新与等候的客户交谈时	
	确认客户对答复是否清楚	
结束接入电话	确认客户是否还有其他需求	
	通话结束客户仍未挂机	
	向客户致谢道别	

小提示

1. 接电话程序

接电话程序如图 2-4 所示。

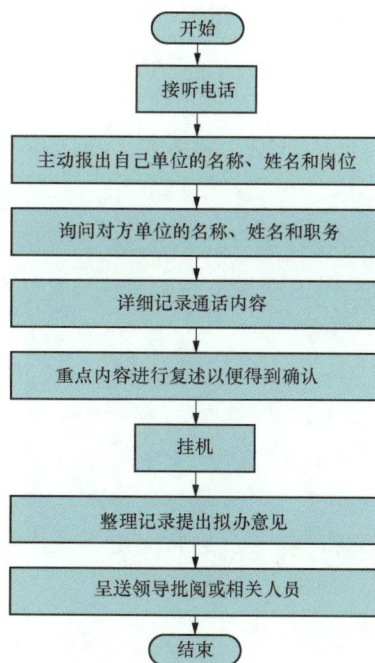

95598供电
服务热线标准
（企业标准）

图 2-4 接电话程序

2．注意事项

（1）电话铃响两次后，取下听筒。电话铃声响 1s，停 2s。如果过了 10s，仍无人接电话，一般情况下人们就会感到急躁："糟糕！人不在。"因此，铃响 3 次应接听电话。那么，是否铃声一响，就应立刻接听，而且越快越好呢？也不是，那样反而会让对方感到惊慌。较理想的是，电话铃响完第二次时，取下听筒。

（2）自报姓名的技巧。如果第一声优美动听，会令打电话或接电话的对方感到身心愉快，从而放心地讲话，因此电话中的第一声印象十分重要，切莫忽视。接电话时，第一声应说："您好。这是××供电营业厅。"打电话时则首先要说："您好，我是××公司××供电营业厅的×××"。双方都应将第一句话的声调、措辞调整到最佳状态。

（3）以下信息要注意重复。

1）对方的电话号码。

2）双方约定的时间、地点。

3）双方确定的解决方案。

4）双方认同的地方，以及仍然存在分歧的地方。

5）其他重要的事项。

复述要点的好处：

1）不至于因为信息传递的不一致，导致双方误解。

2）避免因为口误或者听错而造成的不必要的损失。

3）便于接听电话者整理电话记录。

（4）轻轻挂断电话。通常是打电话一方先放电话，但对于客户服务人员来说，如果对方是领导或客户，就应让对方先放电话。待对方说完"再见"后，等待 2～3s 才轻轻挂断电话。

无论通话多么完美得体，如果最后毛毛躁躁"咔嚓"一声挂断电话，则会功亏一篑，令对方很不愉快。因此，结束通话时，应慢慢地、轻轻地挂断电话。

引导问题 3 列举常见的用电业务咨询类型。

_____

_____

_____

小 提 示（企业标准）

用电业务咨询下属 14 个一级分类，91 个二级分类，分别为计量装置、停电信息、电费抄核收、用电业务、用户信息、法律法规、服务渠道、新兴业务、电网改造、企业信息、用电常识、特色业务、异常来电、充电业务。

引导问题 4 列举查询的业务类型。

_____

_____

_____

1. 咨询的业务类型

（1）计量装置。计量装置咨询包括所有涉及电能计量装置的信息。主要内容包括计量方式、计量配备、计量产权划分、计量异常、计量被盗、计量故障处理、计量校验、计量轮换等。

（2）停电信息。停电信息是指所有涉及用电客户停电的信息。主要内容包括计划检修、临时检修、故障停电、有序限电、欠费停电、违约停电和窃电停电等。

（3）用电业务。用电业务主要包括传统业务、新型业务的业扩报装、业务变更、欠费复电及其他业务。业扩报装包括新装和增容；业务变更包括减容、暂停、暂换、迁址、移表、暂拆、更名或过户、分户、并户、销户、改压、改类。

（4）收费标准。收费标准是指供电企业为用电客户提供有偿服务的收费标准。主要内容包括业扩报装、业务变更、电力安装维护、电能计量装置检定与校试、电力设备检修与调试、电网调度通信等项目的收费标准。

（5）电价电费。电价收费咨询业务主要内容包括电价政策、电价分类、电价执行范围、销售电价表、缴费方式、电费计算方法、缴费期限等。

（6）法律法规。法律法规主要包括《中华人民共和国电力法》《电力供应与使用条例》《电力设施保护条例》《供电营业规则》《居民用户家用电器损坏处理办法》《电力监管条例》《供电服务监管办法》等国家、地方政府部门颁布的电力法律法规。

（7）公司文件。公司文件是指供电企业能够对外发布的相关电力服务政策和文件内容。主要内容包括营销类、生产类和综合类。

（8）服务规范。服务规范是指国家电网公司为提升服务品牌，勇于接受社会各界监督而对外发布的各类服务规范，主要包括《供电服务规范》、员工服务"十个不准""三公"调度"十项措施"、供电服务"十项承诺"、城市和农村供电营业规范化服务窗口标准等内容。

（9）企业信息。企业信息是指供电企业为促进社会的和谐稳定发展，提升服务品质而开展的一系列新项目、新活动的相关信息。供电企业对这些电力资讯进行正面的报道和发布，使客户及时掌握供电企业的最新动态，增强对企业的认知度，从而有效提升企业优良形象。主要内容包括营销类、生产类和综合类。

（10）用电常识。主要内容包括客户依法用电、安全用电、节约用电等基本常识。

（11）用电技术。用电技术咨询是指推广高端、节能用电技术的咨询。主要内容包括蓄热式电锅炉、蓄冷式空调、低谷用电的效益分析等。

（12）专业咨询。专业咨询是指专业性较强的用电咨询。主要内容包括供电方式、供电质量、经济运行、负荷分布、带电作业、安全距离、用电设备选型、变压器损耗、导线截面选择等。

（13）市场咨询。市场咨询是指开拓电力市场，推广电能运用等相关咨询。主要内容包括能源能效对比、电力成本分析。

（14）其他咨询。是指以上分类中没有涵盖的其他咨询。主要内容包括供电企业服务范围、服务渠道、服务方式等。

2. 查询的业务类型

（1）客户资料。主要内容包括户号、户名、用电性质、用电容量、抄表时间、线路名称、台区编号等。

（2）电价电费。主要内容包括电价执行标准、电量电费、起止码、电费计算方法、缴费方式、缴费时间、预存电费账户余额、欠费金额、电费滞纳金等。

（3）计量装置。主要内容包括计量方式、计量配备、计量轮换、计量编号等。

（4）在办流程。主要内容包括业扩报装、业务变更、欠费复电及其他业务在办流程。

（5）供用电合同。主要内容包括供用电合同内容、签署时间、修订内容、修订时间、签署人员等。

（6）其他查询。主要内容包括供电企业营业网址、营业时间等。

引导问题 5 根据下述情景判断咨询业务类型，完成咨询及受理确认要点。填写咨询业务确认表，见表2-11。

表2-11 咨询业务确认表

服务情景	咨询类型	咨询及受理确认要点
客服专员：您好，×××号客户专员为您服务，请问您有什么需要帮助的吗？ 客户：你好，我是本地一家小微企业，想咨询一下通过哪些渠道可以申请用电增容？		
客服专员：您好，×××号客户专员为您服务，请问您有什么需要帮助的吗？ 客户：你好，我想在自家房顶安装太阳能发电，听说除了自用还可以卖给你们？		
客服专员：您好，×××号客户专员为您服务，请问您有什么需要帮助的吗？ 客户：你好，我们工厂突然停电了，帮我查一下是怎么回事儿？		

小 提 示

业 务 咨 询 流 程

（1）咨询受理。咨询受理即受理客户的业务咨询服务请求。派专人负责电力知识库的收集整理工作，确保知识库信息准确完整和实时更新，为客户提供准确的业务咨询服务。

做好交接班工作，使接班人员了解当天的停电信息、焦点问题、突发事件等。

坐席人员提供咨询服务时，应使用规范化服务用语，合理运用电话服务技巧，引导客户说出关键内容，快速准确地判断客户的咨询重点。

（2）咨询处理。对于能够直接答复客户的业务咨询，坐席人员应借助营销系统和相关电力知识立即答复客户。对于不能直接答复客户的业务咨询，坐席人员应准确判断业务咨询类型，快速填写"业务咨询单"，并按营业区域、咨询类型和内容下发工单。

相关部门或专家坐席在规定的时限内对咨询工单进行处理，及时在工单中录入咨询处理信息，并将答复结果反馈至 95598。对不能直接答复客户的咨询工单处理时限进行跟踪、督办。

（3）咨询答复。95598 接到回复工单后，坐席人员应在规定时限内答复客户业务咨询结果。建议在一般情况下，从受理之日起 2 个工作日内答复客户。对于客户咨询的较复杂问题，可由相关部门或专家坐席直接答复客户。

答复客户咨询结果后，坐席人员对客户进行满意度调查，了解客户对本次服务的满意程度。因客户原因造成不满的，坐席人员应做好解释工作。因供电方责任造成不满的，坐席人员应继续按规定重新处理咨询工单，直至客户满意为止。

对于具有代表性的典型业务咨询问题及答案，由 95598 管理人员及时补充完善至电力知识库中。

（4）咨询归档。坐席人员检查"业务咨询单"的完整性和正确性，将"业务咨询单"电话录音、客户满意度调查结果及其他相关信息按处理时间和业务流程统一建档保存。电话录音包括客户来电、工作联系和答复客户的相关录音文件。

建议"业务咨询单"、录音文件及相关信息保存时间为 1 年及以上，以便今后工作人员和用电客户进行查询。

引导问题 6 画出电力营销业务应用系统咨询查询的操作流程图，并完成系统操作。

引导问题 7 根据查询结果，小组讨论完成下列服务情景的咨询答复。

（1）95598 停电信息查询情景，填写表 2 - 12。

表 2 - 12   95598 停电信息查询情景

服务类型	服务情景	应答规范
停电信息查询	客户提供信息	
	计划停电信息查询	
	故障停电信息查询	
停电信息查询	临时停电、限电信息查询	
	欠费停电信息查询	

（2）95598故障报修受理场景，填写表2-13。

表2-13   95598故障报修受理场景

服务类型	服务情景	应答规范
故障信息收集	客户提供信息	
故障初步判断	无法判断故障原因或确属于	
	客户内部故障	
	电表因雷击烧坏	
故障修复之中	客户询问故障修复时间	
	客户埋怨电力故障	

📖 拓展实践

对于学有余力的同学可以按照以下应答规范在电力营销业务信息系统中完成电费电量查询，填写表2-14。

表2-14   电 费 电 量 查 询

服务类型	服务情景	应答规范
电费电量查询	客户提供信息	您好！请提供您的户号，我来为您查询相关信息
		对不起，您提供的信息可能有误，暂时无法为您查询。请您提供正确的户号或户名、用电地址，我再为您查询
	查询电量电费及电价政策时	您××××年××月××日到××××年××月××日之间的电量为××度，电费××元
		您每月的抄表日期是××日，为了避免滞纳金的产生，请您××月××到××日期间缴纳电费
		××省电力现行销售电费从××××年××月××日起执行，1kV供电的居民用户的电价为……
		经过查询，本月您的电费超过了缴费期限，根据《供电营业规则》第九十八条的规定，应承担电费滞纳的违约责任。电费违约金从……

引导问题 8 咨询查询归档

（1）咨询查询完成后需要存档的文件都有哪些？

_____

_____

（2）按照《供电服务标准》（Q/GDW 10403—2021）写出需要保存电话录音哪些内容。

小知识-中国
电价高不高

（3）列出录音文件及相关信息保存期限。

> **小 提 示** （岗位标准）

信 息 查 询 流 程

（1）查询受理。查询受理即受理客户的信息查询服务请求。派专人负责电力知识库的收集整理工作，保证知识库信息准确完整和实时更新，并确保营销信息系统正常运行，为客户提供准确的信息查询服务。

坐席人员应熟练掌握各类信息的查询方法，并做好交接班工作，使接班人员了解当天的停电信息。

坐席人员提供查询服务时，应使用规范化服务用语，合理运用电话服务技巧，引导客户说出关键内容，快速准确地判断客户所需要查询的信息。

95598客户服务自动语音系统或95598客户服务网站提供查询服务时，应根据客户提供的户号、密码、申请号或有效证件等进行身份识别，客户身份验证通过后自动向客户提供信息查询服务。

（2）查询处理。对于能够直接答复客户的信息查询，坐席人员应借助营销信息系统和相关电力知识立即答复客户。对于不能直接答复客户的信息查询，例如业扩报装的进程、签订的合同具体条款、换表工单查询、抄表止码的现场核对等，坐席人员应准确判断信息查询类型，快速填写"信息查询单"，并按营业区域、查询类型和内容下发工单。

相关单位、部门在规定的时限内对查询工单进行处理，及时在工单中输入查询信息，并将查询结果反馈至95598。

95598应对不能直接答复客户的查询工单处理时限进行跟踪、督办。

（3）查询答复。95598接到回复工单后，坐席人员应在规定时限内答复客户信息查询结果。建议在一般情况下，从受理之日起2个工作日内答复客户。

答复客户查询信息结果后，坐席人员对客户进行满意度调查，了解客户对本次服务的满意程度。因客户原因造成不满的，坐席人员应做好解释工作。因供电方责任造成不满的，坐席人员应继续按规定重新处理查询工单，直至客户满意为止。

（4）查询归档。坐席人员检查"信息查询单"的完整性和正确性，将"信息查询单"、电话录音、客户满意度调查结果及其他相关信息按处理时间和业务流程统一建档保存。

建议"信息查询单"、录音文件及相关信息保存时间为1年及以上，以便今后工作人员和用电客户进行查询。

引导问题 9 各小组根据业务咨询与查询流程进行场景模拟，并录音。

（1）检查咨询答复中的服务规范和查询步骤是否正确，并说明原因。

_____

_____

_____

（2）找出情景模拟中客户服务人员的不足之处，并写出正确的操作内容。

_____

_____

_____

（3）互换角色模拟演练，并做以上评价。

引导问题 10 通过电力营销业务应用系统生成信息查询单，检查信息查询单填写是否正确，并说明原因。

_____

_____

_____

🌱 相关知识点（"1+X"证书）

一、咨询查询服务应答标准

受理客户的咨询查询服务申请，以电力营销业务信息系统、电力知识库和公共信息为业务支撑，为客户提供计量装置、停电信息、用电业务、电价电费、用电常识、用电技术、等业务咨询服务，以及客户资料、电价电费、停电信息、计量装置、在办流程、供用电合同和其他电力信息查询服务。咨询服务标准答话术见表2-15。

表2-15　　　　　　　　　　咨询服务标准答话术

咨询业务分类	咨询服务标准应答话术			
	开头语：您好，我是××供电公司工作人员，请问有什么可以帮您?			
电价电费	客户反映物业收取电费高。 话术：您好！根据您反映的情况，电费目前是由物业抄表并收取的，不属供电公司直供客户。供电企业严格执行国家规定的电价标准向物业收取费用，您可向物价监管部门反映	客户反映物业收取电费高，由物业管理的住户希望可以改为供电公司直接抄表收费。 话术：您好，需用户所在小区负责人向供电公司提出改造申请，供电公司人员进行现场勘查，具备供用电条件并验收合格后，可成为供电公司直供用户	客户咨询电表烧坏，表计不走，电费如何结算。 话术：您先不要着急，针对电表不计度数，我们会以您往月正常用电量为基准，按正常月与故障月的差额补收相应电量的电费，补收时间按抄表记录或按失压自动记录仪记录确定。 （引自《供电营业规则》）	客户反映家里的电费这个月怎么这么多啊，会不会电表走快了，还是坏了（客户投诉电费过高）。 应答话术：您好，请提供您的用户编号，根据您的用电信息分析电费高的原因。主要有以下几种：①客户家中近期是否增加了大功率电器或使用时间；②计量装置故障；③阶梯电价进入第二挡或第三挡；④窃电原因；⑤内部线路漏电（农村潜式水泵漏电居多）；⑥抄表电量有误，根据实际情况答复

咨询业务分类	咨询服务标准应答话术			
停送电信息	客户询问停送电信息、如何查询。 话术：您好，您可通过95598智能互动网站、"网上国网"App、95598服务热线、国网河南省电力公司微信公众号进行查询			
用电业务	具体用电业务办理可参照具体业务办理话术			
业务收费	具体业务收费问题可参照具体业务办理话术			
客户资料	客户需要查询客户资料信息。 话术：您好，请提供您的户号，我们需要核验您的身份信息，请您提供户名/联系电话/身份证号码，通过核对信息，您提供的信息正确，可以帮您查询	客户提供信息错误或无法提供，客户服务人员应从保护客户信息安全的角度，耐心为客户解释，并建议客户获取正确信息后，再次来电咨询。 话术：非常抱歉，您提供的信息与系统中查询到的不一致，为了保护客户用电信息安全，建议您可以找一个电费通知单/电费发票/供电公司发送的短信/用电卡，获取正确的户号，或者查看电能表条形码附近413开头的表号后再次来电		

咨询业务分类	咨询服务标准应答话术			
计量装置	客户怀疑计量装置不准，拒绝缴纳电费。 话术：您好，供电公司安装的计量装置在出厂和安装之前都经过严格的校验合格后才可安装。如怀疑表计异常，您可到所辖供电营业厅申请校验电表，校验前需要结清电费，我们会根据校验的结果进行退补电量电费。营业厅地址：××××	客户反映家里没有住人为什么有度数。 话术：你好，家用电器在待机状态下也会消耗电量，请您在家中无人时，将总电源开关断开	客户反映断开家里的负荷开关，发现电能表仍然转动。 话术：断开负荷侧开关，电能表仍然转动，有几种可能：①表后线接反；②表计故障；③有人窃电；④线路有漏电现象；⑤表计错位等。如果认为是表计问题，请您携带您的有效证件及相关手续到营业大厅办理校表手续	客户反映电能表停走了，仍需补交1000多度的用电费用，有什么规定。 话术：根据《供电营业规则》第八十条第3款规定其他非人为原因致使计量记录不准时，以用户正常月份的用电量为基准，退补电量，退补时间按抄表记录确定
法律法规	客户询问相关法律法规如何查询。 话术：您好，您可通过95598智能互动网站、"网上国网"App、95598服务热线、国网河南省电力公司微信公众号进行查询			

结束语：　　感谢您的来电，再见

二、 居民客户业务咨询主要内容及注意事项

1. 居民新装、增容用电业务的咨询

客户应提供与申请的用电地址一致的身份证明和房屋产权有效证明材料。

2. 居民申请执行分时电价的业务咨询

（1）应向客户介绍分时电价政策及现行分时电价，以便客户根据用电情况，分析是否有必要执行分时电价。

（2）对于新装客户要求执行分时电价的，应由客户在用电申请书中予以明确。

（3）对于老客户应携带与电费发票客户一致的居民身份证到供电企业办理。

3. 居民客户电费交纳业务咨询

（1）向客户说明缴费方式、缴费地点、交费时间、逾期缴费的违约责任。

（2）根据客户不同需求，帮助客户选择合理的交费方式，以方便客户缴费。

（3）对于客户反映电费计算差错，应与电费结算部门认真沟通核实，必要时应派工作人员到客户现场核查负荷情况、计量装置情况、电表示数等。

4．居民过户用电业务咨询

（1）办理过户业务前，应当先结清电费。

（2）提供双方居民身份证明。

（3）提供新客户房屋产权有效证明。

5．居民用电故障报修和家用电器损坏理赔咨询

（1）向客户介绍用电故障报修的途径和服务有关规定。

（2）产权分界点以上的供电企业资产，应由供电企业负责维护；产权分界点以下的客户内部故障应由客户负责维护，如果客户确实无维修能力并向供电企业提出援助时，供电企应开展有偿服务，帮助客户解决问题。

（3）居民客户7天内反映家用电器损坏，应在规定的时限内派工作人员现场调查核实，并按照居民家用电器损坏处理办法的有关规定处理。

6．客户申请校验电能表业务咨询

注意引导客户讲明申请校表的可能原因、告知客户申请校表程序、交纳有关业务费用、检验结果的处理、对检验结果存在异议的申诉途径。

7．居民电表烧坏或丢失的业务咨询

如因供电企业责任或不可抗力致使计费电能表出现或发生故障的，供电企业应负责换表，不收费用；其他原因引起的，客户应负担赔偿费或修理费。并以客户正常月份的用电量为准，退补电量，退补时间按抄表记录确定。

8．居民客户停电原因咨询

停电原因主要有检修停电、事故停电、限电停电、欠费停电等。帮助客户分析造成客户停电的可能原因，必要时通知有关人员现场调查情况，针对有关规定给予解释答复。

9．安全用电和节约用电咨询

主要是向客户解释安全用电常识和家用电器的安全使用常识，以及防止人身触电、电气火灾的处理措施和应急处理方法；家用电器节约用电常识。

10．居民用电业务费用项目及规定的业务咨询

居民客户相关业务费用主要有一户一表改造工程费、安装分时表的改造工程费、校表费、赔表（互感器）费。对应客户咨询的业务费用按照相关规定给予明确解释和答复。

三、 高压业务咨询的主要内容和注意事项

1．申办用电业务的渠道和相关业务流程咨询

根据供电企业服务规定，告知客户受理和办理业务的渠道、相关业务流程，并提供业务服务指南材料。

2．申办新装、增容用电的业务咨询

告知并向客户解释办理新装、增容用电、临时用电、转供电、趸售电等业务所要提

供的相关材料、相关政策规定、办理程序及要求、收费标准等，并提供相关业务服务指南材料。

3. 申请双电源、自备电源的业务咨询

告知并向客户解释申请办理双电源（多电源）、自备电源的条件、相关材料、办理流程，以及并网条件、收费标准等，提供相关业务服务指南材料。

4. 供电方案制定及答复的业务咨询

按照国家电网公司承诺的供电方案答复方式、时限要求给予答复，同时告知客户供电方案有效期限和办理延期的有关规定。

5. 用电业务收费项目及规定的咨询

相关业务费用主要有高可靠性供电费、临时用电定金、校表费、赔表（互感器）费。对应客户咨询的业务费用按照相关规定给予明确答复。

6. 电价政策及规定的业务咨询

按照国家电价政策和各省、市的电价政策及说明给予相关内容的答复和解释。主要内容包括电价构成、国民经济行业分类、电力用途、用电性质与电价分类、单一制电价、两部制电价、目录电价、综合电价、分时电价、差别电价、功率因数调整电费执行标准等。

7. 电能计量与电费计收的咨询

咨询内容主要有计量点的设置、计量方式、计量装置配置、各类计量方式的电费计算的方法、故障电费（故障计量接线、电费计算差错）的计算与退补等。

8. 受电工程委托设计和施工的业务咨询

客户受电工程设计与施工，由客户委托具有相应资质的设计、施工单位承担，客户应将委托的设计、施工单位的资质证明文件和有关资料送至供电公司进行验资，资质符合者方可委托。受电工程的设计单位必须具备电力行业的相应设计资质，其他行业的资质只能根据业务范围进行客户用电侧内部配电网的设计。受电工程施工单位必须具有相应的施工资质，还必须取得承装（修、试）电力设施许可证。

9. 受电工程设计审查的业务咨询

主要告知客户如何将受电工程设计进行报审、报审应提供的设计文件及资料、审查程序及时限、审查意见的答复、意见的整改及如何报复审等内容。

10. 受电工程设备选用的业务咨询

客户受电工程设备不得使用国家明令淘汰的电力设备和技术。客户工程主设备及装置性材料生产厂家的资质均应报送供电企业审查。客户应提供生产厂家资质证明文件：国家发改委颁发的推荐目录厂家文件及确定的相应产品的型号规范（复印件）；国家权威检定机构出具的主设备及装置性材料检测报告、相关认证和生产许可证。

11. 受电工程检查验收的业务咨询

主要包括中间检查、竣工检查的报验申请、应提供的相关资料、检查程序、检查内容、检查结果答复、意见整改、启动方案制定、装表送电程序，以及需要配合完成的其他工作等。

12. 供用电合同签订的业务咨询

主要咨询供用电合同签订应具备的条件、签约人资格、合同内容协商与约定、签字与盖章；电费结算协议和电力调度协议等补充协议的签订；合同变更、续签、终止等业务的办理。

13. 供电设施产权分界点的业务咨询

产权分界点应按照《供电营业规则》第47条规定，并结合各地区具体规定以及供用电合同的实际约定给予客户答复。

14. 违约责任及处理规定的业务咨询

供用电任何一方违反供用电合同，给对方造成损失的，应当依法承担违约责任。主要有电力运行事故责任、电压质量责任、频率质量责任、电费滞纳的违约责任、违约用电、窃电的违约责任等，针对以上有关责任按照相关规定给予解释。

15. 供电设施上发生事故的责任划分咨询

责任划分应按照《供电营业规则》第51条规定给予客户答复。

16. 变更用电业务咨询

高压客户变更用电主要有减容、暂停、暂换、迁址、移表、暂拆、更名或过户、分户、并户、销户、改压、改类等12种业务。具体按照《供电营业规则》第22条至36条有关规定给予解释和说明。

17. 电能计量装置申请校验的业务咨询

客户认为供电企业装设的计费电能表不准时，有权向供电企业提出校验申请，在客户交付验表费后，供电企业受理客户计费电能表校验申请后，5个工作日内出具检测结果。供电企业将检验结果通知客户。如计费电能表的误差在允许范围内，验表费不退；如计费电能表的误差超出允许范围时，除退还验表费外，并应按《供电营业规则》第八十条规定退补电费。客户对检验结果有异议时，可向供电企业上级计量检定机构申请检定。客户在申请验表期间，其电费仍应按期交纳，验表结果确认后，再行退补电费。

18. 申请执行分时电价的业务咨询

大工业客户、100kV·A及以上的一般工商业客户、执行蓄热式电锅炉、蓄冷式空调电价的客户，全面执行峰谷分时电价。

峰谷分时电价的具体执行办法，按照国家发改委《关于峰谷分时电价实施办法的批复》和各省市电网峰谷分时电价实施细则的有关规定执行和解释。

19. 停电原因及故障报修的业务咨询

停电原因主要有事故停电、检修停电、限电停电、欠费停电等。帮助客户分析造成客户停电的可能原因。检修停电、限电停电、欠费停电均应按规定事先告知客户，事故停电要分清是供电事故停电还是客户事故停电，必要时通知有关人员现场调查并予以解释，协助客户现场处理。供电事故停电应由供电企业负责处理，客户事故停电应由客户负责处理。

20. 迁移供用电设施的业务咨询

应注意分清需要迁移的供电设施产权属于谁，建设先后，并按照《供电营业规则》

第 50 条规定给予客户答复。

21. 办理停送电业务的咨询

客户检修、维护电气设备，改建或扩建、迁移供配电设施等需要供电企业配合停电的业务，均应按照规定向供电企业提出书面申请，供电企业应予受理，并按照有关规定和程序联系停送电工作。应向客户说明办理停送电的具体要求和程序，引导客户正确办理。

22. 无功补偿配置的业务咨询

主要说明哪些用电客户应装设无功补偿装置、为什么要配置无功补偿装置，无功补偿配置的相关规定，功率因数调整电费执行标准等。

23. 进网作业电工管理咨询

主要说明进网作业电工管理办法的有关规定，电工配备、业务培训、资格取证及续注册要求等。

24. 电力设施保护的业务咨询

主要说明《电力设施保护条例》的有关规定，注意针对客户咨询的内容进行对照解释。

25. 违约用电与窃电规定的咨询

主要按照国家相关法律法规和《供电营业规则》第 100 条至第 104 条有关规定进行解释，只注重解释告知客户违约用电、窃电的行为、相关处理规定，严谨告知客户违约用电、窃电的方法。

26. 避峰限电和安全保供电的咨询

对于避峰限电，应注意解释避峰限电的原因、有关政策、方案措施、现场实施及相互支持等。对于重要活动的安全保供电工作，要向客户说明如何提出业务申请、办理程序、方案制定、现场实施及供用电双方如何进行配合工作等内容。

27. 安全用电、节约用电常识咨询

安全用电主要包括安全用电管理、设备安全运行维护、事故处理、应急方案及应急措施、防止触电的技术措施、触电急救知识、安全工器具规范使用等。节约用电主要有合理安排生产有效用电、峰谷用电合理调整、无功补偿合理配置和投运、节能降耗和提高设备利用率等知识。

四、 高压用电业务咨询示例

1. 客户咨询办理临时用电的规定

答：根据《供电营业规则》规定：对基建工地、农田水利、市政建设等非永久性用电，可供给临时电源。临时用电期限除经供电企业准许外，一般不得超过六个月，逾期不办理延期或永久性正式用电手续的，供电企业应终止供电。使用临时电源的客户不得向外转供电，也不得转让给其他客户，供电企业也不受理其变更用电事宜。如需改为正式用电，应按新装用电办理。

供电企业
电力服务流程

因抢险救灾需要紧急供电时，供电企业应迅速组织力量，架设临时电源供电。架设临时电源所需的工程费用和应付的电费，由地方人民政府有关部门负责从救灾经费中拨付。

临时用电的客户，应安装用电计量装置。对不具备安装条件的，可按其用电容量、使用时间、规定的电价计收电费。

2. 高压客户受电工程设计报审应向供电企业提供的资料

答：高压客户受电工程的设计文件和有关资料应一式二份送交供电企业审核。资料包括：

（1）受电工程的设计及说明书。

（2）用电负荷分布图。

（3）负荷组成、性质及保安负荷。

（4）影响电能质量的用电设备。

（5）主要电气设备一览表。

（6）高压受电装置一次、二次接线图和平面布置图。

（7）主要生产设备、生产工艺耗电情况及允许中断供电时。

（8）用电功率因数计算及无功补偿方式。

（9）继电保护、过电压保护及电能计量装置方式。

（10）隐蔽工程设计资料。

（11）配电网络布置图。

（12）自备电源及接线方式。

（13）供电企业认为还应提供的其他资料。

📝 **评价反馈**

请大家根据本次任务完成情况填写综合评价表，见表 2-16。

表 2-16   综 合 评 价 表

班级：		姓名：		学号：		
评价项目		评价内容		评价方式	分值	得分
线上学习（20%）	云教材	数字教材阅读时长		【过程评价】平台数据	5	
	平台资源学习	资源自学完成度			5	
	平台活动和测试	参与线上活动态度与能力			10	
	中华文化小课堂专题	课程思政学习效果反馈点 1				
线下实操（40%）	学会倾听	能掌握倾听技巧了解客户需求		【过程评价】教师评价 60%组内互评 20%组间互评 20%	10	
	学会聆听	能按照聆听步骤完成任务			10	
	提问	能正确选择提问方式提问			10	
	复述	能针对关键问题完成复述			10	
	育心笃行学习情况	课程思政学习效果反馈点 2				

评价项目		评价内容	评价方式	分值	得分
任务成果 （20%）	客户信息表	根据倾听内容填写客户信息表	【结果评价】 教师评价60% 组间互评40%	10	
	情景模拟视频	模拟场景做到耐心倾听		10	
	思政口袋书记录情况	课程思政学习效果反馈点3			
学习增量 （20%）	个体学业成就	与上个任务成绩对比	【增值评价】 平台数据对比 学生自评	5	
	职业素养提升	服务意识、主动性增强		5	
	师生互动频率	师生互动次数增加		5	
	公益活动参与	公益活动、社会实践参与情况		5	
综合得分				100	

项目3 电力客户关系互动（办）
——你用电，我用心

任务1 耐心听——认真倾听，了解需求

学习情境描述

本任务为客户互动管理中基本素养要求——学会用心听，通过倾听、提问、复述三个环节了解客户需求。通过实际任务完成服务现场、电话、网络等环境的客户需求理解，提高倾听的技巧和能力，从而加深对客户服务需求的确认。完成本任务后要求学习者能够掌握不同场景的倾听、提问、复述技巧，并完成任务单。

学习目标

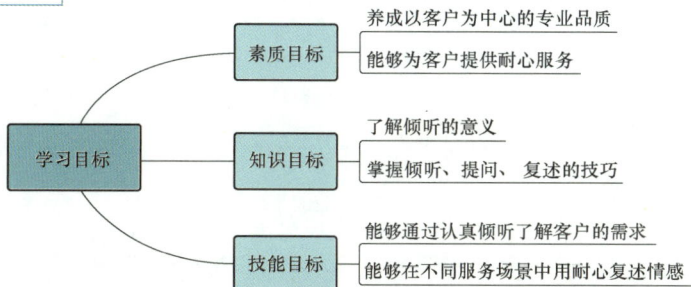

任务书

请阅读任务书，见表3-1，了解本次任务详情。

表3-1 **任务书**

任务书	耐心听——认真倾听，了解需求			
学习情境	供电营业厅实训室	任务学时	4学时	任务编号	任务3-1
学习形式	理实一体化	学习方法	自主探究法 合作学习法	执行标准	《电力系统营销服务》（中级）"1+X"职业技能标准
学习资源	数字云教材		学习平台		电力营销业务应用系统
任务描述	营业厅作为公司对外形象展示的窗口，一言一行代表了公司的形象。每天的业务繁忙而琐碎，面对形形色色的客户，难免有时会遇到情绪激动的客户，这时应如何了解客户需求呢？ 任务背景：由于欠费未停电，造成三百多元的电费拖欠，某客户当时很生气，质问为什么你们供电公司不及时采取停电措施？因为在汛情期间，公司保障民生，实施欠费不停电。明明是利民举措，为什么客户会有这么大的情绪反应？请按照以下实施步骤了解客户需求				

任务书	耐心听——认真倾听，了解需求
实施过程	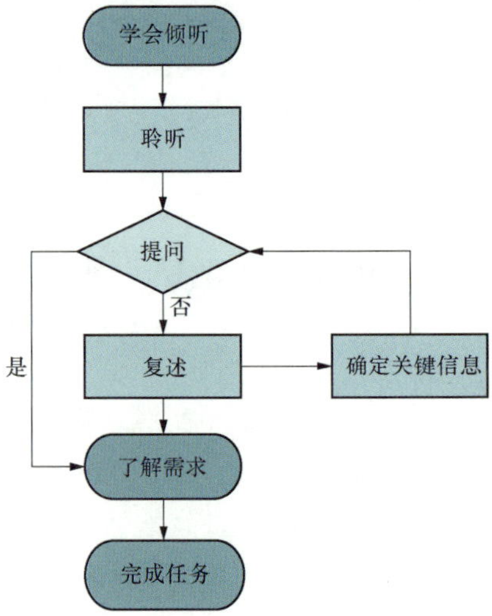
任务成果	（1）客户信息表 （2）情景模拟视频

✍ 任务分组

按每组 4～6 人成立营销班组，明确学习任务分配表班组成员的工作任务，并填写学习任务分配表，见表 3 - 2。

表 3 - 2   学 习 任 务 分 配 表

营销班组		班组长	
组员			

任务分工：

💡 任务准备

（1）阅读任务书，了解任务内容。

（2）通过国网学堂等网站了解目前电力营销现状以及其体现的电力企业文化，为完成该任务做好铺垫。

（3）搜集与倾听相关的中国古诗词，并理解其所体现的意境。

（4）自学在线课程中本任务涉及到的相关资源。

任务指导

（1）认真阅读任务单中的任务背景和任务详情。

（2）根据客户基本信息在电力营销业务系统中调取客户基本信息。

（3）小组讨论倾听的注意事项以及聆听的步骤。

（4）按照不同的提问方式列举适应场景。

（5）分角色场景模拟，小组互评，多次练习不同情境的倾听技巧。

育心笃行

以文化自信助
推电力现代化

任务实施

引导问题 1 反馈课前调研供电企业电力营销现状。

_____

_____

引导问题 2 按照任务单，了解需求第一步就是学会倾听，根据任务背景如何做好倾听？

_____

_____

_____

_____

倾听的技巧

小 提 示

提升倾听能力的方法

1. 少说多听

"喜欢说，不喜欢听"是人的弱点之一。如果你在与客户见面时，能够掌控这一弱点，让客户畅所欲言，就会事半功倍。据说，人之所以有两只耳朵一张嘴，就是因为希望所听的是所说的两倍。这看起来似乎不难，但做起来却不那么容易。

为什么呢？因为人们都希望有机会表达自己的意见和想法，好的聆听者让他们实现了这个愿望。如果你打断别人的谈话或缩短倾听时间，说话人会认为你对他的谈话不感兴趣——即使事实上你并不是这样。因此，应该表现得彬彬有礼，全神贯注。

2. 永远都不要打断客户的谈话

无意识地打断客户的话语在一定范围内可以接受，有意识地打断则绝对不允许的。有意识地打断别人的谈话，对客户来讲是非常不礼貌的行为。而且，当你有意识地打断一个人说话以后，就好比挑起了一场战争，你的对手会以同样的方式来回应你，最后你们两个人的谈话就可能变成无休止地打断、被打断、加大音量的陈述……最终这次谈话将演化为"吵架"。

引导问题 3 说一说倾听和聆听的区别。

_____

_____

⋙ 小 提 示 （岗位规范）

聆 听 规 范

聆听时保持微笑，目光平视客户，适时点头回应，不左顾右盼、心不在焉。不随意打断客户的话语，待客户表述完后再作应答。确需打断客户讲话时，应礼貌地向客户致歉并请客户稍等。忌在客户讲话时不打招呼，自行离去。聆听过程中应表示对客户的关注，对客户的谈话内容要有所反应，根据客户讲话情况适时说"是""对"等，以示在专心聆听。应随时记录客户需求或意见，重要内容要注意重复、确认。

客户诉求表述不清时，注意谈话艺术，善用引导、提示和鼓励的语言，准确了解客户诉求。尽量避免在客户面前打哈欠、打喷嚏，难以控制时，应侧面回避，并向对方致歉。

引导问题 4 通过倾听你了解了哪些客户信息？

_____

_____

⋙ 小 提 示 （岗位规范）

倾 听 要 点

（1）克服自我中心。不要总是谈论自己。

（2）克服自以为是。不要总想占主导地位。

（3）尊重对方。不要打断对话，要让对方把话说完。不能去深究那些不重要或不相关的细节而打断话。

（4）不要激动。不要匆忙下结论，不要急于评价对方的观点，不要急切地表达建议，不要因为与对方不同的见解而产生激烈的争执。要仔细地听对方说些什么，不要把精力放在思考怎样反驳对方所说的某一个具体的小的观点上。

（5）尽量不要边听边琢磨他下面将会说什么。

（6）问自己是不是有偏见或成见，它们很容易影响你去听别人说。

（7）不要使你的思维跳跃得比说话者还快，不要试图理解对方还没有说出来的意思。

（8）注重一些细节：不要了解自己不应该知道的东西，不要做小动作，不要走神，不必介意别人讲话的特点。

引导问题 5 提问的方式有几种？列举每种方式适用的场景是什么？填入提问技巧，见表3-3。

表 3-3   提 问 技 巧

提问方式	适用场景	优缺点
开放式提问		
封闭式提问		
选择性提问		
引导性提问		

引导问题 6 思考对客户电话回访时采用哪种提问形式最优？针对本次任务，选择合适的提问方式设计提问内容。

```



```

❖ 小 提 示

提 问 的 技 巧

（1）针对性提问。能获得细节，以此为依据来判断事情发生的原因。

例：客户："我们小区怎么停电了？"

客服专员："请问您所在小区的具体地址是哪里？什么时间开始停电的？"

通过客户回答的地区、时间，来判断是否有计划停电、检修停电或故障停电。

（2）选择性提问。封闭式问题的一种，客户只能回答"是"或者"不是"，这种提问用来澄清事实和发现问题。

例：客户："刚才灯一会儿亮一会儿暗的，然后电视就烧坏了！"

客服专员："请问刚才您家有这种现象时是不是正在打雷呀？"

（3）了解性提问。用来了解客户信息。

例：客服专员："请问您的客户号是多少？家住在什么地方？我来帮您查询一下具体情况好吗？"

（4）澄清性提问。正确地了解客户所说的问题是什么，并找出客户所述问题的根本原因。

例：客户："你们不仅把我们饭店的电停了，还说要我交一万元钱，简直太过分了！"客服专员："请问，最近是否有用电检查人员到你们饭店检查过用电情况呢？"

（5）征询性提问。告知客户问题的初步解决方案，让客户做决定，以体现客户是"上帝"。

例：客服专员："××营业厅离您家最近，您看到那里交电费方便吗？"

（6）服务性提问。在客户服务过程结束时用的，其作用是超出客户的满意。

例：客服专员："您看还有什么需要我为您做的吗"？

（7）开放式提问。用来引导客户讲述事实。

例：客服专员："您能说说当时的具体情况吗?"

（8）封闭式提问。对客户的问题做一个重点的复述，用来结束提问。

例：客服专员："您希望在电费不足时，我们能用电话的方式通知到您，对吗?"

引导问题 7 哪些情况下需要对客户的问题进行复述?

_____

_____

引导问题 8 针对本次任务，设计复述内容，并注意情感复述的要点。

（空白框）

引导问题 9 按照任务倾听、提问、复述的实施步骤完成客户信息表关键信息的提取。

（空白框）

引导问题 10 针对任务背景分角色完成情景模拟，录制视频，并互换角色，感受耐心倾听的重要性。将感受写下来。

育心笃行

[二维码]

全国劳模周海萍
"愿做一束光
照亮千万家"

_____

_____

📖 **拓展实践**

按照以下求证理解步骤进行对话练习，见表3-4，确认客户真实想法。练习过程录制视频，并在社会实践和公益活动中应用。

表 3-4　　　　　　　　　　　　求 证 理 解 步 骤

第一步使用求证语句，如： 让我证实一下 让我确信我理解了您的要求 那么，您需要的是 我想证实一下	第二步总结关键事实，如： 您想比较一下近几个月电费情况 您想确认一下是否欠费 您的电表还没有安装
第三步询问你的理解是否正确，如： 我理解得对吗 对吗 我的理解正确吗 对不对 是不是这个意思	第四步澄清误会（必要时），如： 是我误会了您的意思 我理解得不对，那么您的要求是 我没理解您的意思，那么您需要的是

🌱 相关知识点（"1+X"证书）

用心听，你的
需求我明白

要客户接受企业所提供的服务或产品，就需要理解客户的需求和期望。客户服务人员要了解客户内心的想法，则必须通过与客户的有效沟通来得到。一般来说，我们可以通过倾听、提问和复述来理解客户的需求，尽量帮助客户找到解决问题的途径。

一、倾听

倾听，出自《礼记·曲礼上》："立不正方，不倾听。"《孔颖达疏》："不得倾头属听左右也。"倾听是拉近客户服务人员与客户关系的技巧。一名优秀的客户服务人员要善于倾听客户的声音，通过倾听，有效了解客户的喜好、需求、愿望及不满，与客户建立良好的关系，使客户真实感受到你的良好服务。

倾听能力是人对有声语言的感知和理解能力，而不仅指听力（听辨力），它往往包含着复杂的智力活动，与听者的知识水平、智力水平、生活阅历、为人修养等有着密切联系。因此，倾听能力不是天生的，是完全有赖于后天的培养和训练。

1. 倾听的意义

倾听的作用

当很多客户服务人员在听客户说或投诉的时候，是一边听，一边紧张地想对策，如要证明他是错的，要为自己或公司进行辩解，要澄清问题的症结所在，甚至不等客户说完就急急忙忙地打断客户的话。其实，这只能令客户的怒火越来越大，客户服务人员首先应该扮演好听众，而后才是演说家。倾听是客户服务人员拉近与客户距离的最好方法。

在服务过程中，不论客户的说话内容如何乏味，客户服务人员都要表现出积极的态度和真诚加入话题的热情，爱客户之所爱，憎客户之所憎，用钦佩的表情、赞叹的语气、肯定的态度、到位的提问调动客户说话的积极性，从而达到与客户沟通的目的。只

有深入交谈，才能了解客户的心理、爱好、性格习惯；只有与客户情感发生共鸣，才能降低客户的不满，有的放矢地对不同类型的客户提供不同类型的服务。

2. 倾听的三大原则

（1）耐心。在提供服务时，要以诚恳、专注的态度倾听客户的陈述，给客户充分的表达时间，尤其在介绍完你的服务项目及相关知识后，要耐心地倾听客户的意见和想法。通常，客户所说的话都有一定的目的，有时候一些无关服务的话题，客户服务人员也许会认为无关紧要，可对客户来说却意义非凡。此时，如果客户服务人员表现出厌烦或不专心，那么很可能会使客户生气，甚至会影响其消费的欲望。记住，客户喜欢谈话，尤其喜欢谈他们自己，不要打断客户的话头；他们谈得越多，越感到愉快，就越会感到满意。人人都喜欢好听众，所以要耐心听；学会克制自己，特别是当你想发表意见的时候，多让客户说话。

（2）关心。以关心的态度倾听，像是一块共鸣板，让客户能够试探你的意见和情感，不要用自己的价值观去指责或评判客户的想法，要与他们保持共同理解的态度。在客户的谈话过程中，不要马上问许多问题，因为不停地提问，会使客户觉得在受"拷问"。让客户畅所欲言，不论是称赞、抱怨、驳斥，还是警告、责难、辱骂，都要求客户服务人员仔细聆听，并作出适当的反应，以表示关心和重视。记住要带着真正的兴趣听客户在说什么，客户的话是一张藏宝图，顺着它可以找到宝藏；让客户在你脑子里占据最重要的位置；始终与客户保持目光接触，观察他的面部表情，注意他的声调变化，客户服务人员应当学会用眼睛去"听"；如果你能用笔记录客户说的有关词语，这会帮助你更认真地听，并记住对方的话；要理解客户说的话，这是你能让客户满意的唯一方式。

（3）别一开始就假设明白他的问题。永远不要假设你知道客户要说什么，因为这样的话，你会以为你知道客户的需求，而不会认真地去听。在听完之后，问一句"您的意思是……""我没理解错的话，您需要……"等，以印证你所听到的。

3. 倾听的内容

倾听不但要听清楚别人在讲什么，而且要给予别人好的感觉。对客户服务人员来说，倾听时需要注意两点：

（1）听事实。听事实意味着能听清楚对方说什么。要做到这一点，就要求客户代表必须有良好的听力。

（2）听情感。与听事实相比，更重要的是听情感。客户服务人员在听清对方说事实时，还应该考虑客户的感受是什么，需不需要给予回应。

二、聆听

很多时候客户会向客户服务人员进行详细的咨询或是反映某件相对比较复杂的问题，这时候客户服务人员就应该给客户创设一个可以让他们慢慢详细阐述问题的环境。

1. 做好准备

首先，要做好聆听客户讲话的心理，耐心地倾听、耐心地聆听；其次，还要做好业务和知识上的准备，对企业的服务了如指掌；最后，要预先考虑客户可能会提什么问题，应如何回答，以免到时候无所适从。客户找你洽谈或倾诉或投诉的时候，你要做好如下准备：

（1）给自己和客户都倒一杯水。

（2）尽可能找一个安静的地方。

（3）让双方都坐下来。

（4）记得带笔和记事本。

研究表明，人的情绪高低与身体重心高度成正比。重心越高，越容易情绪高涨。因此，化解情绪的第一要义，是让对方坐下。最好放几组特别矮的沙发，"一坐陷下去，起来很费力"的那种。这样，客户不容易发火。

2. 集中注意力

听人说话是一门学问，在倾听客户谈话时，应集中注意力，避免外界的干扰，安静、专心地倾听。不要心存偏见，只听自己想听的或是以自己的价值观来判断客户的想法。当客户说话速度太快，或所讲内容与事实不符时，客户服务人员绝不能心不在焉，更不能流露出不耐烦的表情。一旦客户发觉你并未专心地听他谈话，那么你将失去客户的信任，从而将导致服务的失败。在倾听客户谈话时，要做好记录，记录除了防止遗忘外，还有以下好处：

（1）具有核对功能。核对你听的与客户所要求的有无不同的地方。

（2）日后工作中，可根据记录，检查是否达成了客户的要求。

（3）可避免日后如"已经交代了""没听到"之类的纷争。

3. 理解客户需求

客户在说话时，原则上客户服务人员要有耐性，不管想听不想听都不要打断对方，同时为了表示对客户谈话的注意，可以用适时发问或复述来验证你对客户谈话内容的理解，这比一味地点头称是或者面无表情地站在一边更为有效。这样做能使谈话更具体生动，又可帮助客户理出头绪。验证你所理解的与客户所要求的并无不同，要注意以下几点：

（1）不清楚的地方，询问清楚为止。

（2）以具体的、量化的方式，向客户确认谈话的内容。

（3）要让客户把话说完，再提意见或疑问。

客户服务人员要会用三种"耳朵"听客户说话：听听他们说出来的，听听他们不想说出来的，听听他们想说又说不出来的。客户的内心常有意见、需要、问题、疑难等，当他们不想把真正的想法告诉你，此时客户服务人员就要找出话题，让客户不停地说下去，这样不但可以避免因片段语言而产生误解，也可以从客户的谈话内容、声调、表情、身体的动作等中观察、揣摩出其真正的需求。

三、提问

服务客户的过程中，善于倾听是远远不够的，还必须适当地向客户提出问题，以真正了解客户的需求。

提问和复述
的技巧

1. 提问的目的

客户服务人员在倾听的过程中，应该迅速地把客户的需求找出来。如果客户的需求不明确，客户服务人员必须帮助客户找到需求。这就是通常情况下提问要达到的目的。

当然，客户服务人员提出的问题应该有针对性，能够有效帮助客户做出相应判断：他需要什么。一些优秀的客户服务人员往往通过几个问题就能迅速找到客户的核心需求。

2. 提问的方式

（1）开放式提问。开放式提问有利于引导客户比较自由地把自己的观点都讲出来可以帮助客户服务人员迅速了解客户的需求。

所谓开放式提问，就是不限制客户回答问题的答案，而完全让客户根据自己的喜好，围绕谈话主题自由发挥。进行开放式提问既可以令客户感到自然并畅所欲言，又有助于客户服务人员根据客户谈话了解更有效的客户信息。在感到不受约束时，客户通常会感到放松和愉快，这显然有助于双方的进一步沟通与合作。这种提问方式是为了了解一些事实。比如客户服务人员在被动服务的时候，他会问的第一个问题都是："有什么我能够帮助您的吗？"这就是一个典型的开放式的问题。开放式的问题可以帮助你去了解客户的问题出在哪里。一般来讲，在服务一开始的时候，客户服务人员使用的都是开放式的提问。

开放式提问的缺点是：需要更多的时间；要求客户多说话；客户可能会忘掉这次谈话的主要目的。

（2）封闭式提问。使用封闭式提问时、客户只需要回答是或不是。封闭式的提问需要客户服务人员本身具有丰富的专业知识。客户服务人员能正确地、大量地使用封闭式提问，能充分地体现其职业素质。

封闭式提问限定了客户的答案，客户只能在有限的答案中进行选择，客户通常只能回答"是""不是""对""错""有"或者"没有"等简短的答案，封闭式提问可以让客户服务人员很快明确要点，确定客户的想法，明确客户的需求，同时是取得协议的必需步骤。但是封闭式提问不仅会让客户感到很被动，还会产生被审问的感觉，而且有时客户服务人员需要问很多的问题。封闭式问题的使用完全是为了帮助客户进行判断，如果一名客户服务人员能够正确、大量地使用封闭式的问题进行提问，说明这个客户服务人员的职业素质非常高。通常在客户服务中会较多地使用封闭式提问，每当在"封闭式问题"后得到一个负面的答案时再重问一个"开放式问题"。

（3）选择性提问。选择性提问是指给客户几个答案供其选择，通过客户选择得知其意见、建议所在。比如，客户服务人员询问客户对业务是否有不满意的地方，客户可能说没有，也可能想不起来，给客户提供几项选择可以降低客户回答难度。

（4）引导性提问。引导性提问广泛应用于各大电视娱乐节目当中，猜词游戏就是一个用引导性提问贯穿的过程。引导性提问的作用在于使客户尽早进入沟通状态、对于思维不够灵活的客户比较适用。

四、复述

以"让我们来看一看我是否理解了……"或者"我觉得我理解了……"作为开头的

句子，也可以用自己的话重复一遍你所听到的内容，表明你已经理解了说话人所传达的信息。复述包括两个方面：一方面是复述事实、另一方面是复述情感。复述技巧包括两个方面：一方面是复述事实；另一方面是复述情感。这与倾听的内容是相同的，因为复述就是把你所听到的内容重新叙述出来。

1. 复述事实

（1）复述事实的目的。复述事实的目的是分清责任，客户服务人员应向客户确认自己所听到的是否正确，如果客户说对了，以后出现问题责任就不在客户服务人员身上了。

（2）复述事实的作用。在餐厅吃饭，点完菜以后，客户服务人员会把所点的菜名复述一遍，这就是复述事实。复述事实的作用是什么呢？

1）分清责任。客户服务人员通过复述，向客户进行确认，请客户验证所听到的内容。如果客户没有提出异议，那么一旦出现问题，责任就不在客户服务人员了。

2）起提醒作用。复述事实还有一个好处就是可以提醒客户是不是漏了什么内容，是不是还有其他问题需要一并解决。有时候客户自己也不明白自己需要什么东西，当你重复完，可以问问客户还有没有什么要补充的，如果客户说没有了，就可以进入解决问题的阶段了。

3）展现职业素质。复述事实还可以展现客户服务人员的职业化素质。复述事实不仅能体现出客户服务人员的专业水准，更重要的是让客户感觉到对方是在为自己服务，自己是被服务的客户。这在一定程度上满足了客户情感的需求。

2. 复述情感

客户服务人员要关注客户情感的需求，那么什么叫作复述情感呢？所谓复述情感，就是对于客户的观点不断地给予认同。"您说得有道理""哦，我理解您的心情""我知道您很着急""您说得很对"……所有这些都是情感的复述。复述情感的基本方式有以下三种：

（1）随即说出自己的感觉。如："听起来，您似乎对正在发生的事情感到很不舒服。"即使"不舒服"不是一个恰当的字眼，也要承认别人所表述的内容是打动人心的。让他知道，他的感觉是重要的，并且正在被人听取和被别人理解。

（2）对对方的立场表示你的理解。基本的做法是，即使你不同意他的观点，也要接受这些感觉的合法性："当办公室充满紧张的气氛时，我看得出来，您不喜欢在办公室里工作。"

（3）鼓励对方进一步表露。当对方告诉你一个事实或观点时，让其告诉你更多的内容。"您可以更多地告诉我一些具体发生的事情吗？"这也是一种回应的方法。

利用复述求证理解。客户服务中要关注客户情感的需求。在电力服务行业中，处理一些电力事故时特别要注意。比如在炎热的夏季，某居民用户的电路发生故障，无法正常用电。用户打电话报修时，语气急躁，这时接线的客户服务人员就应该先通过复述客户的情感的回话稳定客户的情绪。如："我知道你很着急""哦，我很理解你的心情"，等等。客户服务人员通过复述客户的情感，以达到与客户产生共鸣，为接下来的处理问题阶段铺平道路。

在日常的工作中，客户服务人员通过运用倾听、提问、复述三个技巧能够快速地理解客户的需求，为帮助客户解决问题提供了良好的开端。

练一练

（1）（单选）提问的方式有哪些？（　　）

A. 开放式提问　　　　　　　　B. 封闭式提问

C. 选择性提问　　　　　　　　D. 引导性提问

（2）（单选）我国古代流传下来的《二十四节气歌》中"春雨惊春清谷天，夏满芒夏暑相连，秋处露秋寒霜降，冬雪雪冬小大寒"体现的学习策略是（　　）。

A. 复述策略　　　　　　　　　B. 组织策略

C. 计划策略　　　　　　　　　D. 精细加工策略

（3）（判断）人的情绪高低与身体重心高度成反比。重心越低，越容易情绪高涨。（　　）

评价反馈

请大家根据本次任务完成情况填写综合评价表，见表3-5。

表3-5　　　　　　　　　　　　综 合 评 价 表

班级：		姓名：	学号：		
评价项目		评价内容	评价方式	分值	得分
线上学习（20%）	云教材	数字教材阅读时长	【过程评价】平台数据	5	
	平台资源学习	资源自学完成度		5	
	平台活动和测试	参与线上活动态度与能力		10	
	中华文化小课堂专题	课程思政学习效果反馈点1			
线下实操（40%）	自我抗压能力测评	完成自我抗压能力测试	【过程评价】教师评价60%组内互评20%组间互评20%	10	
	情绪管理	能在面对不满客户时做好情绪管理		10	
	同理心运用	能使用同理心完成老年人服务任务		10	
	解决客户问题	缓解愤怒客户情绪		10	
	育心笃行学习情况	课程思政学习效果反馈点2			
任务成果（20%）	自我压力分析表	正确分析自我情绪压力	【结果评价】教师评价60%组间互评40%	10	
	情景模拟视频	分角色扮演完成服务任务		10	
	思政口袋书记录情况	课程思政学习效果反馈点3			
学习增量（20%）	个体学业成就	与上个任务成绩对比	【增值评价】平台数据对比学生自评	5	
	职业素养提升	服务意识、主动性增强		5	
	师生互动频率	师生互动次数增加		5	
	公益活动参与	公益活动、社会实践参与情况		5	
综合得分				100	

任务 2　细心想——高效沟通，确认需求

学习情境描述

本任务按照《供电服务标准》（Q/GDW 10403—2021）和《客户代表》岗位标准（4-11-01-00）创设学习情境，为客户互动管理中基本素养要求——高效沟通，确认需求，通过柜台服务、电话服务、现场服务等不同场景有效沟通确定客户需求。课前学生自主学习沟通类别、沟通技巧等内容，掌握电话沟通服务、柜台沟通服务；课中通过练一练、引导问题、任务工单等进行实操；课后通过安全用电宣传等公益活动开展实践活动。

学习目标

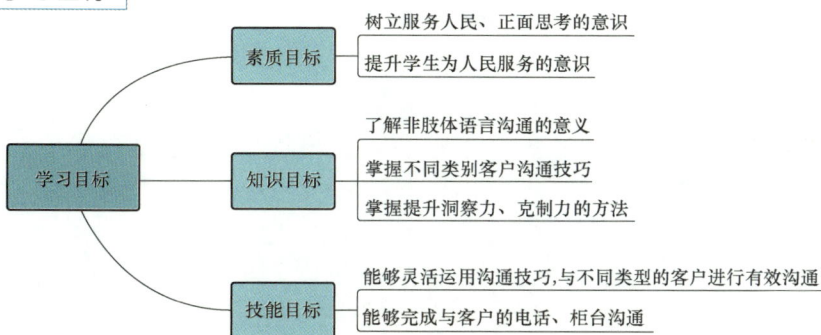

任务书

请阅读任务书，见表3-6，了解本次任务详情。

表3-6　　　　　　　　　　　　任　务　书

任务书	细心想——高效沟通，确认需求				
学习情境	供电营业厅实训室	任务学时	4学时	任务编号	任务3-2
学习形式	理实一体化	学习方法	自主探究法合作学习法	执行标准	《电力系统营销服务》（中级）"1+X"职业技能标准
学习设备	柜台及呼叫设备		学习平台		智慧职教在线课程
任务描述	本学习情境结合供电服务真实场景创设，学习电力客户服务人员重要技能——沟通；学习沟通的方式、沟通的技巧；按照任务单中完成新能源汽车客户业务受理、欠费停电纠纷等沟通任务，通过任务背景分析、模拟演练、沟通技巧训练，分组任务中通过困难场景的模拟训练提升服务人民、正面思考的能力				

任务书	不同场景中使用沟通技巧确认客户需求
实施步骤	
任务成果	（1）案例分析任务单 （2）赞美、洞察力、克制力等训练单 （3）情景模拟视频

任务分组

按每组 4～6 人成立营销班组，学习任务分配表明确班组成员的工作任务，并填写学习任务分配表，见表 3-7。

表 3-7　　　　　　　　　学 习 任 务 分 配 表

营销班组		班组长	
组员			

任务分工：

🔆 任务准备

（1）阅读任务书，了解任务内容。

（2）通过国网学堂等网站学习电力客户服务中的沟通案例，为完成该任务做好铺垫。

（3）进行沟通能力自我评价。

（4）结合任务书与老师或朋友进行一次沟通，观察在沟通中非肢体语言的作用。

📜 任务指导

育心笃行

了解中国戏曲
"脸谱"，塑造
客户沟通面孔

（1）认真阅读任务单中的任务背景和任务详情。

（2）在不同场景中练习语言沟通和非语言沟通。

（3）自主探究学习方式回答引导问题，并写出自己的答案。

（4）对本人在此次任务中的表现进行评价总结，查漏补缺并反复练习。

（5）分角色进行模拟训练，并进行小组互评。

🧪 任务实施

引导问题 1 总结自我沟通能力测评结果。

_____

_____

引导问题 2 根据事件经过分析暴露问题，并给出措施建议。填写沟通能力案例分析表，见表 3-8。

表 3-8　　　　　　　　　沟通能力案例分析

任务	请对以下案例进行分析
事件经过： 　　客户到营业厅咨询充电桩用电业务，工作人员在处理手头工作没有抬头询问。客户便自己走到资料摆放区，寻找相关资料，但并未找到。于是，客户走到柜台询问索要相关资料，又被营业厅工作人员告知没有，并表示可以告诉客户相关信息	
暴露问题： 	
措施建议： 	

小 提 示

客户服务应做到：

（1）营业厅对外公示内容应按要求落到实处。

（2）客户服务人员应落实一次性告知，并进行电子渠道的推广，主动告知客户。

（3）客户服务人员应掌握一定的沟通技巧。

（4）工作人员服务意识要好，对待客户态度热情，能够进行换位思考，掌握接待礼仪。

具体措施包括：

（1）在营业厅准确公示服务承诺、服务项目、业务办理流程、投诉监督电话、电价、电费项目及标准，并及时更新。

（2）客户来办理业务时，应主动接待，并适当进行电子渠道的推广，不得怠慢客户。

（3）应加强工作人员的服务礼仪、礼貌用语和沟通技巧培训。并建立培训案例库，有针对性地进行沟通技巧的培养。

（4）应加强工作人员的服务意识，通过切实有效的服务情景模拟演练来提高工作人员素质。

引导问题 3 根据事件经过分析暴露问题，并给出措施建议。填写客户咨询案例分析表，见表 3 - 9。

表 3 - 9　　　　　　　　　　　客 户 咨 询 案 例 分 析

任务	请对以下案例进行分析

事件经过：

　　某日上午客户拨打营业厅电话咨询光伏发电项目发票问题时，工作人员因手头有其他工作要处理，并且因其对该业务不熟悉，便让客户联系客户经理询问

暴露问题：

措施建议：

客户服务应做到：

（1）业务熟悉，不断提升专业技能和业务能力。

（2）工作人员要有主动服务意识、责任意识要强。

（3）工作中要落实"首问负责制"。

（4）工作人员不能存在推诿、搪塞，应做好一次性告知。

（5）对客户咨询的问题做好闭环处理。

有效的电话沟通

具体措施包括：

（1）加强工作人员业务知识培训。

育心笃行

（2）针对新型业务，梳理常见问题，组织培训学习。

（3）加强工作人员的主动服务意识、责任意识。

（4）耐心、真诚对待客户。

（5）工作人员要严格落实"首问负责制"、一次性告知等，不断提高服务技能，提升服务水平。

立木为信
"讲诚信"

引导问题 4 根据以上两个案例画出沟通过程思维导图。

_____

_____

引导问题 5 完成以下关于赞美的训练，填写训练效果。

_____

_____

赞美是杰出人士的好习惯。优秀客户服务人员必须掌握赞美这个利器，应对自如，极少遇到顾客的刁难和不合作。但赞美又是非常难以养成的习惯，毕竟，多数人在生活中已经习惯了"挑剔"。

训练方法：每组分成两队，每人向对面站立者做"发现对方优点，给予适度赞美"。思考赞美的内容、角度、方法，并逐步上升至"用赞美方法处理顾客投诉"。

注意：赞美的关键在"适度"。太过则"肉麻"，太弱则达不到应有的效果。要让被赞美方感觉结论是自然得出的。

引导问题 6 完成以下关于洞察力的训练，填写训练效果。

_____

_____

客户服务工作是从"洞察"开始。"眼观六路，耳听八方"。有经验的客户服务人员从顾客简单的话语中，就能判断客户的性格类型和想要解决的问题，恰到好处根据客户的特点最快速度地解决客户的用电问题，顾客怎么能不好评呢？不过，"洞察力"往往和受训人员的人生经历有关，讲究的是"悟性"。

训练方法：组内进行角色扮演，通过话语、行为等分析客户类型，反复练习分类归纳是提升洞察力的好方法。

引导问题 7 完成以下关于克制力的训练，填写训练效果。

_____

_____

在对客户进行的一项调查中，认为自己尊严受到侵犯的首要原因，竟然是客户服务人员的争辩！的确，顾客们有时需要的不是别的，仅仅是有个人能过来听他发发牢骚。信奉"顾客永远是对的"，克制自己，理解人性，为客户提供更优秀的服务。

训练方法：各组成员围站成一圈，每人分别独自进入圈内，以客户经理身份为客户解答疑问，其他人以客户身份刁难发问，态度凶悍，蛮不讲理。这项训练无须明确胜果，扮演客户服务人员的一方只要做到仔细倾听、亲切微笑、耐心解答、适时赞美即为合格。

引导问题 8 结合柜台受理服务行为规范完成以下应答，并填入表3-10。

表 3-10 柜台受理应答规范

服务场景	服务行为规范	服务应答	注意事项
客户1人办理业务，如无人排队	客户走近柜台前2m范围内时，面迎客户，微笑示意。客户走近1m范围时，应起身相迎，礼貌示坐，待客户落座后方可坐下		
客户来到柜台前，我们正在处理内部事务	遵守"先外后内"原则，当有客户来办理业务时，应当立即停办内部事务，马上接待客户		
遇到特殊情况需暂时停止办理业务时	若特殊情况需要离开柜台时，应礼貌请客户到其他柜台办理，并致歉；列示"暂停服务"标牌		
未轮到办理的客户着急办理，或抱怨太慢时	表示歉意，请客户谅解，并礼貌提醒其耐心等候；告诉客户你会加快业务处理速度		

对难沟通客户
的交流方法

对难沟通客户的交流方法

（1）说话不触及个人。客户服务人员在自己情绪变得不稳定的时候，就会把矛头直接指向客户本人，不再是就事论事，而是互相之间的一种人身攻击。例如：

客户："你怎么这样，我第一次碰到你这样的人！"

客户服务人员："我也没见过你这样的人，别人什么事也没有，就你事多！"

（2）对事不对人。在处理问题的时候，要做一个问题的解决者，时时提醒自己，我的工作就是解决问题。

（3）征求对方意见。征求意见的目的是让客户感觉受到尊重和重视，了解客户的实际想法。比如说：

1）"您看我们怎么做才会让您满意呢?"

2）"您觉得怎么处理会比较好呢?"

3）"您看除了刚才您提的几点以外，还有没有我们双方都能够接受的建议呢?"

（4）礼貌的重复。当客户坚持其无理要求时，告诉客户你能做什么，而不是你不能做什么! 而且要不断地重复这一点。

引导问题 9 学习案例中的应答内容，掌握拒绝的艺术。

例1：您希望能尽快恢复供电的心情我十分理解，不过您也知道抢修是有过程的，一般得先开车到现场，再顺线路排查故障点，找到故障点后再根据故障情况进行抢修，这个过程不是几分钟能完成的，是需要点时间的，希望您能理解，这样吧，我再督促一下现场人员尽快维修，请您耐心等候一下，谢谢您。

例2：欠费停电了确实给您生活带来了不便，这我也理解。不过，您也知道，供电公司的工作都是依法进行，欠费停电都是按照合同法或电力法的规定程序进行的。您说的关于冰箱内物品损失要求赔偿的问题，我也能理解，不过根据合同法的有关规定，当用电人欠费经催缴后，在合理期限内仍不缴纳电费的，供电公司可以中止供电。而因欠费停电所带来的损失也应由您自己承担，为了避免损失加大，建议您尽快缴纳欠费并恢复供电。

例3：欠费客户要求电话通知：您希望电话通知您的要求，这也很合理，不过希望您能主动到辖区内的供电所进行说明，否则我们无法掌握您的电话，也就不能电话通知您了。您看您什么时间方便到供电所进行一下电话备案，以方便未来再发生欠费时供电公司能及时地通知到您。

小 提 示

拒 绝 的 艺 术

拒绝应当说出真实情况，但不要马上拒绝、不要随便拒绝，更不要无情拒绝，要给对方留个退路。

例：我也很想帮您，不过国家的电价政策是有规定的，像您这样的用电性质，是应该执行商业电价的。

巧妙说"不"的技巧：先认同、再否定、最后给渠道。

拓展阅读

阅读沟通的禁忌，并审视自己在训练时是否有以下行为。

沟 通 的 禁 忌

1. 不挖苦对方

如："5毛钱一度电，162度电你还不知道多少钱?"

正确的说法："电价是5毛钱一度电，162度电是81元。"

2. 不教训对方

如："我跟你说了多少遍了，你怎么还不清楚?"

正确的说法："可能是我没有表述清楚，那我再跟您说一遍……，现在您清楚了是吧。"

3. 不置疑对方

如："电表的示数你看得对吗""你确定周围楼都停电了吗?"

正确的说法："您看的电表示数是……对吧""您是说周围楼都停电了是吧。"

4. 不质问对方

如："你刚才为什么不说清楚呢?"

正确的说法："您现在的意思是……对吧!"

5. 不随便纠正对方

如："你说得不对，不是你说的那样。"

正确的说法："您说的是这样啊，不过，我了解的情况是……"

6. 不敷衍对方

如："行了，我帮你反映一下，你等信儿吧。"

正确的说法："您放心，我一定会帮您反映的，5天之内会给您答复。"

🌱 相关知识点（"1+X"证书）

一、沟通的意义

沟通是人与人之间，人与群体之间思想与感情的传递和反馈的过程，以求达成一致和感情的畅通。工作中，我们将50%～80%的时间用在沟通上，如开会、会见、拜访、谈判面谈、打电话、发传真、信函、通知、文件、批评、表扬等都是在沟通。因此，可以说，作为出色的客户服务人员，沟通是重要技能之一。沟通的过程如图3-1所示。

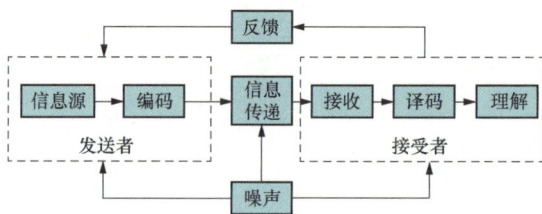

图3-1 沟通的过程

1. 沟通传递和获得信息

信息的采集、传送、整理、交换，无一不是沟通的过程。通过沟通，交换有意义、有价值的各种信息，生活中的大小事务才得以开展。掌握低成本的沟通技巧，了解如何有效地传递信息能提高人的办事效率，而积极地获得信息更会提高人的竞争优势。好的沟通者可以一直保持注意力，随时抓住内容重点，找出所需要的重要信息。他们能更透彻了解信息的内容，拥有最佳的工作效率，并节省时间与精力，获得更高的生产力。

2. 沟通改善人际关系

社会是通过人们互相沟通维持特定的关系而连接成的网，人们相互交流是因为需要同周围的社会环境相联系，沟通与人际关系两者相互促进、相互影响。有效的沟通可以赢得和谐的人际关系，而和谐的人际关系又使沟通更加顺畅；相反，人际关系不良会使沟通难以开展，而不恰当的沟通又会使人际关系变得更坏。

二、 沟通技巧

1. 恰当地提问

在适当的时候提出问题，让客户把意图表达更明白，同时客户也会感到尊重。

2. 不要太"卖弄"专业术语

千万要记住，接待的客户可能对用电相关业务根本不懂；向客户说明专业性用语时，最好的办法就是用简单的例子来比较，让客户容易了解接受；在与客户沟通时，不要老以为自己高人一等，只不过对干的工作而言，稍微懂那么一点，不懂的地方还很多。要谦虚。太卖弄专业术语，只能拉大与客户的距离。

3. 顾全客户的面子

如遇有违约用电的客户，到供电营业柜台交纳违约使用电费时，不能显示出憎恶的态度，应该顾全客户的面子，不要一语点破，要给客人有下台阶的机会。

4. 培养良好的态度

只有具有良好的态度，才能让客户接受你，了解你；在沟通时，要投入工作热情；在沟通时，你要像对待朋友一样对待你的客户。

5. 具备必要的专业知识

只有专业知识足够，才能解答客户的问题；只有掌握各项业务的工作流程，才能为客户提供正确的指导和帮助。

三、 非语言沟通

非语言沟通是相对于语言沟通而言的，是指通过身体动作、体态、语气语调、空间距离等方式交流信息、进行沟通的过程。在沟通中，信息的内容部分往往通过语言来表达，而非语言则作为提供解释内容的框架，来表达信息的相关部分。在与客户面对面交流、面对面服务的时候，非言语沟通就会显得更加重要。

1. 肢体语言

除了口头信息和书面信息，客户服务人员的一举一动也会不断地透露出自己的个性和态度，以及帮助客户的意愿和能力。肢体语言能产生正面和负面影响，正面和负面的肢体语言，见表 3-11。

表 3-11　　　　　　　　　　　　　　　正面和负面的肢体语音

正面的	负面的
快速的眼神接触（3～5s）	打哈欠
睁大眼睛看	皱眉或面带嘲讽
微笑	左顾右盼而不是关注客户
直视客户	处理事务极不耐心
诚恳郑重地点头	客户说话时身体扭向一侧
意图明确的手势	拘谨、自我保护的手势
自然的站姿	手臂交叉
积极地倾听	看客户的目光茫然
静听客户说话	不时打断客户说话
手掌摊开的手势	用手指客户或窃窃私语

2. 信息反馈

面对客户的请求，应及时、准确地给出反馈信息，若客户服务人员不能及时地做出反馈。这种时间上的拖延会被认为是一种缺乏责任心的表现。因此，客户服务人员应该充分认识到这点，合理控制与每个人交流的时间，从而更加有效地传递信息。

3. 精神面貌

外表、着装和处事方式可以造就一个专业客户服务人员的形象。客户通常会根据客户服务人员的外在精神面貌、办公环境等在极短时间之内对公司和客户服务人员做出一个综合的评价。如果客户对客户服务人员精神面貌不甚满意，他极可能会去寻求其他公司的服务。

四、 客户的不同类别与处理技巧

不同客户群体沟通的特点

电力服务不同于商场、酒店服务，双方都没有选择性，前台业务人员要面对各种类型的客户，不同类型的客户需要采取不同的服务策略，这样，才能更好地提升服务技能。

下面介绍几种基本的客户类型及相应的服务技巧。

1. 友善型

性格随和，对人、对事没有过分的要求，具备理解、宽容、真诚、信任等美德，一般是企业的忠诚客户。

服务策略：提供最好的服务，快速答复客户事实的真相及处理办法，尽快处理，不要因为对方的宽容和理解而降低服务标准。

2. 独断型

异常自信，有很强的决断力，感情强烈，不善于理解别人；对自己的任何付出一定要求回报；不能容忍欺骗、被怀疑、慢待、不被尊重等行为；对自己的想法和要求一定需要被认可，不容易接受意见和建议。通常是投诉较多的客户。

服务策略：小心应对，先稳定其情绪，尽可能满足其要求，让他有被尊重的感觉。

3. 分析型

思维缜密，情感细腻，容易被伤害，有很强的逻辑思维能力。对公正的处理和合理的解释可以接受，但绝不接受任何不公正的待遇。善于运用法律手段保护自己，但从不轻易威胁对方。这种类型的客户通常是一些文化素质较高的人，他们很精明，讲道理也懂道理，只要你的解释是合理的，他不会胡搅蛮缠；但如果是你的错误，而且又想推诿搪塞，他就会跟你斤斤计较。

服务策略：真诚对待，实事求是解释，争取对方的理解与谅解。

4. 自我型

以自我为中心，缺乏同情，不习惯站在他人的立场考虑问题；绝不容忍自己的利益受到任何损害；有较强的报复心理；性格敏感多疑，时常以异己之心来揣测他人。这类客户最难应对，一定要学会以礼相待，以一颗宽容的心去理解他。

服务策略：首先要控制自己的情绪，以礼相待，对自己的过失要真诚道歉，并拿出具有诚意的解决方案。

五、 电话服务沟通

电话沟通方便快捷，能减少面对面的压力，但看不见对方的身体语言，容易产生误解。因此，电话服务的关键在于信息的传递和充分理解。通过电话，如何能准确地将信息传递给对方，并能完全被理解，在掌握电话服务的基本礼仪基础上，还要学会一定的沟通技巧。

1. 说话内容表达要清晰

电话沟通不同于面对面说话，它受通话时间和环境的影响，在通话过程中首先要把表达的意思表述清楚，说话思路清晰。为此要求：

（1）不管是打电话还是接电话，对所要交流的内容，一定要做到心中有数，对一时没有把握的事项可以另约时间、方式交谈。

（2）对冗长的说话应分开重点去慢慢解释，否则可能导致对方不能完全理解甚至误解你的意思，对方也可能因为难于理解而忽略你的谈话或拒绝你的请求。

（3）条理层次要清楚，一条一条说，先把一点说完后才说另外一点，切勿说话时左穿右插。

2. 说话内容要简单、明了

（1）只说一些简单的重要内容。电话交流主要是对信息的及时传递、沟通，对可能存在较大分歧或较复杂的问题，一般不采取电话沟通的方式交流，可以约定面谈或网上交流等。

如某刚刚用电的高压工业客户，运行两个月后，电话咨询客户服务人员电费电价偏高的原因。客户服务人员是这样答复的：您好！对刚刚用电的高压客户，在运行的前几个月，在计量准确、抄表和电费计算都正确的情况下，可能存在您反映的现象，那是因为公司在生产规模、生产班次调整等方面还没达到最优化的效果，您那边到底是什么原因导致的电费电价偏高，该如何解决，我将通知相关人员在5个工作日内到贵公司现场分析、解释，好吗？

（2）经反复说明，对方仍不明白的，可以尝试举例说明。如某客户投诉变压器和高压进线换大后，职工家用电压仍然没得到改善。客户服务人员询问了客户的基本情况后，初步判断为客户内部低压主干线和进户线没有改造，而导致终端电压没有得到提高，但怎么解释客户都不认可他的意见，只得把电话转给值（班）长。值（班）长举了一个例子说明，客户很快就明白了，他是这样说的："您想想看，您家里水管出水小，您将外面的主水管换大了，但您楼下的水表和水管及家里的水管没换，您说家里的水能大吗？这电压改善原理也一样啊，需要进行系统改造"。

（3）尽量不要使用专业术语及俗语。在"对牛弹琴"的典故中，牛是无辜的，犯错误的是弹琴的人。

3. 换位思考，体现关怀和尊重客户

任何人在反映问题或提出需求的时候，起码的希望是得到重视和肯定。因此，我们在跟客户进行电话交流的时候，首先要设身处地地了解对方的想法和需求，站在对方的立场思考，关心对方的利益，并不断肯定和强化这种需求和利益。

六、 柜台服务沟通应用

柜台服务的沟通，实际上是面对面的沟通，面对面的沟通除了语言本身的信息外，还有沟通者整体心理状态的信息。这些信息使得沟通者与信息接受者可以发生情绪的相互感染。此外，在面对面沟通的过程中，沟通者还可以根据信息接受者的反馈及时调整自己的沟通过程，使其更适合于对方。在掌握柜台服务的基本礼仪基础上，还要学会一定的沟通技巧。

1. 心理判断要准确

不是说要等客户来到了面前，才做服务。客户服务人员从客户一走进供电营业厅时，可以从客户的脚步快慢、表情、动作、言语、有无随从人员以及携带的物件等判断：这位客户是来办理什么业务的？这位客户的心情怎样？所需办理的业务是否着急？他需要我们给予什么样的帮助？比如，在临近下班时，来了一位步履匆匆、手上拿着欠费催缴单、一进门就叫："到哪交电费？"可以判断：该客户所欠电费当天不交，第二天可能就实施欠费停电了。对于这样的客户，首先安抚他的心情，请他不要着急，即使到了下班时间，仍然会为其办理完业务后才下班；为其推荐缴纳电费的其他途径，可以方便快捷无误地完成缴纳电费的义务。

2. 语言沟通要亲切、准确、简单明了

语言沟通是指以语言符号来实现的沟通。语言沟通是最准确、最有效的沟通方式，也是运用最广泛的一种沟通。语言沟通的两种基本方式：口语沟通和书面沟通。

（1）口语沟通要遵循亲切、易懂、明了的基本要求。口语沟通是指借助于口头语言实现的沟通。在沟通过程中，除了语言之外，其他许多非语言性的表情、动作、姿势等，都会对沟通的效果起到积极的促进作用。比如，在接待客户时，要求客户服务人员面带微笑、起身示座，并同时说出礼貌招呼语。这样，给客户的感觉就是：自己得到了尊重，为以后的沟通打好了基础。对简单重复的服务，要有耐心，不厌其烦，口语表达上可以说：可以、好的、没关系等用语。对难处理的事件、难沟通的客户，可以先安抚其心情，可以说：请别着急，我们为您处理，这件事这样处理，您看可以吗？

（2）书面沟通要遵循准确、适时的基本要求。书面沟通是借助于书面文字材料实现的信息交流。通过阅读接受信息的速度远比听和说快，因而单位时间内的沟通效率也较高，特别是权威的文件所激发的重视程度远比口头传达强。对于某些规定客户无法接受时，可以拿出相关文件请客户阅读。这远比口头解释的效果要好，也简单易行。对于客户反映问题，适时做一些记录，适时派发工作单，客户更能相信此问题已进入处理阶段，可以缓解矛盾，也能更好地解决问题。对于某些必须由客户签字确认的信息，进行沟通后，请客户签字确认。书面沟通由于有机会修正内容和便于保留，因而沟通不易失误，准确性和持久性也较高。

3. 非语言沟通要亲切、自然、大方

借助于非语言符号，如姿势、动作、表情，及非语言的声音和空间等实现的沟通叫作非语言沟通。非语言沟通的实现有三种方式，第一种方式是通过动态无声性的目光、表情动作、手势语言和身体运动等实现沟通；第二种方式是通过静态无声性的身体姿势、空间距离及衣着打扮等实现沟通，这两种非语言沟通统称身体语言沟通；第三种非语言沟通的方式是通过非语言的声音，如重音、声调的变化、哭、笑、停顿来实现的。

比如，夏季没有更换工作服的搬运工到柜台办理业务，不能因为客户身上有异味而表现出厌恶、拉大距离、屏住呼吸等做派，要亲切、自然、大方地接待客户，给客户以家人一样的关怀。

如遇客户故弄玄虚，并且还有意让人恐惧的。这时，客户服务人员更要镇定自若，不能被其吓退。运用规范的柜台服务礼仪接待客户，让其惭愧收敛其不当意图。亲切、自然、大方地与其沟通，了解其真实意图并解决问题。如果不是运用非语言沟通，而是直接说：干吗？想吓人吗？收起你那一套！那只会有一个结果：激化矛盾！此时，运用非语言沟通，权当看不见，把有当无，进入正常工作状态。

4. 柜台沟通要严格执行法规及文件精神

在与客户沟通时，不能违反法规和文件精神，博取客户的欢心；更不能以损害公司或他人的利益，来换取客户对个人的感谢或谋取私利。

5. 柜台服务的沟通注意事项

（1）抓住客户的心。摸透客户的心理，是与客户沟通良好的前提。只有了解掌握客户心理和需求，才可以在沟通过程中有的放矢；可以适当地投其所好，客户可能会视你为他们知己，那问题可能会较好地解决或起码已成功一半。

营业厅供电
服务标准

（2）记住客户。特别是客户反映问题后，第二次来到营业柜台，记住客户的用电户名、用电地址、反映的问题，或是反映问题的时间，可以让人感到愉快且能有一种受重视的满足感，这在沟通中是一项非常有用的法宝；如记住客户的问题，比任何亲切的言语起作用，更能打动对方的心。

（3）学会倾听。在沟通中要充分重视"听"的重要性。善于表达出你的观点与看法，抓住客户的心，使客户接受你的观点与看法。这只是你沟通成功的一半。那成功的另一半就是善于听客户的倾诉。会不会听是一个人会不会与人沟通，能不能与人达到真正沟通的重要标志，做一名忠实的听众，同时，让客户知道你在听，不管是赞扬

还是抱怨，你都得认真对待。认真倾听后，你会发现问题的症结所在，你才能对症下药，问题才能迎刃而解。

练一练

（1）（单选）语言沟通更擅长传递的是（　　）。

A. 思想　　　　　　B. 情感　　　　　　C. 思路　　　　　　D. 信息

（2）（多选）电力客户服务基本的客户类型有哪些？（　　）

A. 友善型　　　　　B. 独断型　　　　　C. 分析型　　　　　D. 自我型

（3）（判断）在于客户沟通中，肢体语言更擅长沟通的是思想和情感。（　　）

评价反馈

请大家根据本次任务完成情况填写综合评价表，见表 3-12。

表 3-12　　　　　　　　　　综 合 评 价 表

班级：		姓名：		学号：		
评价项目		评价内容	评价方式	分值	得分
线上学习（20%）	云教材	数字教材阅读时长	【过程评价】平台数据	5	
	平台资源学习	资源自学完成度		5	
	平台活动和测试	参与线上活动态度与能力		10	
	中华文化小课堂专题	课程思政学习效果反馈点1			
线下实操（40%）	沟通案例分析	能结合沟通技巧进行案例分析	【过程评价】教师评价60%组内互评20%组间互评20%	10	
	非语言沟通技巧	能掌握非语言沟通技巧		10	
	洞察力提升	能通过训练提升洞察力		10	
	客户需求确认	通过沟通确定客户需求		10	
	育心笃行学习情况	课程思政学习效果反馈点2			
任务成果（20%）	案例分析任务单	完成案例分析任务单	【结果评价】教师评价60%组间互评40%	10	
	情景模拟视频	模拟场景完成业务受理		10	
	思政口袋书记录情况	课程思政学习效果反馈点3			
学习增量（20%）	个体学业成就	与上个任务成绩对比	【增值评价】平台数据对比学生自评	5	
	职业素养提升	服务意识、主动性增强		5	
	师生互动频率	师生互动次数增加		5	
	公益活动参与	公益活动、社会实践参与情况		5	
综合得分				100	

任务 3　贴心做——提升体验，满足需求

学习情境描述

按照《电力系统营销服务》"1＋X"职业技能等级证书、《客户代表》岗位标准（4-11-01-00）、供电企业《供电服务标准》（Q/GDW 10403—2021）中对优质营销服务的要求，在供电营业厅等服务现场营造服务环境，体会为人民服务的电力企业文化，按照工作流程中的备、待、办等环节掌握提升客户服务体验的方法，通过客户业务受理全流程提供贴心服务。

学习目标

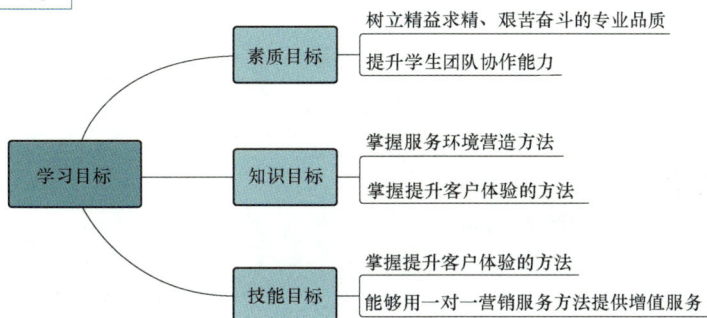

任务书

请阅读任务书，见表 3-13，了解本次任务详情。

表 3-13　　　　　　　　　　　任　务　书

任务书	贴心做——提升体验，满足需求				
学习情境	供电营业厅实训室	任务学时	4 学时	任务编号	任务 3-3
学习形式	理实一体化	学习方法	角色扮演法、合作学习法	执行标准	《电力系统营销服务》（中级）"1＋X"职业技能标准
学习设备	柜台及智能服务设备	学习平台		3D 虚拟仿真软件	
任务内容	（1）营造优质服务环境 （2）增强供电营业厅现场客户服务体验 （3）一对一营销提供增值服务				

任务书	提升供电营业厅现场服务客户体验
实施步骤 （工作流程）	
任务成果	（1）供电营业厅服务现场布局图 （2）客户服务体验案例分析表 （3）服务现场分角色模拟视频

任务分组

按每组 4～6 人成立营销班组，学习任务分配表明确班组成员的工作任务，并填写学习任务分配表，见表 3-14。

表 3-14　　　　　　　　　　学 习 任 务 分 配 表

营销班组		班组长	
组员			

任务分工：

任务准备

（1）阅读任务书，了解用电咨询实施步骤。

（2）收集《供电服务标准》（Q/GDW 10403—2021）、《电力系统营销服务》"1＋X"职业技能等级证书、《客户代表》岗位标准（4-11-01-00）中对优质服务的相关要求和规范。

（3）通过岗位实践了解 A 级供电营业厅在提升客户体验方面都采取了哪些措施。

（4）调研供电服务中除了日常业务办理都提供了哪些增值服务。

任务指导

育心笃行

服务意识中社会主义核心价值观的体现

（1）认真阅读任务单中的任务背景和任务详情。

（2）小组成员根据任务内容，掌握提升客户服务体验的方法，并利用 3D 虚拟仿真软件绘制服务现场环境图。

（3）结合任务书完成提升客户体验案例分析。

（4）按照任务实施流程通过一对一营销服务为客户提供增值服务。

（5）以小组为单位根据咨询业务流程角色扮演、模拟演练。

（6）教师针对各组展示情况进行评价，各组复盘优化。

任务实施

引导问题 1 查阅《供电服务标准》（Q/GDW 10403—2021）中供电营业厅分级标准及功能说明，填入营业厅功能表，见表 3-15。

表 3-15 营 业 厅 功 能

级别名称	分级标准	功能说明
A 级供电营业厅		
B 级供电营业厅		
C 级供电营业厅		
D 级供电营业厅		
E 级供电营业厅		

小 提 示

国家电网公司供电营业场所包括所属各市区县供电营业厅、农村供电营业厅、电费收缴点及其他补充的服务场所，是向广大用电客户提供"优质、方便、规范、真诚"服务的供电窗口。

供电营业厅是国家电网公司电费收缴点、业务扩充受理点及咨询查询等服务的场所，是直接向广大用电客户提供"优质、方便、规范、真诚"服务的窗口。供电营业厅的环境、客户服务人员的行为直接影响着供电企业的形象和客户的感受，因此，供电营业厅环境建设和客户服务人员的行为规范至关重要。

育心笃行

引导问题 2 列举课前调研供电服务中，除了日常业务办理提供的增值服务都有哪些。

_____

_____

企业文化：国家电网在奉献中践行使命

引导问题 3 分析供电服务提升客户体验的意义。

_____

_____

➤ **小 提 示**

加强优质服务，对于供电企业而言是非常重要的，其重要性主要体现在以下几个方面：

（1）供电企业发展的必然要求。在新的形势下，供电企业要想得到良好的发展，而提供优质服务是供电企业发展的必然要求，只有不断强化企业服务意识，将电力用户放在所有工作的中心，提升自身的服务水平，将强化优质服务建设作为企业发展的出发点，才能确保企业的长远发展。

（2）电力体制改革的必然要求。在经济体制改革的推动下，供电企业逐步转变为自主经营、自负盈亏的独立企业，对于企业也提出了新的要求。供电企业要想获得持续稳定的发展，必须适应市场改革的需要，转变自身的发展模式，为客户提供更加优质的电力服务。

（3）社会发展的必然要求。电力体制改革的不断加快，使得其从原本的垄断地位开始参与到市场竞争中，面对日益激烈的市场竞争，供电企业之间更为关键的并不是产品方面的竞争，而是服务质量上的竞争，供电企业只有不断加强优质服务，树立起良好的企业形象，才能促进企业的稳定发展。

引导问题 4 利用 3D 虚拟仿真软件绘制服务环境布局图。

✂ 小 提 示 （企业标准）

营业厅环境建设规范

营业厅应设置规范的供电企业标识和营业时间牌，公布服务项目、业务办理程序、电价表、收费项目及收费标准，应公布岗位纪律、服务承诺、服务及投诉电话。营业窗口应设置醒目的业务受理标识，营业窗口标识由窗口编号、名称、办理业务种类等组成，必要时，营业窗口应设有中英文对照标识，少数民族地区应设有汉文和民族文对照标识。

营业厅环境应整洁，有条件的地方，可设置无障碍通道。营业厅应设有安全出口或疏散通道，配置消防器材和自动应急照明设备。营业厅内应布局合理、舒适安全；应设有客户等候休息处，备有饮用水；设置客户书写台、书写工具、登记表书写样本等；放置雨伞、便民箱，便民箱内应放置老花眼镜、针线、笔等便民用品；设置意见箱或意见簿。

营业厅应放置赠送的宣传资料；内墙面应挂有时钟、日历牌；营业厅应有明显的禁烟标志；有条件的营业厅应设置业务洽谈区和电能利用展示区。

营业厅室内温度不应高于32℃。当采用一般通风降温措施不能满足要求时，可根据人流量和气温来调节柜机的温度。冬季采暖计算温度宜采用16~18℃，夏季降温计算温度宜采用26~28℃。

营业厅内外应在适当位置摆放存活率高、易于保养的盆栽绿色植物。植物的品种、数量、高度及所占面积需根据营业厅的空余面积进行合理摆设。

营业厅的背景音乐应选用柔和、舒缓的音乐，适时增加业务导航、天气预报提示等。营业厅内应播放国家电网公司企业文化及相关电力宣传短片，也可根据实际情况选择播放积极、健康、和谐、轻松的短片。

营业厅宣传资料的制作必须符合国家电网公司相关规范，及时更新宣传资料中新的电价政策、电力法规，按规定更换报纸和电力期刊。宣传资料包括相关电力法律法规、办理用电业务须知、电价政策与电价目录表、安全用电常识、节约用电常识、有偿服务项目及收费标准、报纸等。宣传资料的发放必须由专人领用、放置，客户免费赠阅。宣传资料应放置在营业厅内专属功能区域，确保客户易见易取。每日班前、班后整理宣传资料，及时补充，保证宣传资料齐全，摆放整齐有序。

上班前检查自动叫号排队系统或自助服务终端是否完好，当发现问题时，应贴上"暂停使用"的提示，并告知大厅主管通知有关部门进行维修。及时更新自助服务终端中的内容，保持自动叫号排队系统或自助服务终端清洁。

自助服务终端中的内容应包括电力公司及部门介绍，相关电力法律法规，电价政策及目录，用电报装、变更工作流程，安全用电、节约用电基本常识，停电预告等。

营业厅应提供各种常用电能表、互感器等设备的展示，提供各种家用电器的展示，有条件的营业所应提供使用电、气、煤不同能源的经济比较、智慧用电展示，并向客户提供节约用电、安全用电等方面的信息服务。

以客户为中心的营业厅环境营造

引导问题 5 根据下述情景进行客户不满案例分析，填写表3-16。

表3-16 客 户 不 满 案 例 分 析

任务	请对以下事件进行分析
事件经过： 　一企业客户前来营业厅，申请电费账单邮寄业务。工作人员表示不知道此项业务，怀疑客户是否听错，客户表示从朋友处听说，工作人员反馈至营业厅班长，班长表示目前已开展对重要客户进行邮寄账单的服务，但对普通客户开通此项业务还不清楚。客户再次致电确认其朋友每个月收到电费账单，客户投诉为何自己办理受阻	
暴露问题：	
措施建议：	

小 提 示

相 关 服 务 规 范

（1）工作人员遇事反应灵活，在遇到自己没办理过的业务时，应积极了解情况，不能质疑客户。

（2）营业厅班长应对问题承担主动责任。

（3）供电企业在推出新的服务举措时，做到推广宣贯。

（4）针对客户获取电费账单等诉求，主动提供"网上国网"线上渠道的使用建议。

应提供的意见建议包括：

（1）应加强培训，提高工作人员应对技巧，遇到自己没听说过的问题不应急于回答"我不知道"之类的话语，应请客户稍候并及时了解具体情况。

（2）加强营业厅班长业务素质教育，对于自己尚不明确的问题应主动向相关部门了解情况，并及时了解客户的信息渠道，对于一时无法解决的应请客户留下联系方式，在规定时限内给予客户正确的回复。

（3）积极宣传推广"网上国网"新型供电服务渠道和服务产品，主动了解客户用电服务需求，创新服务方式，持续改善客户体验，提升客户获得感和满意度。

（4）加强内部信息流转，保证上下级部门间的顺畅沟通，对于上级部门开展的某些试行制度或试行方案应及时通知所有下级业务相关部门，以免出现下级部门不了解而造成客户投诉的情况。

引导问题 **6** 根据引导问题5中任务背景，组内角色扮演完成引导服务。

引 导 服 务 规 范

营业厅引导服务规范包括迎宾服务、叫号引导服务、营业厅秩序维持服务、宣传资料检查更新、便民服务设施检查更新等服务规范，由引导员、大厅主管等客户服务人员提供服务。

1. 迎宾服务规范

（1）主动询问客户需求，向客户表示关注和表达服务意愿，言语表达清晰、温和而亲切。迎送客户时，主动迎送，做到迎三步、送三步，面带微笑，目光亲切自然。

（2）迎接客户时，使用标准的请姿，并致以"早上好""您好""××节快乐"等问候语。

（3）送离客户时，使用标准的送宾姿，致以"请走好，再见"送别语，目送客户离开。

2. 叫号引导服务规范

（1）引导客户办理相关用电业务时，应了解客户需求，正确引导客户办理相关业务。

（2）如有自动叫号排队系统，引导客户取号并指导客户正确使用自动叫号排队系统，然后引导客户到客户休息区等候，并提醒客户注意听取电脑自动叫号。

（3）如无自动叫号排队系统，应主动引导客户到相应的营业柜台。

3. 营业厅秩序维持服务规范

随时关注进厅、出厅、排队等候、展示区以及休息区客户。随时维持营业厅秩序，引导分流客户，保持良好的服务氛围。

如营业厅内排队等候客户较多，引导员应主动协助做好客户情绪安抚工作，维持营业秩序。对不办理业务而在营业厅过久停留的客户，可主动上前询问提供帮助，并立即将了解到的客户相关情况报告值班主管。

4. 宣传资料检查更新服务规范

宣传资料应放置在营业厅内专属功能区域，确保客户易见易取。每日班前、班后整理宣传资料，及时补充，保证宣传资料齐全，摆放整齐有序。

5. 便民服务设施检查更新服务规范

营业厅应提供饮水机、便民箱（内置常用药品、老花镜、针线包等）、便民伞、报架、擦鞋机等。班前、班后应检查，如便民设施不足应及时补齐，如便民设施损坏应及时向大厅主管报告修理，保持便民设施在营业时段内始终处于可用状态。

引导问题 7 按照一对一营销服务步骤完成本次任务业务受理，团队协作完成本任务场景模拟，并录制视频。

引导问题 8 通过模拟演练，总结主动服务应如何在工作中体现。

_____

_____

_____

拓展实践

在岗位实践中探索以场景模拟提升客户用电体验

所谓场景模拟，就是指通过打造高质效现代化供电服务指挥体系，实现作业模拟引导，让客户感到办电更快捷、用电更省心，"获得感"与"幸福感"十足。供电服务是市场竞争的抓手，只有构建以客户为中心的现代供电服务体系，把优质服务作为核心竞争力，通过高质量的服务来赢得客户，占领市场，求得发展。一些供电企业为了满足客户需求采取了很多措施，但在提升供电质量等方面尚有较大空间需要挖掘，没有从客户的角度出发创新服务方式导致客户体验不佳等等。

为保证 95598 抢修工单的有效回复，某供电公司供指中心组织供电所技术员、配网运方、配网调度、配网运营指挥四个专业，讨论、分析 95595 抢修工单全过程运行状态，针对各种场景，结合设备部文件要求，明确各场景下的处置方法和解决方案，通过"构建以'客户为中心'的服务机制、打造以'客户为中心'的供电网络、推行以'客户为中心'的服务手段和实施'客户为中心'的奖惩机制"，经常性开展无脚本的场景模拟演练，穿透客户体验，洞察客户心智，全力打造全融合、嵌入式、智慧化的特色服务品牌，不断提升群众用电体验。

由此，客户用电体验感作为供电服务品质提升的重要方面，要主动对接政府、企业、小区物业等多方渠道，不断优化服务环节，主动进行场景模拟，用心感受客户服务，才能提高 95595 抢修工单处置效率，才能做好相关要求的全市层面推广工作，进而规范全市抢修工作，让客户享受"无感化电力作业"带来的"不间断"用电体验。

相关知识点（"1+X"证书）

一、客户体验

1. 客户体验的概念

客户体验管理是近些年兴起的一种崭新的客户管理方法和技术。有人将客户体验管理（Customer Experience Management，CEM）定义为"战略性地管理客户对产品或公司全面体验的过程"，它以提高客户整体体验为出发点，注重与客户的每一次接触，通过协调整合售前、售中和售后等各个阶段，各种客户接触点或接触渠道，有目的地、无缝隙地为客户传递目标信息，创造匹配品牌承诺的正面感觉，以实现良性互动，进而创造差异化的客户体验，实现客户的忠诚度，强化感知价值，从而增加企业收入与资产价值。通过对客户体验加以有效把握和管理，可以提高客户对公司的满意度和忠诚度，并最终提升公司价值。

（1）体验，也叫体会。是用自己的生命来验证事实，感悟生命，留下印象。经过亲身体验，使我们感到真实，并在大脑记忆中留下深刻印象，使人们可以随时回想起曾经亲身感受过的生命历程，也因此对未来有所预感。一个以色列企业家开了一家咖啡店，名为"真假咖啡店"，店里没有任何真正的咖啡，但是穿戴整齐的侍者仍有模有样地装作为客人倒咖啡、送糕点，让消费者体验到咖啡厅交朋友、聊天的社交经验。

例如，现代化的供电营业厅为广大客户设立智慧用电体验区，可以通过 VR 体验电动汽车驾驶、未来智能家居以及智能生活街区，让客户身临其境地体验用一部手机来操控智能家居的电器和家具，也可以实现用语音控制家中的智能设备、天然气报警器、门窗传感器、温湿度传感器等。

（2）客户体验。是企业以服务为舞台，以商品为道具，围绕着消费者，创造出值得消费者回忆活动。其中商品是有形的，服务是无形的，而所创造出的体验是令人难忘的。与过去不同的是，产品、服务对消费者来说都是外在的，但体验是内在的、存于个人心中，是个人在形体、情绪、知识上参与的所得。

在客户体验中，企业提供的不再仅仅是商品或服务，它提供的是最终体验，并充满了感情的力量，给客户留下了难以忘却的愉悦。记忆的威力就在于使客户个人以个性化的方式参与其中的事件，通过体验对品牌产生情感寄托，从而成为品牌的忠诚客户。

（3）客户体验管理。是"战略性地管理客户对产品或公司全面体验的过程"，它以提高客户整体体验为出发点，注重与客户的每一次接触，通过协调整合售前、售中和售后等各个阶段、各种客户接触点或接触渠道，有目的地、无缝隙地为客户传递目标信息，创造匹配品牌承诺的正面感觉，以实现良性互动，进而创造差异化的客户体验，实现客户的忠诚，强化感知价值，从而增加企业收入与资产价值。通过对客户体验的有效把握和管理，可以提高客户对公

留住客户的技巧——留下记忆的艺术

设计客户体验

司的满意度和忠诚度，并最终提升公司价值。

2. 增强客户体验方法

（1）了解你的客户。客户知道什么是好的服务。他们希望通过自己喜欢的渠道，在每次与企业的交互中都得到好的服务。根据市场研究的调查数据，客户通常喜欢通过电话来与企业沟通，其次是网络自助服务或社交软件。同样，我们也通过客户统计数据发现，就沟通渠道而言，不同的人有不同的偏好。例如，年轻人更喜欢使用点对点的交流方式、社会网络和即时服务渠道，所以企业必须提供这些技术支持。你要了解客户的特征和偏好，确信可以用他们喜好的方式与之进行沟通。

（2）服务要与品牌相结合。忠诚于自身品牌很重要。你给客户提供的服务体验也要支持你公司自身的价值定位。在这个信息爆炸的世界里，让客户了解你的企业定位格外重要。在企业的服务体系内，客户与企业的交流不应仅限于某单一渠道，要能通过某一个交流渠道开始，再通过另一个交流渠道完成。例如，客户可以从打电话询问开始，而后从公众网、App 应用程序等得到更多相关的细节信息。要想让客户有这样的体验，企业所提供的交流渠道必须相互贯通，不可相互独立。这样客户服务人员既能通过传统渠道，也能通过社会渠道，完整把握客户与企业的交流。并且，如果客户最早是在网络自助服务系统提出服务要求的，客户服务人员也应该能看到整个处理的历史记录，这样他们就不用重复询问或调查。

（3）整合客户服务体系与其他应用程序。客户服务人员必须要在差不多二十个不同的应用程序中检索客户所需要的信息，这样一来，增加处理问题的时间肯定就不可避免了，结果就是客户相当不满。客户服务体系不应仅仅只是一个为客户提供信息、解决问题的数据库的前台，而是应该与后台的应用程序整合在一起。这样客户服务人员才可以更快、更准确地回答客户的疑问。

（4）明确何为优质的服务体验。客户服务人员常常不按相同的客户服务应用程序行事，这样就影响了客户服务人员之间的一致性，导致了很高的人事变动率。有一个解决的方法，就是将业务流程管理应用到客户服务中。客户服务人员根据屏幕上的信息行事，屏幕上面会显示与客户需求相符的信息，并能保证其服务与企业政策相符合。有一家国际性的银行，它的 23 家客服中心都"不走寻常路"，各出奇招，结果客户都大为不满。于是，这家银行就采用了这种方法。客户服务人员现在都使用一种程序驱动的电脑，能提供客户所需的全部信息，在单次交互中就能解决客户的多重疑虑。结果非常可喜，首次沟通的问题解决率提高了 30%，呼叫转接率也降低了 20%。

（5）客户体验至上。让客户对服务有一定的期望值，并提供相应的、能达到该期望值的服务，这一点很重要，因为这能建立客户对企业的信任感。同样，企业也应该积极主动地为客户提供服务，积极探索服务提醒的途径和解决常见问题的方法，也可以让客户自己确认在哪些情况下他们希望被告知。这样维护的客户群会更稳定，要注意，客户通过各个交流渠道联系到的客户服务人员必须保持一致的"口径"，这可以保证解答的连贯和准确。将相关的知识联系在一起是一件任重而道远的工作。方法就是让客户服务人员标记出不准确、不完整的内容，或者是用自动化的工具将最常碰到的内容放到常见问题的最顶部。

客户体验要从消费者的感官（sense）、情感（feel）、思考（think）、行动（act）和关联（relate）五个方面重新定义、设计营销的思考方式。

（1）感官体验。感官体验的目标是创造知觉体验的感觉，包括视觉、听觉、触觉、味觉与嗅觉。希尔顿饭店的一个做法是在浴室里放置一只可爱的小鸭子；超市海鲜区不仅销售食用海鲜，而且还提供盛放于精美小鱼缸中的观赏鱼，方便顾客爱不释手时带回家；此外，还提供饮品试饮、熟食试吃等。

（2）情感体验。制造情感体验，常用的联系纽带有友情、亲情、恋情。缘于血统关系的亲情，如父爱、母爱、孝心等可以说是任何情感都无法替代的。"喝杯清酒，交个朋友"这句广告词，让你在宴请宾朋的时候多一份"友情"的体验。一位清纯、可爱、脸上"写满"幸福的女孩子，依偎在男朋友的肩膀，品尝着他送给她的"水晶之恋"果冻，就连旁观者也会感受到那种"美好爱情"的体验。

（3）思考体验。思考体验是以创意的方式引起客户的惊奇、兴趣、对问题集中或分散地思考，为客户创造认知和解决问题的体验。对于高科技产品而言，思考活动的方案是被普遍使用的。在许多其他产业中，思考营销也已经被用于产品的设计、促销和与客户的沟通等方面。

（4）行动体验。行动体验的目标是影响客户的有形体验、生活形态与互动。行动体验简单说就是"互动"。客户管理是战略性地管理客户对产品或企业全面体验的过程。认为客户关系的本质由一系列个性化的情感交互所组成，需要跟踪检测客户与企业交互过程中各个接触点的动态变化，从而对组织结构进行相应的调整。

（5）关联体验。关联体验是为了改进个人渴望，要别人（例如，一个人的亲戚、朋友、同事、恋人，或是配偶和家庭）对自己产生好感。让人和一个范围较广的社会系统（一种文化、一个群体等）产生关联，从而建立个人对某种品牌的偏好，同时促使使用该品牌的人们形成一个群体。关联营销已经在许多不同的产业中使用，范围从化妆品、日用品到私人交通工具等。

以瑞士名表的一张小小附卡为例：表店在其中一款瑞士表上附一小卡片，上面说明100年后回店里调整闰年，其寓意是在说明该表寿命之长、品质之精，即便是拿它当传家宝也不为过。该表店以此"关联"的寓意来传达商品的价值。

二、 建立与客户接触的渠道

客户体验是一个整体的过程，一个理想的客户体验必是由一系列舒适、欣赏、赞叹、回味等心理过程组成，它带给客户获得价值的强烈心理感受；它由一系列附加于产品或服务之上的事件所组成，鲜明地突出了产品或服务的全新价值；它强化了厂商的专业化形象，促使客户重复购买或提高客户对厂商的认可。一个企业如果试图向客户传递理想的客户体验，势必要在产品、服务、人员以及接触渠道设计等方面有上佳的表现，这才是实施客户体验管理的最终结果。

与客户建立有效接触点，他们的体验可以从以下六个方面产生。

1. 认可

客户希望被当作个体来对待，而不是统一的同质对象，他们希望自己的选择与喜好被重视，其中个性化的称呼就表现了这一点。

2. 服务

由高素质的员工提供的高素质的服务。

3. 方便

客户有需求时用最方便的方式，如打一个电话或点击小程序或通过互动式网络问答，按几个键（而不是无数多个），或一个自助客服就能找到答案，而不是既要打入呼叫中心，又得跑营业厅，还得带各种材料，找很多部门才能办成事。

4. 有益

能让客户的日子过得更轻松、更有意义，客户能通过和企业的接触了解新事物，提高工作效率和生活质量。

5. 信息

现在的客户往往需要对大量信息分析以后才做决定，让其在短短的几通电话中，根据即时信息做决定感觉会不好。

6. 身份

高端客户更喜欢身份被特别化，不愿被等同于普通客户，这时专门的身份标志、服务意识与内容往往很重要。

三、一对一营销

一对一营销步骤

一对一营销，亦称"121 营销""1-2-1 营销"或"1 对 1 营销"等，是一种 CRM 战略，它为公司和个人间的互动沟通提供具有针对性的个性化方案。一对一营销的目标是提高短期商业推广活动及终身客户关系的投资回报率。一对一营销的最终目标就是提升整体的客户忠诚度，关注的是最大价值的客户。"钱包份额"，也就是客户的终身价值，通常用 RAD（retention 保持、acquisition 获取、development 发展）法来实施，并使客户的终身价值达到最大化。

1. 一对一营销的核心内容

一对一营销的核心内容是顾客份额或叫客户份额。顾客份额也可以形象地称为"钱袋份额"。它指的是一家厂商在一个顾客的同类消费中自己所占的比重。这和传统的大众营销有着本质的不同，大众营销注重的是市场份额，而市场份额指的是一家厂商在市场上同类产品销售总额中所占的比重。一对一营销针对的是个体顾客，而大众营销面向的是所谓的市场，即群体顾客。

传统营销经营者认为与单个顾客进行互动是不必要的，而来自某位顾客的反馈也只有当顾客能代表整个市场时才可能有用处，因此用同样的方式为特定市场的每个人生产并交付同样的产品，满足同一种需求。但对营销要求企业必须与顾客互动交流，根据从互动中获得的顾客反馈来提供量身定制的产品或服务。

2. 一对一营销的步骤

一对一营销的执行和控制是一个相当复杂的机制，它不仅意味着每个面对顾客的营销人员要时刻保持态度热情、反应灵敏，更主要也最根本的是，它要求能识别、追踪、记录个体消费者的个性化需求并与其保持长期的互动关系，最终能提供个体化的产品或服务。

企业可以通过下列三步来实现对自己产品或服务的一对一营销。

(1) 识别顾客。"销售未动，调查先行。"拥有每一位顾客的详细资料对企业来说相当关键，可以这样认为，没有理想的顾客个人资料就不可能实现一对一营销。这就意味着，营销者对顾客资料要有深入细致的调查和了解。对于准备实行一对一营销的企业来讲，关键的第一步就是能直接挖掘出一定数量的企业顾客，而且大部分是具有较高服务价值的企业顾客，建立自己的顾客库，并与顾客库中的每一位顾客建立良好的关系，以最大限度地提高每位顾客的服务价值。

1) 深入了解比浮光掠影更重要。仅仅知道顾客的名字、电话号码是远远不够的，企业必须掌握包括消费习惯、个人偏好在内的其他尽可能多的信息资料。企业可以将自己与顾客发生的每次联系都记录下来，如顾客购买的数量、价格、采购的条件、特定的需要、业余爱好、家庭成员的名字和生日等。

2) 长期研究比走马观花更有效。仅仅对顾客进行某次调查访问不是一对一营销的特征，一对一营销要求企业必须从每一个接触层面、每一条能利用的沟通渠道、每一个活动场所及公司每一个部门和非竞争性企业收集来的资料中去认识和了解每一位特定的顾客。

当然，不能狭隘地认为一对一营销的对象仅指产品成服务的最终消费者。例如，一家专门从事制造业的企业，并不直接销售自己的产品，但是它完全可以遵循一对一营销的原则，与营销渠道中的企业和产品需求链中的每一个成员建立起一对一的关系。

(2) 顾客差别化。一对一营销较之传统目标市场营销而言，已由注重产品差别化转向注重顾客差别化。从广义上理解顾客差别化主要体现在两个方面：一是不同的顾客代表不同的价值水平；二是不同的顾客有不同的需求。因此，一对一营销认为，在充分掌握了企业顾客的信息资料并考虑了顾客价值的前提下，合理区分企业顾客之间的差别是重要的工作。

在这一过程中，企业应该选取几家准备明年与之有业务往来的顾客，将他们的详细资料输入企业的顾客资料库；针对不同的顾客以不同的访问频率和不同的通信方式来探询目标顾客的意见；根据评估顾客终身购买本企业的产品和服务使企业获得的经济收益的现值，将企业顾客划分为 A、B、C 三个等级，以便确定下一步双向沟通的具体对象。

(3) 与顾客个性化交流。当企业在对个体顾客的规格或需求做进一步了解时，会发生两方面的活动：公司在学习，顾客在教授。而要赢得真正的顾客忠诚，关键在于这两方面活动的互动。一对一营销的关键成功之处就在于它能够和顾客之间建立一种互动的学习型关系，并把这种学习型关系保持下去，以发挥最大的顾客价值。一对一企业善于创造机会让顾客告诉企业他需要什么，并且记住这些需求，把其反馈给顾客，由此永远保住该顾客的业务。

四、帮助客户

客户的需求一般分为两类：一类是既定客户需求。这类需求在合同约定范围之内，如申办服务、维修服务、送货服务，在电力行业最主要的服务就是送电服务和电网维护服务。对于这类服务，客户的要求一般都比较高，而且希望得到质量稳定、效率高的服务；另一类服务我们称为增值服务或是外延服务，这类服务不属于合同约定范围，是企业通过某些特别优惠的政策，或是客户服务人员通过自身的努力，使客户得到了合同之外的意外惊喜。对于这类服务，可以看作是吸引顾客和建立良好企业形象的主要途径。

那么，作为企业如何帮助客户得到令他们满意的客户服务呢？可以从以下两个方面入手：

1. 帮助客户实现既定需求

满足客户的既定需求是客户服务的基础，是客户评价企业服务质量好坏的基本依据。做好这类工作首先是专业地介绍自己的服务和产品，其次是设定客户的期望值，第三是要促成协议的达成。

（1）专业地介绍自己产品和服务的技巧。要想客户购买我们的产品或是享受我们的服务，客户服务人员必须先要透彻了解自己所提供的产品和服务。在与客户交谈时，能够回答客户提出的所有关于所售产品和服务的一切问题，在关键的时候，可以跟顾客作产品演示或是服务示范。特别是电力服务，属于专业性较强的服务项目，在对客户作这类产品和服务介绍时，必须要有相当的专业水平，要提醒客户安全注意事项，让客户放心于他即将购买的服务或产品。

（2）设定客户期望值的技巧。客户对自己购买的产品或服务一般都存在较高的期望，甚至是一些不可能达到的期望。有些客户服务人员为了尽快地达成购买协议，不惜在客户面前大夸海口，盲目地提高客户的期望值。结果，客户在使用过程中发现与先前的期望相去甚远，便会产生一种被欺骗的感觉，从而再不信任这个产品和这家企业。

所以在提供给客户产品或服务时，一定要实事求是地为客户设定期望值。让客户理智地去选择产品和服务，一旦客户选中该产品和服务后，在使用的过程中不会产生巨大的心理落差，从而利于产品和服务的持续经营。

（3）促成协议的达成。对于具有一定垄断性质的行业如有线通信、无线通信、电力、能源等行业，客户服务人员要尽可能地在比较短的时间内帮助客户达成购买协议，设计一套方便客户，满足客户个性化需求的购买套餐，是迅速促成购买协议的关键。比如中国移动通信公司每年都会针对大客户和普通客户量身定做一些服务套餐，这些套餐不仅在话费上有所优惠，移动通信公司还会给这些享受套餐的客户额外礼物，如高尔夫会员资格、航空公司贵宾资格等，这在很大程度上促成了销售协议的达成。

　　某电网公司为方便房产开发商大客户的新增用电需求，为大客户提供了"一站式"服务。开发商只需按××元/m²的套餐价格支付给电网公司，电网公司则负责把电通到新建的小区门口。这包括对线路的改造、搭建，对于用电负荷比较大的小区还负责修建小型变电站。这一套餐的设计，方便了建设小区开发商的购电需求，同时也提高了电网公司的效率，减少以往的多头销售、协调复杂的销售管理模式。套餐推出后，立即得到了房产开发商这类大客户的欢迎，促成大量购买协议的达成。

　　2. 帮助客户得到外延（增值）服务

　　企业推出购买合同外的额外服务，会使客户得到更大的满足，从而使客户的忠诚度提高，使自己的产品和服务更具竞争力。对于电力行业来说，给客户更多的理解和外延服务，能使企业提高美誉度和社会公信度，使社会广大的消费者愿意选择电作为主要的生活生产能源。电力行业中的外延服务除了赠送礼物给客户外，更主要的是通过情感服务来扩充服务的外延。

　　例如某供电公司的共产党员服务队，无论严寒酷暑，全天24h，只要接到报修电话，保证15min内赶到现场进行免费的维修。夏天是用电高峰，该地区电网已超负荷运行，故障报修特别多，很多维修队常常是中午最热的时候接到抢修任务，可是党员服务队从没有因为天气原因耽搁过一项抢修任务，许多队员因此中暑或病倒，但也没有间断过自己的工作。党员服务队的热情服务得到了社会的认可，他们优良的工作作风成为电力企业服务的一面旗帜。又如某供电公司的客户服务人员为了帮助辖区内的行动不便的老人缴纳电费，每次都亲自将电费单送到老人家中，同时帮助老人察看用电是否安全。这些温暖人心的服务，并不是购电协议中的合同行为，但是当我们电力客户服务人员给予客户时，客户心中都备感温暖，让客户更加信赖电力企业，成为企业的忠诚客户。

练一练

　　(1)（单选）供电营业厅创建的智慧生活体验专区目的是增强客户的（　　　）。

A. 感官体验　　　　　B. 情感体验　　　　　C. 行动体验　　　　　D. 关联体验

　　(2)（多选）增强客户体验的有效接触点包括哪些?（　　　）

A. 认可　　　　　　　B. 服务　　　　　　　C. 方便　　　　　　　D. 有益

E. 信息　　　　　　　F. 身份

　　(3)（判断）一对一营销的关键成功之处就在于它能够和顾客之间建立一种互动的学习型关系，并把这种学习型关系保持下去，以发挥最大的顾客价值。（　　　）

评价反馈

　　请大家根据本次任务完成情况填写综合评价表，见表3-17。

表 3 - 17 　　　　　　　　　　　　综 合 评 价 表

评价项目		评价内容	评价方式	分值	得分
班级：		姓名：	学号：		
线上学习 （20%）	云教材	数字教材阅读时长	【过程评价】 平台数据	5	
	平台资源学习	资源自学完成度		5	
	平台活动和测试	参与线上活动态度与能力		10	
	中华文化小课堂专题	课程思政学习效果反馈点1			
线下实操 （40%）	服务现场环境营造	能使用虚拟仿真进行环境营造	【过程评价】 教师评价60% 组内互评20% 组间互评20%	10	
	客户体验案例分析	能掌握提升客户体验技巧		10	
	客户体验提升	能通过模拟训练提升服务能力		10	
	一对一营销服务	通过正确的实施步骤一对一营销服务		10	
	育心笃行学习情况	课程思政学习效果反馈点2			
任务成果 （20%）	供电营业厅服务 现场布局图	完成案布局图的绘制	【结果评价】 教师评价60% 组间互评40%	10	
	情景模拟视频	模拟场景完成客户业务办理		10	
	思政口袋书记录情况	课程思政学习效果反馈点3			
学习增量 （20%）	个体学业成就	与上个任务成绩对比	【增值评价】 平台数据对比 学生自评	5	
	职业素养提升	服务意识、主动性增强		5	
	师生互动频率	师生互动次数增加		5	
	公益活动参与	公益活动、社会实践参与情况		5	
综合得分				100	

任务 4　诚心改 —— 客户投诉处理

学习情境描述

按照《电力系统营销服务》"1＋X"职业技能等级证书、《客户代表》岗位标准（4-11-01-00）、供电企业《供电服务标准》（Q/GDW 10403—2021）中对客户投诉处理的要求，通过电话服务场景完成客户投诉识别、投诉受理、投诉处理到归档等任务，体会你用电我用心的企业文化，按照投诉工作流程掌握客户服务体验投诉处理的方法，通过真实任务全流程模拟提升客户服务能力。

学习目标

任 务 书

请阅读任务书，见表 3-18，了解本次任务详情。

表 3-18　　　　　　　　　　　任 务 书

任务书	诚心改——客户投诉处理				
学习情境	95598 工作站	任务学时	4 学时	任务编号	任务 3-4
学习形式	理实一体化	学习方法	自主探究法 合作学习法	执行标准	《电力系统营销服务》（中级）"1＋X"职业技能标准
学习资源	数字云教材		学习平台		电力营销业务应用系统
任务描述	95598 电话服务客户投诉受理及处理				
实施过程					

135

任务书	诚心改——客户投诉处理
任务成果	（1）客户投诉工单 （2）情景模拟录音

✍ 任务分组

按每组 4～6 人成立营销班组，学习任务分配表明确班组成员的工作任务，并填写学习任务分配表，见表 3-19。

表 3-19   学 习 任 务 分 配 表

营销班组		班组长	
组员			

任务分工：

💡 任务准备

（1）阅读任务书，了解任务内容。
（2）调研某地区的供电服务投诉率和主要投诉内容。
（3）了解供电服务的投诉渠道都有哪些。
（4）自学在线课程本任务涉及的相关资源。

育心笃行

企业文化之价值理念、战略目标

🎓 任务指导

（1）认真阅读任务单中的任务背景和任务详情。
（2）根据客户投诉内容识别投诉类别。
（3）小组按照投诉处理步骤完成引导任务。
（4）分角色场景模拟，小组互评，多次练习不同投诉类别的处理技巧。
（5）通过反复训练能够应对各种情景和类别的投诉处理。

任务实施

引导问题 1 将课前调研的某地区的供电服务投诉率和投诉内容等情况记录下来。

_____

_____

引导问题 2 客户投诉的渠道都有哪些?

_____

_____

引导问题 3 根据以下案例事件经过进行案例分析,分析其暴露问题,并给出改进措施。填写客户投诉案例分析 1,见表 3 - 20。

表 3 - 20 客户投诉案例分析 1

任务	请对以下事件进行分析
事件经过: 　9 月 6 日 15:00,某供电公司抢修人员在处理故障过程中接到了某小区客户的报修工单。在未与客户联系且未查明故障点位的情况下,该抢修人员自认为客户报修地点与正在抢修地点的故障为同一故障,抢修完毕后,将此工单也一并进行了回复,抢修完成前后均未与客户进行联系。该故障问题长时间得不到处理导致客户不满,并于当晚 19:00 再次拨打 95598 电话投诉抢修超时限问题	
暴露问题:	
措施建议	

⯈ 小 提 示

参考服务规范:

(1) 客户服务意识要强,服务观念要好,接到报修后要及时联系客户,及时联系相关部门进行故障处理。

(2) 抢修指挥部门应对现场抢修服务开展有效监控。

具体措施要求：

（1）加大对客户服务人员的监督考核力度，要求客户服务人员严格贯彻执行各项规章制度，严格遵守抢修时限等供电服务规范，并针对违规事件进行考核。

（2）加大对客户服务人员服务意识的培训力度，以客户为中心，以优质服务为出发点，围绕客户合理诉求，规范服务行为，提升服务意识，强化服务理念，不断提升优质服务规范化水平。

（3）严格按照相关工作要求和规范，解决客户投诉问题，并及时反馈。

引导问题 4 根据以下案例事件经过进行案例分析，分析其暴露问题，并给出改进措施。填写客户投诉案例分析2，见表3-21。

表 3-21   客户投诉案例分析 2

任务	请对以下案例进行分析

事件经过：

客户反映去供电营业厅办理充电桩新装业务时，工作人员让其提供一系列相关手续，第二天客户将相关手续提供到营业厅，工作人员又告知客户由于客户车位是租的，需要客户提供租期超过1年的租赁协议，客户拨打95598投诉，95598以未一次性告知导致客户重复往返下派投诉

暴露问题：

措施建议：

➤ 小 提 示

参考服务规范：

（1）工作人员对客户咨询业务应做到一次性告知，避免客户重复往返。

（2）工作人员应主动引导客户使用"网上国网"新型渠道报装。

具体措施要求：

（1）应加强工作人员业务技能培训，受理用电业务时，应主动向客户一次性说明该项业务需客户提供的相关资料、办理的基本流程、相关的收费项目和标准。

（2）推广"网上国网"线上渠道管理，进一步拓宽服务渠道，提高服务效率，方便客户办理业务。

引导问题 5 结合《供电服务标准》（Q/GDW 10403—2021）列举供电服务投诉类别并举例说明。填写客户投诉类别表，见表 3 - 22。

表 3 - 22   客 户 投 诉 类 别

投诉类别	包括内容	举例说明
服务投诉		
营业投诉		
停送电投诉		
供电质量投诉		
电网建设投诉		

引导问题 6 根据引导问题 3 事件经过判断其投诉类别。

_____

_____

▶ 小 提 示

投 诉 的 分 类

客户投诉包括服务投诉、营业投诉、停送电投诉、供电质量投诉、电网建设投诉五类。

（1）服务投诉。供电企业员工在工作场所或工作过程中服务行为不规范，公司服务渠道不畅通等引发的客户投诉，主要包括员工服务态度、服务行为规范（不含抢修、施工行为规范）、窗口营业时间、服务项目、服务设施、省公司自主运营电子渠道服务平台管理等方面。

（2）营业投诉。供电企业在处理具体营业业务过程中存在工作超时限、疏忽、差错等引发的客户投诉，主要包括业扩报装、用电变更、抄表催费、电费电价、电能计量、业务收费、充电业务等方面。

（3）停送电投诉。供电企业在停送电管理、现场抢修服务等过程中发生服务差错引发的客户投诉，主要包括停送电信息公告、停电计划执行、抢修质量（含抢修行为规范）、增值服务等方面。

（4）供电质量投诉。供电企业向客户输送的电能存在电压偏差、频率偏差、电压不平衡、电压波动或闪变等供电质量问题，影响客户正常生产生活秩序引发的客户投诉，主要包括电压质量、供电可靠性、供电频率等方面。

（5）电网建设投诉。供电企业在电网建设（含施工行为）过程中存在供电设施改造不彻底、电力施工不规范等问题引发的客户投诉，主要包括供电设施安全、供电能力、农网改造、施工人员服务态度及规范、施工现场恢复等方面。

引导问题 7 绘制投诉处理步骤思维导图。

⊞ 小 提 示 （岗位规范）

投诉处理的步骤如下：

（1）受理投诉，首先要道歉。

（2）对事情做出合理的解释，说明原因。

（3）需要对由此给客户带来的不便表示同情和理解。

（4）迅速告知客户的解决方案，并付诸行动。

（5）再次对客户表示歉意；表明我们改进服务的诚意和决心；感谢客户对企业提出的意见或建议。

育心笃行

[QR code]

圣人是如何处理投诉

📖 拓展阅读

老子如何处理客户投诉：

《道德经》："挫其锐，解其纷，和其光，同其尘。"

"挫其锐"，用善巧包容的心迎接化解锐气十足的投诉客户。

"解其纷"，耐心诚恳地解开客户各种质疑和心结。

"和其光，同其尘。"面对客户投诉，言语上与客户同频沟通；情感上与客户共喜忧；立场上与客户求共存；身份上与客户同阶层；行动上与客户同进退；利益上与客户共努力。无论最终结果如何，即便为了维护企业应有的利益，婉拒客户无理要求的同时也不让客户感觉被抛弃。

引导问题 8 完成关于 95598 投诉受理情景的规范应答。填入 95598 投诉类别表，见表 3-23。

表 3-23　　　　　　　　　　　　　　95598 投诉类别

服务情景	规范应答
客户投诉接待	
耐心聆听客户	
分析了解客户问题	
投诉处理	

投诉的受理要点

国网客服中心受理客户投诉时，应初步了解客户投诉的原因，尽量缓和、化解矛盾，安抚客户，做好解释工作。若客户明确表示其权益受到损害，要详细记录客户所属区域、投诉人姓名、联系电话、投诉时间、客户投诉内容、是否要求回访等信息，根据客户反映的内容判断投诉级别，并尊重和满足投诉人保密要求。

在客户挂断电话后 20min 内完成工单填写、审核、派单。

投诉工单处理时限为：24h 内联系客户，4 个工作日内答复处理意见，国网客服中心处理完毕后 1 个工作日内回访客户。

引导问题 9 分析如果引导问题 3 的事件背景发生在供电营业厅，应如何进行投诉处理？

投诉、举报与建议服务规范

投诉、举报、建议、表扬、意见等业务由受理员或营业厅主管提供服务，其行为规范如下：

（1）投诉、举报由供电营业厅主管负责接待，各柜台营业人员在接到客户投诉、举报时应及时通知供电营业厅主管。严格保密制度，尊重客户意愿，满足客户匿名请求，为投诉、举报人做好保密工作。

（2）接待客户时，按先安抚客户后处理事情的原则办理，先安抚客户情绪，对客户心情表示理解和认可，客户在陈述投诉事由时，不得随意打断客户的话，不得与客户发生争执。

（3）了解整个投诉举报事件全部过程后，作好记录并向客户核实。

（4）对因供电企业责任给客户带来的不便和损失应主动向客户致歉，如果当即可以解决处理的，直接向客户解释清楚，提出解决问题的具体方案，若客户不支持该处理方法，在既保证供电企业正当利益又维护客户合法权益的情况下，可采取一个折中的解决方案，并告知客户处理问题的时限，敬请客户监督。

（5）如果现场无法判断或答复解决时，在详细解释后，及时请示领导或请客户留下联系电话，待了解后在规定时限内答复客户，为客户提出解决问题的方案。

（6）在规定时限内完成对客户投诉举报的答复。未能在规定时限内答复客户时，应

主动向客户说明原因、请客户谅解，并说明再次答复的时间。

引导问题 10 列举一般投诉处理和重大投诉处理的不同点。

_____

_____

引导问题 11 使用电力营销业务应用系统完成投诉任务工单，小组互评。

如何稳定
自己的情绪

如何稳定
客户的情绪

引导问题 12 针对任务背景分角色完成情景模拟，录制视频，并互换角色，查找问题，查漏补缺。

_____

_____

📖 **拓展实践**

岗位实践中，运用以下六要六不要原则来处理一次投诉。

一、六要

1. 坐下来说话

研究表明，人的情绪高低与身体重心高度成正比。重心越高越容易情绪高涨，因此，化解情绪的第一要义，是让对方坐下。最好放几组特别矮的沙发，"一坐陷下去，起来很费力"的那种。这样，客户不容易发火。

2. 竟有这种事

激动的情绪，就是在表达：你知不知道，我很生气？你到底知不知道？所以，你要认真聆听，不时点头，积极回应："什么？""竟有这种事！"等等。让客户觉得他的情绪已经被完全感知，他就会恢复平静。

3. 首先要道歉

道歉是必需的。有的人觉得。凭什么？我又没做错。但记住，你不是为自己"错误的行为"道歉（在英文里，这叫 apologize），你是为他"糟糕的体验"道歉（在英文里，这叫 sorry）。不管你有没有错，他不爽，你都应该说 sorry，但是慎用 apologize。

4. 然后要感谢

有时候，感谢比道歉更重要，如："感谢你指出问题，帮助我们改进！"感谢，能够把客户从"负面的对立情绪"中拉出来，投入到"正面的互助情绪"中。在你的真诚感谢下，客户会变得积极。

5. 请您帮个忙

当客户"感受"到你"感受"到他的"感受"后，就要建立良好的氛围。比如，可以说"麻烦你把回形针递我一下"。客户递给你时，你要马上感谢，营造出"合作"的氛围。当然，你也可以请他递笔、递纸巾等。

6. 我有个建议

这时，你们已经建立了"积极合作"的氛围，不再关注"谁对谁错"，只关注"如何解决"。这时，你可以说："我有个这样的建议，您看是不是能解决这个问题？"你就从"化解情绪"，走到了"解决问题"环节。

二、 六不要

1. 不要还击客户

"绝对不可能""这是你的错"，这都是还击。这只能遭到更大的还击，升级对抗。

2. 不要解释开脱

"这是行规，大家都这么做"，这就是开脱。客户会把它理解为还击，理解为不想解决问题，升级冲突。

3. 不要假装幽默

在达成共识前，你的"幽默感"，不但不能缓和气氛，还会让客户觉得你不重视。

4. 不要滔滔不绝

客户来是想表达不满，你就应该选择聆听。千万不要滔滔不绝，他说不爽，气不消，你说再多都没用。

5. 不要戳穿客户

就算客户自己都意识到，是自己的问题了，也不要戳穿客户。没有人愿意当众承认错误。专注于解决问题，而不是谁对谁错。

6. 不要目标不清

注意，"化解情绪"是第一目标，然后才是"解决问题"。

🌱 **相关知识点（"1+X"证书）**

客户投诉或是抱怨是客户对商品或服务品质不满的一种具体表现。现阶段我国社会主要矛盾逐渐转变为人民日益增长的美好生活需要和不平衡不充分的发展之间的矛盾。消费者越来越注重自己的权利，投诉现象已遍及各个服务行业。在公用性行业中，顾客的投诉更是屡见不鲜，并且这种投诉常常被视为带有敌意的行为。投诉必定发生，但如果处理得当，弥补了顾客损失，使顾客感到愉悦，常常能使坏事变成好事。所以，妥善处理客户投诉——补救错误的技巧，是格外值得注意和研究的。

一、 客户投诉识别

客户投诉是指由于产品质量或投诉处理本身没有达到客户的期望，客户向组织提出不满意的表示。根据投诉者当时的心理状况，投诉又有正常投诉和非正常投诉之分。

1. 正常投诉

正常投诉是客户对产品和服务不满意的一种投诉。当客户购买产品和服务时，对产品本身和组织的服务都抱有良好的愿望与期望值，如果这些愿望与期望值得不到满足，心理就会失去平衡，由此产生的抱怨情绪和要"讨个说法"的行为，就是客户的正常投诉。

2. 非正常投诉

非正常投诉是指在非正常心理支配下，投诉者采用非正常手段和方法，并通过非正常渠道，向组织提出超过或高于法律、规章、政策、惯例及双方约定的要求，并使组织难以实现或根本无法实现，因此对组织产生负面影响，甚至造成重大损失的投诉。

投诉是正常的，任何企业都会遇到。但对于过高的、无理的要求，以及伴随而来的种种非正常表现如果处理不当的话，就会发展为非正常投诉，它常常会给企业带来巨大的危害。

二、 客户投诉的主要原因

若想有效地处理投诉，必须先了解为什么会发生投诉，只有明确了投诉发生的原因，才能对症下药，找到解决的办法。从根本上来说，投诉是客户因公司产品和服务质量没有达到期望值而提出不满意的表示。将客户投诉产生的原因进行分类，不外乎企业方面的原因、客户方面的原因以及社会方面的原因三个方面。

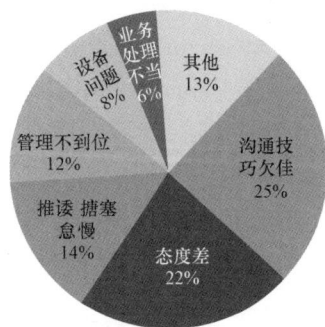

图 3-2　某供电企业服务质量
客户投诉涉及业务分类

1. 企业方面的原因

某供电企业服务质量客户投诉涉及业务分类，如图3-2所示。

（1）产品质量存在缺陷。产品缺陷是指产品存在危及人身、他人财产安全的不合理的危险；产品有保障人体健康和人身、财产安全的国家标准、行业标准的，是指不符合该标准。产品质量缺陷，具体可分为假冒伪劣产品、标识不当的产品和质量有缺陷的产品。企业制造或销售质量存在缺陷产品，不仅消费者可以向企业投诉、索赔，国家有关的质量监督部门也要处罚企业，构成犯罪的，企业还将被依法追究刑事责任。在所有的投诉类型中，由于商品质量的原因而进行投诉的客户占了大多数。尽管客户能够理解商品不可能完美无缺，不可能满足每一个人的需求，但是他们还是会因为这个原因进行投诉。

（2）服务质量存在问题。服务既包括有形服务又包括无形服务，如电信、电力、保险、出租车服务、旅游等与人民群众的生活息息相关的服务。服务型企业的服务质量不到位或生产型企业的售后服务不到位，都会引起客户的投诉。常见的客户投诉主要发生在：

1）态度方面。一味地推销，不顾客户反应；只顾自己聊天，不理客户；紧跟客户，像在监视客户；客户不买时，马上板起脸等。

2）言语方面。不打招呼，也不答话；说话过于随便；言语不当等。

3）销售方式方面。不耐烦地把展示中的产品拿给客户看；强制客户购买；对有关产品的知识一无所知，无法回答客户的咨询等。

4）售后方面。售后未跟进客户需求，不兑现保修服务，不能为客户提供技术支持等。

随着我国电力体制的改革，供电企业越来越意识到服务的重要性，确立了"服务制胜"的战略，以周到、优质的服务作为自己的竞争优势。

（3）广告宣传或销售承诺误导。不少公司为了获得客户，做出一些无法兑现的承诺。例如，将终身免费服务、出现故障致电1h内排障等作为产品的卖点大肆宣传，而在实际的售后服务中却因各种理由无法兑现承诺，让一些客户感觉受了欺骗，进而投诉企业。另外，一些企业为了宣传产品，赢得客户的关注，会过度宣传产品的优点，但是广告宣传过了头，就会误导客户。

（4）投诉管理机制缺失。投诉管理机制缺失主要表现在：缺乏明确的投诉管理办法和流程，一线人员没有足够的后台支撑，部门沟通、协作不畅；已有投诉不能通过反馈意见、针对性改善的闭环管理予以消除或减少，造成大量重复投诉，耗费资源；不能有效应对公关危机，造成投诉面扩大和升级。

由于机制障碍，客户有疑问后经常会产生"不知道应该找谁"的困惑。有责任心的一线人员愿意承担责任，他们会在接到客户投诉后立即全力以赴地解决问题。如果客户感觉客户服务人员在处理抱怨时是没有诚意的敷衍，甚至不负责任，他们可能会大肆进行负面宣传。

（5）一线人员工作不到位。不少客户服务人员面对客户的抱怨时经常会一味地向客户解释或者辩白，这样只会浪费时间，令客户更加反感。倾听客户的抱怨，不要和他们争辩，即使他们说得不对也要等他们讲完，再心平气和地跟他们解释，这样既满足了客户的心理需要，又了解到一些相关的信息，可以及时调整服务策略，将有价值的信息及时反馈给公司。

2. 客户方面的原因

（1）客户对产品和服务的期望值过高。在瞬息万变的市场环境中，产品和服务会在不同层次的市场中转移，当一种产品和服务开始由高端市场转向中低端市场时，由于产品和服务本身质量的下滑，固有的高端客户会因为产品和服务质量问题而进行投诉，而中低端客户同时又会因为对其心理预期过高而进行投诉。

（2）客户素质差异。素质高、修养好的客户，处理问题比较客观、冷静，即使因需求无法得到满足而进行投诉，也会比较理智，一般不会使矛盾升级，但会影响其今后的购买行为。素质低、修养差的客户，往往斤斤计较，稍有不满就会投诉，如果投诉解决不好，还会使投诉升级。

3. 社会方面的原因

（1）政府引导消费者主动维权。"12315"热线的开通及政府相关部门对消费者维权政策的宣传，促使消费者自觉维权意识高涨，各方面针对企业的投诉自然会有所增加。

（2）社会信用缺失。某些不良企业和经营者欺诈消费者，得逞后人去楼空，换个地方继续行骗，造成消费者对商家有戒备心理，增加了沟通难度；某些消费者恶意投诉，以投诉之名，行敲诈勒索之实，因为没有社会信用的记录，有恃无恐，成为让商家头疼的"钉子户"。

4. 供电企业原因

供电企业导致客户抱怨的原因主要有以下几个方面：

（1）提供的电能品质不佳。如终端电压合格率偏低，供电可靠性差。

（2）提供的服务态度欠佳。如举止不符合礼仪规范，工作时与同事聊天，冷落客户。

（3）服务效率低。比如急修服务不能及时到位，恢复供电过程长等。

5. 工作质量差

如电费计算出现差错给客户造成损失；错误停电等引起麻烦；业务知识缺乏，不能满足客户的询问等。

6. 缺乏语言技巧

比如不打招呼，口气生硬，随意打断客户说话等。

7. 服务不方便

如电费收缴方式烦琐、不方便。

三、 有效处理客户投诉的意义

要正确处理客户投诉，首先应对客户投诉有一个明确的认识。客户投诉是企业改进的机会，其中隐藏着无限商机。投诉时客户对商家的评价是一种重要的信息。对于投诉，要承认它本身所具有的"财富"价值，这些价值可以使商家更清楚地认识到自己的不足。当你意识到自己需要改进时，就应当感谢客户的投诉。

客户投诉至少可以对企业产生如下三个方面的积极意义：

1. 有效地处理客户投诉有利于企业的进步

客户的反映如同企业的一面镜子，企业只有正确地对待"镜子"里面的形象，才能使企业的形象更加美好。"忠言逆耳利于行，良药苦口利于病"，那些向企业提出中肯意见的人，都是对企业依然寄予期望的人，他们期望企业的服务得到改善。

此外，在客户的投诉中，企业还能发现商机，发现市场的空白点，使企业抢占先机，获得优势竞争力。比如，海尔公司收到有的客户反映关于洗衣机容量过大，存在资源浪费的情况，公司非常重视这项意见，并研制出了适合小家庭或单身人士的"海尔小神童"洗衣机，该款洗衣机一经推出，大受市场欢迎。

重视客户的投诉在某种程度上让企业不偏离"以市场为导向，以客户为中心"的经营理念，让企业澄清客户的真正需求，尽可能地消除差异，争取使服务更贴近市场。

2. 有效地处理客户投诉是维系客户关系的有利契机

客户关系是一个企业的重要资源，特别是老客户对企业的贡献尤为巨大。据统计，一般公司每年平均流失 10％ 的老客户，而获得一个新客户的成本是保留一个老客户的 5 倍。维护稳定的客户关系，降低客户流失率对企业来讲是至关重要的。老客户的投诉是和企业的一次沟通，若企业处理得好，会使关系更为密切。若由于企业的懈怠得罪了老客户，企业不仅丧失客户资源，还可能引起连锁反应，使企业的公信力受到影响。

3. 有效地处理客户投诉是提高企业诚信度的契机

通过调查发现，提出抱怨的客户，若问题得到圆满的解决，客户重购商品和服务的机会大大增加，其忠诚度会比从来没有抱怨过的客户更高。一项调查表明企业处理投诉的效果对客户的流失率的影响是很大的。客户流失率与投诉处理的关系分析表，见表 3-24。

表 3-24 客户流失率与投诉处理的关系分析表

项目：不满意客户对再次购物的选择		
客户分类	保留的客户比率（％）	流失的客户比率（％）
不投诉的客户	9	91
投诉后未得到解决的客户	19	81
投诉得到解决的客户	54	46
投诉被迅速解决的客户	82	18

通过表可以看出，客户投诉和客户的流失并没有直接关系，而企业处理投诉的效果将直接影响客户的去留。客户的投诉被解决得越快，客户关系将被维系得越牢固。一次圆满的投诉处理，会赢得客户争相传颂，为企业赢得良好的公信力，使企业获得更多的客源。反之，将使企业蒙受损失。

客户的投诉是给企业的一次机会，让企业重新建立它的诚信度。所以，企业不应当惧怕或是厌恶客户的投诉，应当正视客户的投诉，为自己重赢声誉。

四、 一般投诉的处理技巧

俗话说"百密一疏"，再优秀、再规范的企业都不能保证自己的产品和服务没有任何缺陷，遭遇投诉并不可怕，关键的问题是我们如何处理，保证给客户一个满意的解决。其实绝大部分的投诉都是比较好处理的，称之为一般投诉。但一般投诉也不能随便对待，因为一旦升级变为重大投诉，将给企业带来更大的麻烦。总结一般投诉的处理技巧主要有以下六个方面：

客户投诉的
处理技巧

1. 让客户发泄

对待前来投诉的客户，要诀是"先处理心情，后处理事情"。当客户烦恼时，他们想要做两件事：首先，他们需要充分地表达自己的感情；然后，他们希望解决问题。这时客户服务人员要做的不是阻止客户的发泄，而是态度诚恳地耐心倾听，因为阻止客户

的发泄会引来客户更大的愤怒。在实际生活中有这样一个例子：某航空公司的飞机因天气原因不能按时起飞，有名乘客情绪激动地向空勤服务人员诉说着自己的不满并要求赔偿，这位空姐一言不发，只是认真地听，脸上露出关切和理解的神情。结果，几分钟后，乘客安静了下来，向空姐说了声"谢谢"，心情平静地去候机室等待飞机的再次起飞。这位空姐只是用"听"就化解了一次矛盾。

2. 避免负面情绪的牵引

与挑剔顾客之间的摩擦经常会因客户服务人员不理解他的行为而使事情变得更糟。例如，面对一个挑剔的顾客，客户服务人员如果这样想："怎么遇上这样不讲理的人！"又如，面对情绪激动、剑拔弩张的客户，客户服务人员直接把这种抱怨当作对自己的攻击，客户服务人员的上述行为就是已经被负面情绪所牵引，他对待客户的方式就会被负面情绪扭曲，可能会对客户产生敌意或过激行为。避免这种负面情绪的有效方法就是把自己当作第三方，对情绪激动的投诉客户，在心里对自己说，"他为什么这样气恼，我们能帮助他吗？"这样，就能更理性地解决问题。

3. 表达对客户的理解

简要真诚地表明对客户的理解，能让客户觉得与你产生共鸣，客户会平静下来，坦诚地与你交换意见，为进一步解决矛盾提供了良好的平台。

4. 积极解决问题，尽量寻求折中方案

帮助客户澄清问题的症结所在，站在客户的立场上快速解决问题，不要过多地占用客户的时间。在协商处理方案时，尽量做到要使客户满意同时自己企业也能满足，一旦方案形成，企业就应全力完成。

5. 跟踪服务

企业通过对客户的跟踪服务，如打电话、发邮件等回访方式，了解解决方法是否有效，并根据回访结果调整自己的方案，力求达到最理想的效果。

五、 重大投诉处理的技巧

与一般投诉相比，重大投诉处理的难度较大，若处理不好，往往会给企业带来严重的后果。重大投诉一般包括：大客户（VIP 客户）投诉，高额赔偿投诉和群体性投诉。面对这些重大投诉，必须谨慎地处理，尽量能够圆满地解决投诉。处理重大投诉常用的技巧主要有：

1. 真诚道歉

正视自己的错误，勇于承担责任，这是一个优秀企业应当具备的特质。如果因为自己的失误给客户造成了损失，企业应当向客户道歉。对于重大投诉的道歉方式主要有以下 3 种。

（1）登门道歉。这种方式常见于对老顾客的投诉，企业接到老客户的投诉必须引起高度重视，力争在最短的时间内查清事件的真相，然后，企业派客户服务人员或是高级主管到老客户驻地道歉。这样，企业表示出了对客户的尊重和对投诉的重视，同时利用造访之际与老客户加强联系与沟通，消除因投诉而引发的隔阂。

（2）书面道歉。接受投诉后，以信函方式回致歉意也是一种好方法。

节选某公司的致歉信如下：

尊敬的客户：

感谢您告知对我们公司……不满意，对您所遭受的损失，我们深表歉意。我们会对客户的忧虑积极作出答复，并且非常重视使用的特殊……程序。我们真诚地希望能继续为您服务，期待能再次接待您。

（3）公开致歉。对于公用性服务行业，如供电行业，服务遍及社会的每个角落，工作稍有疏忽便容易导致规模较大的群体投诉。处理这类投诉，可以利用公共媒体来表达歉意，同时消除由投诉带来的消极影响。

2. 积极处理事件，化敌为友

一般重大投诉发生后，客户可能对企业带有明显的敌意，对你的解释充满怀疑。这时，企业不应该感到灰心，应该拿出更为积极的姿态，重新与客户建立好关系。在服务过程中，有一些有助于弥补损失而且事半功倍的方法，如：为客户准备些小礼物，作为给客户弥补损失的赠品。所谓"扬手不打笑脸人"，投诉的客户心情会平静不少。也可以把弥补客户损失当作一次促销活动。例如，可以赠送免费礼券，希望客户在购买电能时少支付一部分价格。及时地向客户通报投诉结果，办事效率高往往能给人留下好印象。投诉处理事件的时间越短越容易消除客户的不满。

3. 谨慎处理恶意投诉，尽快澄清事实真相

大多数客户的投诉是因为自己购买或是接受了不合格的产品和服务。而有的投诉却是冲着高额赔偿或是其他不正当目的来"要挟"企业。遇到这种情况，企业最好将这类投诉由客户部转到法律事务部，依法处理，使企业不至于遭受无谓的损失。

另外，由于供电企业是公用性服务行业，还容易遭到"误投诉"。例如，某城市的交通指挥灯停电事件。××××年3月的一天，某城市的出城要道上的交通指挥灯全部停电，引起了多起交通事故和交通大拥堵。供电部门遭到群体投诉，认为停交通指挥灯的电是供电企业的不当行为。引起了社会媒体和政府的关注，最后事情的真相是：交通指挥灯的主管单位已欠供电公司电费高达60万元，供电公司多次催讨未果，出于止损目的才拉闸限电。真相一出，澄清了停电的原因，公众谅解了供电公司的行为，交通指挥灯的主管单位迅速补缴了拖欠电费，交通指挥灯重新亮了起来，事情圆满解决。供电公司若不及时澄清真相，很可能遭到群众的误解，影响公司的形象。

六、 电力企业投诉处理

随着中国的供电企业服务水平不断地提高，供电企业也越来越强调营业服务的规范化。在服务活动的过程中，客户投诉在所难免，如何以职业化、规范化的姿态去处理客户投诉呢？

1. 电力投诉的一般程序

在日常工作中常见的电力投诉有对营业人员服务态度的投诉、停电投诉、电费差错投诉、报修维修服务的投诉、电能表异动投诉以及安装输电设备投诉等。总之，在服务的各个领域都有产生投诉的可能，本着对客户负责的态度，对每一项投诉都必须规范接待。

2. 电力投诉的主要工作内容及处理时限

有了明确的客户处理流程，为了确保投诉处理的效率，处理投诉更加规范，避免办事拖拉、对待投诉久拖不决，供电企业要明确规定出处理投诉的工作内容和每项内容完成的时间。某省电网公司投诉处理流程中工作内容及要求，见表 3 - 25。

表 3 - 25　　　　　　　　　某省电网公司投诉处理流程中工作内容及要求

业务流程	工作内容及要求	工作时限
客户投诉受理	投诉受理人员受理投诉，审核投诉内容及资料说明，填写《客户投诉（纠纷）处理单》，产生查询号，现场投诉的发给《客户登记证》，电话投诉的告知查询单号	当天
调查处理	根据投诉内容将投诉信息转相关部门调查处理。各部门处理后将意见反馈至客户服务中心或供电营业厅处理	10 天
答复	营销业务人员将处理意见通知客户	1 天
资料归档	档案管理人员对资料整理归档	1 天

练一练

（1）（多选）客户投诉的主要原因一般包括（　　　）。

A. 企业方面　　　　　B. 客户方面　　　　　C. 社会方面　　　　　D. 竞争对手

（2）（多选）以下哪种情况属于投诉？（　　　）

A. 公司有责且用户不认可　　　　　　　　B. 公司无责，且用户认可

C. 公司有责且客户认可　　　　　　　　　D. 公司无责，但用户不认可

（3）（判断）正常投诉与非正常投诉之间没有联系，且不会转化。（　　　）

评价反馈

请大家根据本次任务完成情况填写综合评价表，见表 3 - 26。

表 3 - 26　　　　　　　　　　综 合 评 价 表

班级：		姓名：		学号：		
评价项目		评价内容	评价方式	分值	得分
线上学习 （20%）	云教材	数字教材阅读时长	【过程评价】 平台数据	5	
	平台资源学习	资源自学完成度		5	
	平台活动和测试	参与线上活动态度与能力		10	
	中华文化小课堂专题	课程思政学习效果反馈点 1			
线下实操 （40%）	投诉识别	能识别客户投诉类别	【过程评价】 教师评价 60% 组内互评 20% 组间互评 20%	10	
	投诉受理	能完成客户业务受理		10	
	投诉处理	使用正确的方法处理客户异议		10	
	客户答复	服务时限内完成客户答复		10	
	育心笃行学习情况	课程思政学习效果反馈点 2			

评价项目		评价内容	评价方式	分值	得分
任务成果 （20%）	客户投诉工单	正确填写客户投诉工单	【结果评价】 教师评价60% 组间互评40%	10	
	情景模拟录音	模拟情景完成客户投诉答复		10	
	思政口袋书记录情况	课程思政学习效果反馈点3			
学习增量 （20%）	个体学业成就	与上个任务成绩对比	【增值评价】 平台数据对比 学生自评	5	
	职业素养提升	服务意识、主动性增强		5	
	师生互动频率	师生互动次数增加		5	
	公益活动参与	公益活动、社会实践参与情况		5	
综合得分				100	

任务 5 温心待——突发事件处理

学习情境描述

本任务为客户互动管理中综合能力的体现——学会处理客户服务中突发事件，以供电营业厅为服务场景，结合《客户代表》岗位标准（4-11-01-00）中对于突发事件的处理要求，通过案例分析、任务学习、情景模拟等掌握各种突发事件的解决策略和处理技巧。提升客户服务人员分析问题、解决问题以及应变能力等综合能力。

学习目标

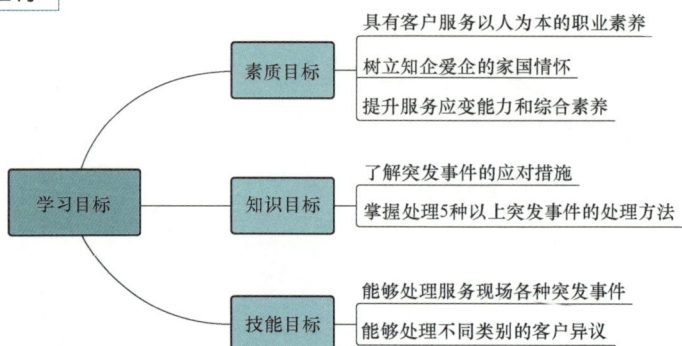

任务书

请阅读任务书，见表 3-27，了解本次任务详情。

表 3-27   任 务 书

任务书	温心待——突发事件处理			
学习情境	供电营业厅实训室	任务学时	4 学时	任务编号	任务 3-5
学习形式	理实一体化	学习方法	自主探究法 合作学习法	执行标准	《电力系统营销服务》（中级）"1＋X"职业技能标准
学习资源	数字云教材	学习平台		电力营销业务应用系统
任务描述	（1）新闻媒体、律师等来访时事件处理 （2）客户在营业厅发生意外时的处理 （3）遇到无理取闹的客户时的处理 （4）电脑或系统出现故障、突然停电时的处理 （5）客户排队数量激增时的处理			

任务书	温心待——突发事件处理
实施过程	
任务成果	(1) 突发事件处理方案 (2) 情景模拟视频

任务分组

按每组 4～6 人成立营销班组，明确班组成员的工作任务，并填写学习任务分配表，见表 3-28。

表 3-28　　　　　　　　学 习 任 务 分 配 表

营销班组		班组长	
组员			

任务分工：

任务准备

（1）阅读任务书，了解任务内容。

（2）思考服务现场突发的意外事件都有哪些。

（3）通过国网学堂等网站了解供电营业厅营销班组在应对突发事件中的团队作用。

（4）自学在线课程本任务涉及的相关资源。

育心笃行

电力企业文化
建设：我的班组
我的家

任务指导

（1）认真阅读任务单中的任务背景和任务详情。

（2）根据查阅资料或岗位实践列举服务现场可能发生的突发事件都有哪些。

（3）根据任务内容小组讨论并制定处理方案。

（4）对于非合理要求客户服务人员学会拒绝客户。

（5）分角色场景模拟，小组互评，多次练习不同情境的突发事件处理技巧。

任务实施

引导问题 1 反馈课前调研供电营业厅应对突发事件的应急预案情况。

_____

_____

引导问题 2 列举不少于8种以上的供电营业厅突发事件。

_____

_____

引导问题 3 根据以下案例事件经过进行案例分析，分析其暴露问题，并给出改进措施，填写突发事件案例分析表，见表3-29。

表 3-29　　　　　　　　　　　　突 发 事 件 案 例 分 析

任务	请对以下案例进行分析
事件经过	
某日14：10，某客户到达营业厅办理更名业务。为不影响下午工作，客户想在15：00前办理完成。营业厅共有两个窗口，但只有1号窗口有工作人员且正在给其他客户办理业务，办理过程中工作人员多次打电话询问业务办理流程。由于等待时间过长，该客户多次询问，工作人员只答复"请稍等，这会儿就我一个人。"直至14：40还未能办理业务，客户表示非常不满意	
暴露问题	
措施建议	

岗位要求：

（1）营业厅排班管理应根据实际情况制定预案，避免现场服务质量无法满足客户需求的情况。

（2）工作人员服务规范要严格落实，比如现场业务办理时间不能超过20min，如遇特殊情况，需及时向客户致歉，做好解释工作。

具体措施：

（1）营业厅的班组管理合理化。逐步建立更为合理的排班制度，提高人员利用率、有效化解高峰时期服务压力，特别是重要岗位应及时调配备班人员参与厅内服务。

（2）应加强营业厅人员业务技能培训，提高服务能力和水平。

引导问题 4 制定客户表现出激动情绪时的突发事件处理方案。

小 提 示

（1）遇到无理取闹的客户，首先应主动热情引导至洽谈室或办公室耐心解释，根据需要可请公司信访接待或保安协助处理。

（2）当客户的要求与政策法规相悖时，要向客户耐心解释，争取客户理解，不能与客户发生争执；当客户过于激动时，可由专人接待并做好进一步解释工作。

（3）若出现打、砸、抢、围攻等紧急情况，可直接拨打110求助解决。

引导问题 5 制定新闻媒体、律师等来访时突发事件处理方案。

小 提 示

（1）当政府相关机构、律师、新闻媒体等来访时，客户服务人员应礼貌接待，并立即报告营业厅主管，不随意发表言论。

（2）营业厅主管应立即了解来意，并视情况上报有关部门进行接洽。

（3）当来宾问询有关情况时，应遵循"一口对外"的信息发布原则，可告知："您好，我公司有相关部门来处理您的需求，我们已通知，请您稍候！"

引导问题 6 制定客户在营业厅发生意外时的处理方案。

客户在营业厅突发疾病或发生意外时，应建议并安排客户到业务待办区休息，必要时征求客户意见后拨打 120 急救电话，同时立即通知客户家属。

引导问题 7 制定遇到无理取闹的客户时的处理方案。

引导问题 8 制定电脑或系统出现故障、突然停电时的处理方案。

小 提 示

系统出现故障时：

（1）个人终端出现问题时，客户短时间内可以解决的，应请客户休息等待；短时间内无法解决的，客户服务人员应向客户礼貌告知，请其到其他柜台等候办理，并在柜台显著位置放"暂停服务"牌。

（2）系统出现故障时，客户服务人员立即向营业厅主管汇报，及时排除故障。故障期间应手工记录客户的业务需求，待故障排除后再行办理。

营业中突发停电时：

（1）当出现临时停电时，客户服务人员向客户礼貌告知，立即向营业厅主管汇报，营业厅主管应组织客户服务人员向客户说明情况，疏导和缓解客户的情绪，在柜台显著位置放"暂停服务"牌。

（2）营业厅主管应及时联系相关维修人员进行处理，将恢复供电时间等信息告知等候中的客户。

（3）若营业厅大门只有电动门时，客户服务人员立即开启应急手动门，或关闭电动门电源开关后，用手推开电动门，确保通道畅通。

（4）恢复用电后，客户服务人员将"暂停服务"牌取下，并正常营业。

引导问题 9 制定客户排队数量激增时的处理方案。

小 提 示

客户排队数量激增时。

（1）客户持续等待时间超过 20min 时，客户服务人员应立即向营业厅主管汇报，并对等待客户进行分类疏导。

（2）营业厅主管应妥善处理，分流排队人群，安排客户服务人员引导客户使用自助服务设施，必要时视情况增开柜台。

（3）营业厅主管要安排客户服务人员做好现场秩序维护，增调客户服务人员及时疏导客户情绪，避免引起排队混乱。

引导问题 10 作为电力客户服务人员，什么样的情景你会选择拒绝客户？

_____

_____

引导问题 11 针对客户对办理中出现异议应如何应对？

_____

_____

引导问题 12 各小组针对任务内容选择 3 个情景进行角色扮演，完成情景模拟，录制视频，检测制定方案的可行性。

_____

_____

育心笃行

[二维码]

好心态成就
好工作

📖 拓展阅读

一元钱的愤怒

1. 案例内容

某年正月初八下午临近下班时，某公司营业厅迎来了一名怒气冲天的客户李某。此人等不及自动门打开，两胳膊用力强行推开自动门，来势汹汹进入营业厅。客户服务人员看此情景，顿觉不妙。

果然，未等营业厅客户服务人员开口，那位顾客立马将手中的电费单和催交单摔在柜台上，另一手抓起柜台上的"业务受理"标示牌砸向电话机，标示牌顿时四分五裂地躺在了柜台上、地面上，惊动了正好前来营业厅检查工作的客服中心王主任，王主任立刻从办公室大步走出来，"不用着急，小伙子，你有事请慢慢讲！"王主任一边安抚李某，一边拿起柜台上的发票，仔细地观看。"我一月份电费，凭什么要多交一元钱，还收到停电单？"李某一边转着圈一边大叫着，随手脱下棉衣摔在柜台上，顺手拿起柜台前的椅子狠狠地往墙角砸去，"咣！"一声响，不锈钢垃圾桶倒下了，大厅里的气氛也随之更加紧张起来。"你不要激动，这样对你身体不好！"王主任一把拉住李某，"你看，你这是一月份电费单和电费催交通知单，这可不是停电单！"王主任拿起电费发票和电费催交通知单送到李某眼前，"这是电费催交单！"李某看了看，又气势汹汹问道："凭什么多交一元钱？"王主任从容地问道："请问你有交费卡吗？""什么交费卡，我没有！"李某很不开心地回答着。营业厅客户服务人员递了一张空白的交费卡，"你看，这是一张交费卡，这卡背面写得很清楚，你交费时间应该在单月16日至月底，你已经超过交费期了，按照规定必须要交纳一元滞纳金。"王主任一边指着卡，一边认真地讲着。李某接过卡，仔细地看了看说道："这卡我没有！没人发给我。""这卡应该由物业发给你，你没有拿到，应该去找物业部门，而不应该冲我们发火。我们今天先帮您补张卡，今后请您按时缴纳电费。"王主任不紧不慢地说道。李某接过卡不好意思地说，"我没卡，不知道规定。""记得穿上你的棉衣，防止着凉！"王主任笑着讲道："有事情，您慢慢说，不要过分激动，看，这不解决了嘛！以后要记牢啊！"李某边穿棉衣边向营业厅门口走去。

2. 案例分析

客户的过激行动，损坏了公物，影响了营业厅的正常工作秩序，给其他客户一个印象：到供电公司办事只要狠就行，管它有理无理。这一点必须引起领导的注意，千万不能让客户有这样的想法。领导亲自妥善积极处置，迅速息事宁人，化解了矛盾，也给其他顾客传递了信息，有理走天下，供电公司的服务是规范的，是严格按章办事的。催缴电费工作如何做？如何让客户主动按期交纳电费？

3. 案例点评

对损坏的公物是否要求照价赔偿，值得商榷。营业厅保安人员不够敏锐，形同虚设。应加强保安人员的责任心，同时应具备必要的素质。目前出租经营户较多，一方面由于房主和租户间就电费缴纳问题交代不清，另一方面租户没有主动按时交纳电费的意识，所以造成许多经营户不能按期交纳电费，从而带来一些对供电企业的不满。要改变这一现象，一要加强广泛宣传，二是抄表人员或用电检查人员现场服务时，多与客户交流，让客户知晓按时交纳的意义，提高电费回收率，减轻抄收人员催缴电费的工作量。

相关知识点（"1+X"证书）

供电营业厅作为供电企业的窗口，每天要接待各行各业的客户；供电企业作为服务性行业，每时每刻都在接受社会的监督。营业厅发生突发事件不可避免，所以怎样处理突发事件显得尤为重要。

服务意识的三种境界

一、 突发事件解决策略

1. 新闻媒体、律师等来访时

首先，要礼貌对待媒体或律师，稳住场面，及时汇报领导，让专门的部门来处理，不随意接受采访，不随意回答问题。其次，永远不要对任何媒体、律师说"无可奉告"，一定要在媒体、律师面前表示出对自己企业的热爱。最后，切忌：保持沉默、态度不愠不火、漠不关心、掩盖事实、推诿他人，没有统一的信息源，甚至反唇相讥。

突发事件的应急处理

应对新闻媒体、律师等的话术重点：

先生/女士：您好！烦请您先到我们的大客户室稍等片刻，我们相关的工作人员会尽快为您解答，感谢您的支持！（营业厅人员不是专业的应对媒体、律师的工作人员，即使知道问题的真相也不能随意回答，一定要稳住记者、律师，尽量引导离开公共场合，到办公室或者大客户室比较隐蔽的场所，等专业人员的到来，他们再进行回答）。

2. 老弱病残客户到营业厅办理业务时

应提供特别照顾和帮助：主动上前询问，根据客户需要代为办理相关业务，并提醒客户留下联系地址或电话，方便以后提供上门服务。对听力不好的客户，应适当提高音量，放慢语速。当残疾人或行动不便的客户办完业务准备离开营业厅时，要主动提供帮助。对确实需要帮助照顾的客户，建立帮扶对象，定期上门服务。

3. 客户在营业厅发生意外时

若客户感到身体不舒服时，可建议并安排客户到休息区休息。如果情况严重，应立即拨打120急救电话，根据实际情况采取急救措施，同时通知病人家属。若客户在营业厅意外摔伤、划伤等，应首先帮客户处理伤情，并搀扶至休息区，再根据实际情况作进一步处理。注意客户意外跌倒时，要进行观察，视情况是否扶客户起身。若客户在营业厅现场昏厥时，不要破坏现场，不要随意挪动客户，更不能随意给客户吃药，第一先拨打120，然后汇报领导。

4. 遇到无理取闹的客户时

应先礼貌地请客户到接待室内，耐心、周到、细致地向客户解释并尽力解决问题。根据需要可请公司信访接待人员或保安协助处理，紧急情况可拨打110求助。

分析该客户无理取闹的原因，将该客户作为重点关注对象，其信息进行交接班。如果是因为对新政策的不理解，则在以后的工作中应加强对新政策的宣传工作，务必做到广而告之。让客户先了解政策，慢慢消化，避免激化矛盾，引发聚众闹事。

二人及以上客户来营业厅闹事的应对要点：

解决事情的主要矛盾和关键人物，辨别出关键人物或者带头闹事的，引导至大客户室或者办公室，不要在公开场合各执一词，也不要在公开场合和谈，可能性非常小，如果确实比较棘手，超出了营业厅窗口人员的处理范围，及时汇报上级领导处理，切记不要激化矛盾。

5. 营业厅多人同时离岗或因特殊情况离开岗位或暂停受理业务时

因特殊情况必须暂离岗位的分轻重缓急，错时离岗办理，须摆放"暂停营业"标识牌。暂离岗位必须征得当班管理同意。营业厅禁止营业人员多人同时离岗。如发生此现象，立即启动应急预案。

6. 突然出现大量客户办理业务时

因政策性引起大量客户到营业厅办理业务，应做好引导工作。在政策施行前，首先要做好营业厅客户服务人员的业务培训，提高新业务办理的速度；政策施行当天，在营业厅营业前，公布办理该项业务的业务办理指南，印制并发放相关宣传资料。客户通过宣传资料可以了解该项业务办理的流程、所需资料以及是否必须办理该项业务，从而减轻营业柜台业务办理的压力。

非政策性引起大量客户到营业厅办理业务，如月末电费交费期，应畅通交费通道，多渠道并举，关键在于平时的宣传，完全可以避免月末大量客户到营业厅交纳电费的情况。其他非政策性引起大量客户办理业务，应做好引导工作，营业厅主管应启动应急预案。

应急预案主要包括：

一是窗口实行 $n+1$ 模式，当窗口人员突增时，要协调后天人员尽快转前台至少一名工作人员，接待客户办理业务；二是引导员要进行合理的分流，如果是咨询的在引导台解决，打单、缴费、打发票简单业务可以临时安排一个窗口办理，缩短这一部分客户的等待时间，业扩报装的用户可以告知他们，不好意思，由于今天客户数量较多，虽然我们已增加窗口人员和做了相应的应对措施，不过等待时间可能还会比较长，很抱歉，让您久等了，感谢您的配合和支持！

7. 电脑或系统出现故障、突然停电时

在营业厅公告故障原因和可能恢复时间。营业人员应对客户做好解释工作，取得客户谅解，并请客户在休息区休息等待。主管应咨询相关部门，了解原因并告知全体营业人员，若短时间内无法解决故障时，如果能确定故障排除时间，可通知客户在故障排除后再来办理；如果有可以手工办理的业务，可指导客户填写相关表单，待故障排除后再录入办理。

营业厅设备硬件出现故障的异常对应要点：

短时间的故障要告诉客户："不好意思/很抱歉，由于机器故障暂时无法办理，我们正在进行紧急维修，预计20min内可以修好，给您带来不便，请您见谅！您看您是在附件先转一下，还是在我们的休息处稍作等待，故障排除后我们会第一时间为您办理，感谢您的支持和耐心等待！"

长时间的故障要告诉客户："不好意思/很抱歉，由于机器故障暂时无法办理，我们正在进行紧急维修，预计时间较长，给您带来不便，请您见谅！您看方便留下您的联系方式吗，故障排除后我们会电话告知您再来办理，感谢您的支持和配合！"

如果是叫号机之类，可以疏导客户排队等候，也可以自制号码便签；如果是自助终端出现故障，可以建议客户采用其他缴费方式。

8. 遇到阴雨天气时

应准备好雨伞架和雨伞套等，做好雨具借、放工作，例如："您好，请使用雨伞套，谢谢！"

9. 临下班时

对于正在处理中的业务应照常办理。若下班时仍有等候办理业务的客户，必须全部办理完毕后方可下班，不得找借口拒绝。

二、客户异议处理

当你全力给客户介绍完产品后，客户却很有礼貌地说："谢谢你，你讲得很好，你们的产品也很好，但我现在不想要。"这一刻，你的感受是什么样的？是愤怒？是气恼？觉得客户在浪费你的时间？有效果比对错更重要，把客户的异议作为成交的前奏。成功在望，而在收到客户的异议时，客户服务人员所要做的，就是迅速处理客户异议，争取最后的成功。

1. 客户异议的含义

异议是客户在购买过程中产生的不明白的、不认同的、怀疑的和反对的意见。异议处理是销售的鬼门关，闯得过去就海阔天高，闯不过去就前功尽弃。客户流失往往产生在异议这道难关上。实际上，并不是客户的异议离奇古怪，而是客户服务人员准备不足。

2. 异议的分类

（1）沉默型异议。

表现特征：客户在产品介绍的整个过程中，一直非常沉默，甚至有些冷漠的态度。

应对方法：要多问客户一些开放式的问题，引导他多谈谈自己的想法。当他开口说话的时候，他就会将注意力集中在你的产品上。要鼓励客户多说话，多问他对产品的看法和意见。

（2）借口型异议。

表现特征：客户会告诉你："你的价格太贵了""好吧，我再考虑考虑""我回家商量一下"等。

应对方法：通过友好的态度对客户说："您提出的这些问题，我知道非常重要，待会儿，我们可以专门讨论。现在我想先用几分钟的时间来介绍一下我们产品的特色是什么，为什么您应该购买我们的产品，而不是购买其他品牌的产品。"使用类似的话语，将客户的这些借口型异议先搁置一旁，转移他们的注意力到其他感兴趣的项目上，在多数情况下这些借口自然就会消失。

（3）批评型异议。

表现特征：客户会以负面的方式批评你的产品或公司，如说你的产品质量不好，服务不好。

应对方法：首先你要看看客户对于这种批评型的异议是真的关心还是随口提一提。假如是真的关心你应该告诉他："我不知道您是从哪里听来的这些消息，我也能够理解您对这些事情的担心……"接下来再介绍目前产品的质量和服务都进行了改善提高，并且获得了某某认证。假如是随口提一下，也需要解决客户的问题，打消客户疑虑，坚定客户信心，让客户认为买我们的产品物超所值。

（4）问题型异议。

表现特征：客户会提出各式各样的问题来考验你，有时提出的问题会让你无法回答。

应对方法：首先要对客户的问题表示认可及欢迎，你可以说："我非常高兴您能提出这样的问题，这也表示您对我们的产品真的很感兴趣。"接下来你就可以开始回答客户的问题，在处理问题型异议时，你对产品必须有充分的知识储备。

（5）主观型异议。

表现特征：客户对你个人有所不满，对你的态度不是非常友善。

应对方法：通常表示你与客户亲和力建立得太差了，你要做的是赶快重新建立亲和力，少说话，多发问，多请教，让客户多谈谈自己的看法。

（6）价格异议。

表现特征：不论你的产品价格多么具有竞争力，客户都认为太贵了。

应对方法：第一，不要在一开始介绍产品的时候就告诉客户价格，而应在最后的时刻再谈产品的价格；第二，做产品介绍时永远把客户注意力放在他能获得哪些利益上；第三，将价格分解，不要直接告诉客户产品值多少钱，应该把产品分开来解说；第四，将产品与一些更贵的东西比较。

3. 处理异议的技巧

在某些情况下，客户表面的异议并不能称为真正的异议，所以当客户提出异议后，首先要分清楚并了解这些异议。弄清原因，耐心倾听，一般在处理异议时有以下技巧：

（1）了解客户产生异议的真正原因。比如，当客户说产品价格太贵时，要确定他所谓的太贵是什么含义，是承受不起？还是与竞争对手相比太贵？

（2）当客户提出异议时要耐心倾听。对于客户提出的异议，无论你已经听过多少遍，仍然要耐心地倾听，让客户说完他的异议。倾听时不要打断客户，当他完全说完之后，你再耐心地回答。

（3）确认客户的异议，以问题代替回答。每当客户提出一个异议时，比如说"太贵了"。你可以反问他："请问，您觉得我们的产品太贵了吗？"当客户回答是的时候，你进一步问："请问您为什么认为我们的产品太贵了呢？"当客户回答时，你要耐心仔细地推敲他背后的真正意义，同时加以解释。

（4）每当客户提出异议的时候，你一定要对客户的异议表示同意或赞同。使用合一架构法，来作为你的开场白。不论客户提出任何异议，你首先要说："我非常能够理解您所说的这些事情和您的考虑，您所说的这些问题也是非常重要的，我想我们应该好好研究这些问题，把这些问题记录下来，反馈到公司，好好解决，给您满意的答复。"如果能够当场解决的，就及时解除客户的异议。

处理异议的方法：

在了解了客户的异议后，针对异议需要采取不同的方法进行处理，比较常用的有以下几种：

（1）正面处理法。直接告诉客户他们错了。当然很少有客户愿意听人说自己错了，所以必须小心。如果异议产生于对产品的错误理解，则可以这样处理：

"先生，对不起！我刚才没表达清楚，实际是这样……"用正面、直接的方法提供证据也是最有效的。

（2）间接否定法。开始要附和客户的异议，然后采用合一架构法委婉地说"不"。

通过间接否定，客户服务人员不直接说客户错了，而是先和客户的观点保持一致，以削弱对方的戒备，然后纠正异议。

（3）抢先法。要善于总结异议，事先将异议提出来，针对这些异议组织一套完整的讲解方案，并且给客户讲明。

（4）异议转化法。当客户提出一个异议后，就顺着他的话说："这也是您为什么要买我们产品的原因。"将客户的异议转换成他购买这一产品的原因。

三、 粗鲁客户应对

大部分客户都把自己的行为控制在可接受的范围内，但还是有些客户会在生气时辱骂或吼叫，甚至"动手动脚"。当客户变得愤怒与粗暴时，很多客户服务人员也会变得具有防卫性，最后客户服务人员终会后悔其所做的不合规范的事，所以不要被客户的愤

怒与粗暴搅乱了思绪。可以使用以下方法和技巧来终止对方的不当行为，让他平静聆听，并正面回应。

1. 同理心陈述

同理心陈述主要用在客户感到沮丧、泄气，或者可能会变得灰心或愤怒的情况。这种技巧的用意在于向客户证明你了解他的心境，或是他为何会有这种感受。客户服务人员不需要认同客户生气的原因，只需要承认客户在生气。

2. 设限

当客户的行为毫无建设性，客户服务人员就得加以设限。客户可能会提高音量、咒骂或一再来电找麻烦。为协助客户（也让你不发疯），你需要鼓励客户停止不适当或破坏性的行为。设限分为许多部分。

设限过程始于"如果……我就要……"的陈述。在这句话中，要尽量清楚说明你希望对方停止什么样的行为。同时要表明，如果他再不停止，会有什么样的后果。例如："如果你不停止咒骂，我就要结束这段对话。"在这句话中，行为是"咒骂"，后果是"结束这段对话"。但这样还不够，下一步是提供一段选择陈述。例如："要不要继续，决定权在你。"

这项步骤的用意是让客户了解由他自己决定是要停止咒骂（并继续对话），还是要继续咒骂（并结束对话）。用这种方式让其变成客户自己的选择，后果才不会像是客户服务人员对客户所为，也比较不像是惩罚。

整个设限过程，客户服务人员都得冷静处理并执行，才比较不像是针对个人。在使用限制终止互动之前，你应该先说明公司在结束互动或拒绝再度服务方面的政策和立场。另外，还要记住设定和执行限制应该是最后手段：已用尽所有技巧，都无法促使客户做出有建设的行为后，再考虑使用本技巧。

3. 提供选择

就是提出所有可能适合客户的服务或行动，供客户选择。当提供选择时，通常会询问客户他想选择哪一个方案，而提供其他方案的做法会显示你对客户的关心。

4. 复述重点

本技巧主要用于客户不肯配合你解决其问题时。其用意在于传达以下信息：若不处理我想要解决的这个问题，我们之间的对话也没有必要继续下去了。其做法是，用不同的措辞重复相同信息，直到客户开始合作为止。例如："这里有好几个选择（念出这些选择）……您比较喜欢哪一种？"如果客户不理会，就换个措辞重复这段信息："您可以选择（第一方案）……或（第二方案）……您偏好哪一种？"同样的信息可以重复四到五次，直到客户做出选择为止。

面对粗鲁的客户，客户服务人员要尽量做到以下两点：

第一，客户服务人员要保持专业化。客户服务人员不能由于客户行为不得体而采取同样的回应，要保持冷静、自信，控制好局面。

第二，客户服务人员不要诉诸报复行为。客户服务人员的报复行为只会惹怒这类客户，特别是客户服务人员当着其他人的面使其难堪的时候，客户服务人员要记住这类客户仍然是你的客户，如果其他人觉察到你的行为不得体，那你失去的不仅仅是这类客户。

四、 拒绝客户

不论喜欢与否，客户服务人员有时必须要对客户说"不"（不管你想说还是不想说）。许多客户服务人员都知道服务就是给客户所需，并且尽可能及时。因此客户服务人员在不能满足客户所需时，常常感到无助，经常不能够采取一些技巧对这种困境予以圆满解决。

1. 需要拒绝的情况

客户服务人员不可能对每一个客户的要求都说"是"。不论喜欢与否，需要客户服务人员对客户说"不"的情况是存在的，包括：

（1）法律法规。客户服务人员必须遵守法律法规。例如，如果你是药店营业员，客户要求你卖处方药，而没有医生处方单，按规定这是不允许的。

（2）企业规定和章程。这是一类强制性约束，不是作为法律法规要求，而是作为规章制度的一部分。例如，当客户要求你进行电费减免或优惠，而该客户不符合电费减免相关政策要求。

（3）不合理的要求。有时，客户提出根本不可能被满足的要求。例如，客户要求按照自己的意愿确定电表安装的位置，但不符合供电要求，也不符合小区物业管理要求。

2. 拒绝客户并不一定是坏事

客户可能最终没有买到想要买的东西，却可能得到了优质的客户服务。设想，医生没有按照患者要求的治疗方法进行治疗，因为这一种方法对客户健康是有严重危害的或者是不利于治疗的。医生向客户道歉，并且详细地向其解释原因，还对治疗方案进行调整，又适应客户的要求，又符合健康的要求，并送给客户一些疾病治疗方面的书，客户是会高兴地离开的。

练一练

（1）（单选）突发事件的特征不包括以下哪个选型？（   ）

A. 突发性　　　　　　B. 不确定性　　　　　　C. 破坏性　　　　　　D. 危害性

（2）（多选）处理异议的方法有哪些？（   ）

A. 正面处理法　　　　B. 间接否定法　　　　C. 抢先法　　　　D. 异议转化法

（3）（判断）批评性异议主要表现为客户对你个人有所不满，对你的态度不是非常友善。（   ）

评价反馈

请大家根据本次任务完成情况填写综合评价表，见表3-30。

表 3‑30　　　　　　　　综 合 评 价 表

班级：		姓名：	学号：		
评价项目		评价内容	评价方式	分值	得分
线上学习 （20%）	云教材	数字教材阅读时长	【过程评价】 平台数据	5	
	平台资源学习	资源自学完成度		5	
	平台活动和测试	参与线上活动态度与能力		10	
	中华文化小课堂专题	课程思政学习效果反馈点1			
线下实操 （40%）	突发事件案例分析	能通过案例分析查找暴露问题	【过程评价】 教师评价60% 组内互评20% 组间互评20%	10	
	突发事件方案制定	制定不同情况突发事件策略		10	
	客户异议处理	使用正确的方法处理客户异议		10	
	对不合理要求学会拒绝	正确判断不合理要求并学会拒绝		10	
	育心笃行学习情况	课程思政学习效果反馈点2			
任务成果 （20%）	突发事件处理方案	制定不少于5种情况突发事件处理方案	【结果评价】 教师评价60% 组间互评40%	10	
	情景模拟视频	小组完成不少于3种情况的模拟视频		10	
	思政口袋书记录情况	课程思政学习效果反馈点3			
学习增量 （20%）	个体学业成就	与上个任务成绩对比	【增值评价】 平台数据对比 学生自评	5	
	职业素养提升	服务意识、主动性增强		5	
	师生互动频率	师生互动次数增加		5	
	公益活动参与	公益活动、社会实践参与情况		5	
综合得分				100	

项目4　电力客户关系维持（访）—— "电"亮美好生活

任务1　电力客户满意度管理

学习情境描述

本任务为客户互动管理中重要学习内容，按照《供电服务标准》（Q/GDW 10403—2021）和《客户代表》岗位标准（4-11-01-00）创设学习情境，按照典型工作任务设计客户回访业务，通过客户回访进行满意度管理，充分利用电力营销业务系统中客户信息管理模块进行大数据分析、客户满意度管理，并在自主探索学习中开展公益活动，开展大客户用电情况调查，收集企业客户的电费电价、供电服务质量等情况，通过客户数据分析，帮助客户解决实际问题，反馈供电服务质量。

学习目标

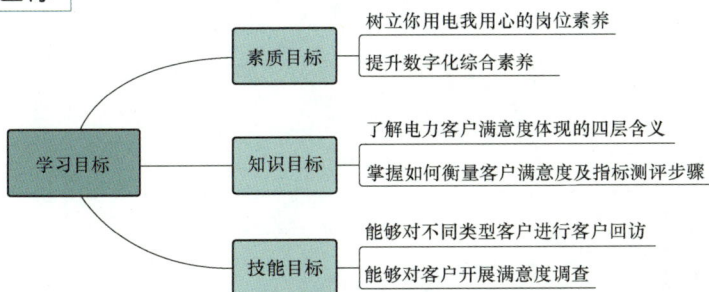

任务书

请阅读任务书，见表4-1，了解本次任务详情。

表4-1　　　　　　　　　　　任　务　书

任务书	电力客户满意度管理				
学习情境	供电营业厅实训室	任务学时	4学时	任务编号	任务4-1
学习形式	理实一体化	学习方法	自主探究法 合作学习法	执行标准	《电力系统营销服务》 （中级）"1＋X"职业技能 标准
学习资源	数字云教材		学习平台		电力营销业务应用系统

任务书	电力客户满意度管理
任务描述	（1）客户回访案例分析 （2）不同业务类型的客户回访 （3）客户满意度调查 （4）确定不满意影响因素，解决客户诉求 （5）完成客户满意度管理
实施过程	 客户回访案例分析 ↓ 客户回访具体实施 ↓ 满意度调整 满意／不满意 确定不满意影响因素 → 解决客户诉求 ↓ 维护／更新客户信息 ↓ 完成满意度管理
任务成果	（1）不同客户类别回访工单 （2）满意度调查问卷 （3）情景模拟录音

✍ 任务分组

按每组 4～6 人成立营销班组，明确班组成员的工作任务，并填写学习任务分配表，见表 4-2。

表 4-2　　　　　　　　　　学 习 任 务 分 配 表

营销班组		班组长	
组员			

任务分工：

💡 **任务准备**

（1）阅读任务书，了解任务内容。

（2）通过查阅资料和网站，了解供电服务品质满意度评价模型的相关知识及案例。

（3）查阅供电服务品质指标体系的内容、电力公司的供电服务"十不准"和《供电服务标准》（Q/GDW 10403—2021）中的工作规范和质量标准。

（4）自学在线课程本任务涉及的相关资源。

📜 **任务指导**

育心笃行

人民对美好生活
的向往就是我们
的奋斗目标

（1）认真阅读任务单中的任务背景和任务详情。

（2）在电力营销业务系统中调取客户基本信息做好客户回访前准备。

（3）根据引导任务完成不同类别客户的电话回访。

（4）设计满意度调查问卷开展满意度调查。

（5）分角色场景模拟，小组互评，多次练习不同业务类型的客户满意度管理。

🧪 **任务实施**

引导问题 **1** 反馈课前调研供电企业"十个不准"是如何提升客户满意度的。

_____

_____

引导问题 **2** 客户回访是客户信息维护的重要手段，客户回访属于销售中的哪个阶段？其形式和内容包含哪些？

_____

_____

_____

_____

客户回访典型
任务（"1+X"
证书）

▶ **小 提 示**

售后服务指企业在客户用电后通过展开各种跟踪服务改进客户用电质量的活动。主要包括：受理客户投诉、定期拜访客户、召开座谈会征求客户意见、提供紧急用电服务、质量保证、操作培训等。售后服务的目标是让客户感到满意、受到关心和尊重。

在供电行业中，售后服务是服务环节中的重点。售后服务的好坏往往是影响客户对电力服务评价的关键因素。"让客户感到满意"已经成为供电企业员工的自觉服务意识，为客户提供的售后服务的范围已从原来简单地排出故障、处理投诉延展至建立了客户服务呼叫中心（95598 专线）、信息与决策服务、定期回访、提供必要的维修零件、质量保证及操作培训等。

引导问题 3 如何做好营销业务的电话回访。

_____

_____

95598 营销业务回访

对于已完成的营销业务受理单，坐席人员应在规定的时限内回访客户，核实业务处理结果。若属供电方责任造成业务没有处理完成的，坐席人员应立即将工单退回相关责任单位重新处理。

电话回访时，坐席人员还需向客户做满意度调查，了解现场人员的工作质量、服务质量、到达现场时间、业务办理时间及客户满意度等。

因客户电话关机、停机或拒绝接听电话，造成无法联系客户时，建议至少相隔 2h 后再进行回访，连续 3 次回访均无法与客户取得联系的，95598 可不再回访，并在工单中写明回访时间、回访内容、失败原因等。

引导问题 4 根据以下案例中事件经过，分析其存在的问题，并给出整改意见和建议，填入客户回访案例分析，见表 4-3。

表 4-3　　　　　　　　　　　　客 户 回 访 案 例 分 析

任务	分析客户回访时发现的客户不满意原因，给出整改意见和建议
事件经过： 客户到营业厅办理低压居民用电报装业务，但一再被工作人员要求使用 App 申请业务，客户表示不满	
调查结果： 事件经上报后，公司高度重视。经调查客户投诉情况属实。××××年××月××日，客户业务经办人到营业厅办理居民低压用电报装业务，营业厅工作人员要求其用手机使用网上国网 App 进行申请。在客户表示不会使用并流露出不满情绪时，营业厅人员仍坚持代其下载、注册网上国网 App，由客户手机申请报装业务。其间营业厅人员对申请操作不熟悉，多次向其他人员请教，前后用了 1h 左右完成操作。国家电网客服中心人员回访客户时，客户表示了不满和投诉	
暴露问题：	
整改方案：	

服 务 规 范

（1）工作人员应使用正确的服务技巧向客户推广网上国网 App。

（2）工作人员对新产品、新技术等应熟练掌握，有较高的业务技能，能够熟练使用网上国网 App 代客户办理业务。

（3）从客户视角看问题，充分考虑客户感受，当客户表露出不满情绪时应及时发现并采取补救措施。

基层供电所工作人员向客户推广网上国网 App 时应向客户介绍使用的好处，如可以及时查看业务办理进度，了解相关的政策和收费标准等，在得到客户同意后方可帮助客户下载、注册网上国网 App。同时应熟练掌握网上国网 App 的各种操作界面，了解各种业务大概的处理时长，并在协助客户办理时提前告知。

最后为客户推荐网上国网 App 等线上渠道时，应密切关注客户的接受度。若出现客户抱怨网上国网 App 或提出相应的意见建议时，应及时进行记录，向上级反馈，定期跟踪意见建议的处理情况并答复客户。

客户回访，
优化用电方案

引导问题 5 阅读任务详情，通过客户回访完成满意度调查，见表 4-4。

表 4-4 满 意 度 调 查

任务	通过客户回访，完成客户满意度调查

任务详情：

从电力营销业务系统（测试库）中抽取一个居民客户案例，按照案例背景对客户进行客户回访，填写《客户回访单》，并在平台中完成信息维护，进行满意度管理

客 户 回 访 单

序号	业务项类别	业务办理时限				是否满意	完成情况	其他意见
		高压双电源	高压单电源	低压	居民			
1	营业受理	30	15	7	3			
	答复供电方案							
2	设计图纸审核登记	20	8	—				
	审核结果通知							
3	中间检查登记	5	3	—				
	中间检查结果通知							
4	竣工报验登记	3		—				
	竣工检验		3	—				
5	竣工检验合格	7	5	3				
	送电							

填表人： 回访人： 审核人：

引导问题 6 根据以下服务情境，填写故障报修应答规范，见表 4-5。

表 4-5 　　　　　　　　　　　故 障 报 修 应 答 规 范

服务类型	服务情景	应答规范
故障报修 答复/回访	故障报修答复	
	故障报修回访	

小 提 示

故 障 报 修 回 访

对于已完成的故障报修单，坐席人员应在规定的时限内回访客户，核实故障抢修结果。建议在故障工单反馈后的 24h 内回访。若属供电方责任造成故障没有处理完成的，坐席人员应立即将工单退回相关责任单位重新处理。

电话回访时，坐席人员还需向客户做满意度调查，并了解现场抢修人员的工作质量、服务质量、到达现场时间、故障修复时间等。

因客户电话关机、停机或拒绝接听电话，造成无法联系客户时，建议至少相隔 2h后再进行回访，如果连续 3 次回访均无法与客户联系，95598 可不再回访，并在工单中写明回访时间，回访内容，失败原因等。

引导问题 7 根据以下服务情境，填写投诉、举报与建议应答规范，见表 4-6。

表 4-6 　　　　　　　　　　投 诉 、举 报 与 建 议 应 答 规 范

服务类型	服务情景	应答规范
投诉、举报与 建议答复/回访	投诉、举报与建议答复	
	投诉、举报与建议回访	

小 提 示

1. 投诉回访

（1）对于已完成的投诉单，坐席人员应在规定的时限内回访客户，核实投诉处理结果。若属供电方责任造成投诉没有处理完成的，坐席人员应立即将工单退回相关责任单位重新处理。

（2）电话回访时，坐席人员还需向客户做满意度调查，征求客户对投诉处理的意见，并了解相关人员的工作质量、服务态度、答复时间等。客户投诉应 100％进行回

172

访。因客户电话关机、停机或拒绝接听电话，造成长时间无法联系上客户的，95598 视投诉内容可不再回访，并在工单中写明回访时间、回访内容、失败原因等。

（3）投诉归档。坐席人员检查投诉单的完整性和正确性，将投诉单、电话录音、客户满意度调查结果及其他相关信息按处理时间和业务流程统一建档保存。电话录音包括客户来电、工作联系和答复客户的相关录音文件。对重复投诉单要进行归组，虚假投诉单归为无效工单，确保统计报表数据真实可靠。

建议投诉单、录音文件及相关信息保存时间为 2 年及以上，以便今后工作人员和用电客户进行查询。

2. 举报回访

（1）对于已完成且客户需要回访的举报单，坐席人员应在规定的时限内回访客户，核实举报处理结果。若属供电方责任造成举报没有处理完成的，坐席人员应立即将工单退回相关责任单位重新处理。

（2）电话回访时，坐席人员还需向客户做满意度调查，征求客户对举报处理的意见，了解相关人员的工作质量、服务态度、答复时间等。客户举报应 100％进行回访。因客户电话关机、停机或拒绝接听电话，造成长时间无法联系上客户的，95598 视举报内容可不再回访，并在工单中写明回访时间、回访内容、失败原因等。

3. 建议回访

（1）对于已完成且客户需要回访的建议单，坐席人员应在规定的时限内回访客户，核实建议处理结果。若属供电方责任造成建议没有处理完成的，坐席人员应立即将工单退回相关责任单位重新处理。

（2）电话回访时，坐席人员还需向客户做满意度调查，征求客户对建议处理的意见，并了解相关人员的工作质量、服务态度、答复时间等。客户建议应 100％进行回访。因客户电话关机、停机或拒绝接听电话，造成长时间无法联系上客户的，95598 视建议内容可不再回访，并在工单中写明回访时间、回访内容、失败原因等。

引导问题 8 针对客户查询、客户咨询设计满意度调查问卷，并在组间进行调查、评价。（可使用问卷星等线上工具）

育心笃行

企业文化之营商环境

某供电公司客户服务满意度调查问卷（节选）

A1. 基本情况

A1-01. 为您提供服务的供电公司是：_____

A1-02. 您（您所在单位）属于供电公司的哪类客户（请您在方框内打"√"，后述方框选择答题同此）

□城市居民客户　□农村居民客户　□工业客户　□商业客户　□公用企事业性客户　□重要客户

A2. 综合评价

A2-01. 您对供电公司××年供电质量和服务质量的总体评价：

□10　□9　□8　□7　□6　□5　□4　□3　□2　□1

A2-02. 与上年相比，您对××年供电公司的供电质量（如少停电、电压稳定、频率稳定等）的总体评价：

□10　□9　□8　□7　□6　□5　□4　□3　□2　□1

A2-03. 与上年相比，您对××年供电公司的服务质量总评价：

□10　□9　□8　□7　□6　□5　□4　□3　□2　□1

A2-04. 与供水、供气等其他公用事业相比，您对供电公司的供电质量和服务质量的总体评价：

□10　□9　□8　□7　□6　□5　□4　□3　□2　□1

A2-05. 根据物价水平和您所支付的电费，您对供电质量和服务质量水平的总体评价：

□10　□9　□8　□7　□6　□5　□4　□3　□2　□1

A2-06. 与其他公用事业（供水、供气等）的费用水平比较，您对电费的合理性评价：

□10　□9　□8　□7　□6　□5　□4　□3　□2　□1

A2-07. ××年供电公司所提供服务与您可接受的要求相比，您的总体评价：

□10　□9　□8　□7　□6　□5　□4　□3　□2　□1

A2-08. ××年供电公司所提供服务与您最理想的要求相比，您的总体评价：

□10　□9　□8　□7　□6　□5　□4　□3　□2　□1

A2-09. 您考虑增加用电以替代其他能源的可能性：

□10　□9　□8　□7　□6　□5　□4　□3　□2　□1

A2-10. 您认为供电公司服务质量保持稳定、持续提高的可能性：

□10　□9　□8　□7　□6　□5　□4　□3　□2　□1

A2-11. 您向他人宣传、推荐供电公司服务的可能性：

□10　□9　□8　□7　□6　□5　□4　□3　□2　□1

A2-12. 您在××年用电过程中，因供电公司的原因引起您的抱怨与不满的次数是：

□没有　　　□1次　　　□2次　　　□3次　　　□3次以上

A3. 企业形象

A3-01. 您主要是从哪些渠道了解供电公司的相关业务内容？（可多选）

□营业厅　□网络　□电视　□报纸　□宣传资料

□电费账单　□户外广告　□供电公司网站　□供电业务人员提供　□客户座谈会

□95598服务热线　□其他：_____

A3-02. 您认为您需要增加了解以下哪些用电知识？（可多选）

□安全知识　□用电常识　□节约用电　□供电服务措施

□电费计算　□电价政策　□供电设备运行维护　□用电业务办理手续及流程

□其他：_____

A3-03.（限地级市的市区客户）您是否知道供电公司推出的"共产党员服务队"？

□知道　　□不知道

A3-03-1. 您对供电公司推出"共产党员服务队"这一服务举措的评价：

□10　□9　□8　□7　□6　□5　□4　□3　□2　□1

A3-04. 您对供电公司宣传工作（渠道多样、方便，信息更新及时、实用等）的总体评价：

□10　□9　□8　□7　□6　□5　□4　□3　□2　□1

A3-05. 对以下描述，您的评价是：

A3-05-01. 供电公司是一家受社会公众欢迎的企业：

□10　□9　□8　□7　□6　□5　□4　□3　□2　□1

A3-05-02. 供电公司能够提供高水平的供电服务：

□10　□9　□8　□7　□6　□5　□4　□3　□2　□1

A3-05-03. 供电公司是一家重视社会公益事业的企业：

□10　□9　□8　□7　□6　□5　□4　□3　□2　□1

A3-05-04. 供电公司是一家重视客户的企业：

□10　□9　□8　□7　□6　□5　□4　□3　□2　□1

A3-05-05. 供电公司能够保证高质量的电力供应：

□10　□9　□8　□7　□6　□5　□4　□3　□2　□1

A3-06. 您对供电公司企业形象的总体评价：

□10　□9　□8　□7　□6　□5　□4　□3　□2　□1

引导问题 9 选取3种客户类型分角色完成客户回访满意度管理的情景模拟，录制音频，将感受写下来。

_____

_____

📖 **拓展实践**

课后班级组织开展一次社会公益活动，进企业开展大客户用电情况调查，收集企业客户的电费电价、供电服务质量、供电线路敷设等情况，将各组收集的客户信息进行汇总，利用数据分析给出合理化建议，并谈一谈此次公益活动的收获。

顾客满意

相关知识点（"1+X"证书）

一个客户对待企业的态度不算什么，但所有客户对企业态度的总体感觉就决定了企业的生存与发展。满足客户的个性化需求，让客户满意，从而建立客户忠诚是客户管理的关键。

客户满意是指客户接受产品和服务时感受到需求被满足的状态。客户满意与否决定于他对产品和服务的期望与他所获得的或能够感知的价值之间的比较。客户的期望是指客户认为自己支付了货币、时间、精力等后应该获得的价值，而客户所获得或能够感知的价值是他对产品和服务价值的体会和判断，如果感知与期望相称，客户的期望得到验证，则客户会感到满意；如果感知不及期望，则产生不满意；如果感知超过期望，客户则会非常满意甚至产生惊喜。

客户满意与否取决于其感知的客户价值，客户价值是客户从某一特定产品和服务中获得的一系列价值，包括人员价值、产品价值、服务价值和形象价值，而客户价值具有明显的动态性和个性化的特点，这就使让客户满意变得具有一定的难度和不可控性，客户满意是一个全面的系统工程，而服务质量是影响客户满意的关键因素。

一、 电力客户满意度管理

1. 客户满意的内涵

（1）从纵向层面来理解"客户满意"。

1）物质满意层。客户在对企业提供产品或服务的核心消费过程中所产生的满意。物质满意层次的要素是产品的使用价值，如功能、质量、设计、包装等，它是客户满意中最基础的层次。如果产品本身没有过硬的质量、独特的诉求点、吸引人的外观，是不可能让客户满意的。

2）精神满意层。客户在对企业提供产品或服务的外延消费过程中产生的满意，它是客户对企业的产品所带来的精神上的享受、心理上的愉悦、价值观念的实现、身份的变化等方面的满意状况。精神满意层的要素是产品的外观、色彩、装潢品位和服务等。仅仅在产品的物质层面上做得好是不能令客户感到真正满意的，在产品生命周期的各个阶段必须采取不同的服务手段，使产品充满人情味，迎合客户的爱好，符合客户的品位。

3）社会满意层。这是整个社会公众在对企业提供产品或服务的消费过程中所体验到的社会利益维护程度，它要求企业的产品和服务在被消费过程中具有维护社会整体利益的道德价值、政治价值和生态价值的功能和社会形象，从而有利于社会文明的发展、人类的环境、生存与进步的需要。社会满意层次的要素是产品的道德价值、政治价值和生态价值。

以上 3 个满意层次具有递进关系，从社会发展过程中的满意趋势看，人们首先寻求的是物质层次的满意，之后才会推及精神满意层，最后才会进入社会满意层。

176

（2）从横向层面来理解"客户满意"。

体现客户满意的内容和影响客户满意的要素有：

1）理念满意。企业的经营理念带给客户的心理满足状态属于理念满意。其基本要素包括客户对企业的经营宗旨、质量方针、企业精神、企业文化、服务承诺以及价值观念的满意程度等。

理念满意是指客户对提供产品或服务的企业的理念要求被满足程度的感受。企业的理念包括企业精神、经营宗旨、质量方针和目标、企业文化、管理哲学、价值取向、道德规范、发展战略等方面的综合反映。企业的理念是企业对其自身的存在意义和发展目标的认识，企业的理念产生于企业的价值观，影响企业的经营战略、管理原则和行为取向，集中反映企业利益与客户乃至社会利益的关系。

理念满意是客户满意的基本条件，不仅要体现企业的价值观，而且要让企业的价值观得到内部与外部所有客户的认同直至满意。比如，某银行的客户服务理念是"因您而变"，四个字就足以反映这家银行愿意站在客户角度考虑问题的个性化服务理念。

2）行为满意。企业的全部运行状况带给客户的心理满足状态属于行为满意，它包括行为机制满意、行为规则满意和行为模式满意等。

企业的行为满意是指客户对提供产品或服务的企业经营上的行为机制、行为规则和行为模式上的要求被满足程度的感受。行为是理念的具体体现，再好的理念如不能通过行为去兑现，就只能是一句空洞的口号。虽然企业的理念满意是客户满意的基本条件，但并不意味着它是主要条件，因为客户满意主要来自对企业具体行为的要求被满足程度的感受和体验。企业的理念再诱人和动人，如果与其行为差距很大，客户非但不会感觉满意，反而会深深感到被欺骗和愚弄，从而产生很大的失望和不满。

所以，企业在努力实现理念满意的同时，应更多地关注理念支持下的行为，只有言行一致才能获得客户真正的信任和满意。比如某品牌洗衣机刚上市时，由于设计问题报修率很高，但企业承诺"24h上门解决客户问题"。企业做出了相应的行动，客户虽然对产品有些异议、但企业依靠真诚的服务环节留住了客户的心。

3）视听满意。企业具有可视性和可听性的外在形象带给客户的心理满足状态属于视听满意，它包括：企业的名称、产品的名称、品牌标识，企业的口号、广告语、服务承诺、企业的形象、员工的形象、员工的举止、礼貌用语及企业的硬件环境等给人的视觉和听觉带来的美感和满意度。

视听满意是指客户对企业的各种形象要求在视觉、听觉上被满足程度的感受。视听满意可以使企业理念满意和行为满意的各种信息传达给客户，让客户通过视觉和听觉直接去感受。视听满意有四个主要特征：强烈的个性、丰富的美感、鲜明的主题和时代的特征。现在有很多"主题餐厅"，如"80后主题餐厅""电影主题餐厅""星座主题餐厅"……这些餐厅从室内装潢到菜品研发都是围绕顾客心中对某个场景视觉、听觉、触觉上的期待设计的，上座率极高。

4）产品满意。产品的一系列元素带给客户的心理满足状态属于产品满意，它包括产品品质满意、产品时间满意、产品数量满意、产品设计满意、产品包装满意、产品品位满意、产品价格满意等。

5）服务满意。企业整体服务带给客户的心理满足状态属于服务满意，它包括对企业的售后服务满意、保障体系满意、绩效满意、产品和服务完好整体性的满意、客户方便性的满意、客户情绪的满意、环境的满意等。

以上内容中，产品和服务无疑是最基本、最重要的要素。当然，不同的客户，影响其满意度的因素和程度是不同的。

综合以上"纵""横"两个方面，电力客户的满意内容应当体现在以下方面：

1）第一层次。保障客户有合格的电用，即能满足客户对电能数量和质量的需求，这是最基本的层次。

2）第二层次。有沟通和解决问题的渠道，即供电企业有完善的服务体系，员工有强烈的服务意识，为客户提供优质方便的服务，能解决客户在用电过程中的各种问题。

3）第三层次。客户被重视被尊敬，即能针对客户的具体情况提供个性化的解决方案，让客户能体会到受到尊重和重视。

4）第四层次。共生共赢，即与客户形成战略伙伴关系，共同促进双方发展和社会进步。

2. 客户满意度的衡量

（1）感性评价。

感性评价反映客户对产品或服务的大致印象和认可程度，一般比较模糊，在不满意、比较满意与满意之间没有一个具体的标准，但是其中包含的信息可供我们参考。感性评价是相对的，不需要进行专门的评估，企业在与客户的日常交往中就可以有一个大致的概念。

营销界认为，有100个客户对一个企业满意，但只要有1个客户对其持否定态度，企业的美誉就立即归零。这种说法并非夸大其词。事实显示：每位非常满意的客户会将其满意的意愿告诉至少12个人，其中大约有10人在产生相同需求时会光顾该企业；相反，一位非常不满意的客户会把不满告诉至少20个人，这些人在产生相同需求时几乎不会光顾被批评的企业，因此，企业可以从以下几方面来了解和把握客户的满意度：

1）美誉度。美誉度是客户对企业及其产品和服务的褒扬程度。对企业持褒扬态度者，对企业的产品和服务满意。

2）指名率。指名率是客户指名消费企业产品和服务的程度。如果客户对企业及其产品和服务非常满意，在消费过程中会放弃其他选择而指名购买。

3）回头率。回头率指客户再次消费某企业的产品和服务的程度。如果该产品在短期内不能重复消费（如住房、汽车等耐用消费品）他会向别人推荐，引导他人加入消费队伍。

4）抱怨率。抱怨率是指客户消费了企业的产品和服务之后产生抱怨的比率。客户的抱怨是不满意的表现，从抱怨率可以了解不满意的状况。

客户满意度评价步骤

5）销售力。销售力是指企业产品和服务的销售能力。一般而言，客户满意的产品和服务就有良好的销售力。

（2）度量指标测评。

度量指标测评可以帮助企业找出影响客户满意度的主要因素，从而在最短的时间内最大限度地提高客户满意度。度量指标测评是绝对的，通过度量指标测评获得客户的满意信息，一般要经过下列步骤：

1）进行满意度调查，收集数据。

2）进行数据分析，从中找出影响客户满意度的因素。

3）对全部因素进行严格的度量指标测评，找到主要影响因素。

例如有一家公司在客户满意度的度量指标测评中发现，在以下 4 大分类项中，客户服务每增加 10 个满意度点数，对总体满意度有促进作用。影响客户满意度的因素见表 4 - 7。

表 4 - 7　　　　　　　　　　影响客户满意度的因素

下列分项每增长 10%	客户满意度的相应增长比例	下列分项每增长 10%	客户满意度的相应增长比例
客户服务/失误响应	4.6%	产品质量与可靠性	3.1%
形象/美誉度	4.2%	性能价格比	0.6%

这项测评结果表明：企业要提高客户满意度，应先解决客户服务问题，而产品降价不会对客户满意度造成太多影响。

客户满意标准是用于衡量客户满意程度的项目因子或属性。找出这些项目因子或属性，不仅可以测量客户的满意状况，而且还可以由此入手改进产品和服务的质量，提升客户的满意度，使企业永远立于不败之地。

3. 客户满意度的层次

一般企业会将客户满意度划分为 7 个层次，并根据层次设定公关应对措施。满意度层次等级界定见表 4 - 8。

表 4 - 8　　　　　　　　　　满意度层次等级界定

层次	描述
很满意	指客户在购买某种商品或服务之后形成的对产品及（或）服务的激动、满足、感谢的状态。在这种状态下，客户的期望完全达到，可能还大大超出了客户的预期。这时，客户不仅为自己的选择而自豪，还会向亲朋好友宣传、介绍、推荐，希望他人都来购买此产品或服务
满意	指客户在消费了某种商品或服务之后产生的对产品服务的称心、赞扬和愉快的状态。在这种状态下，客户不仅对自己的选择给予肯定，还会积极地向亲朋好友推荐企业的产品或服务
较满意	指客户在购买某种商品或服务时所形成的对产品或服务的好感、肯定和赞许的状态。在这种状态下，客户内心还算满意，但与心理预期还有一定差距
一般	指客户在消费某种商品或服务过程中所形成的对产品没有明显情绪的状态，也就是说客户对企业产品及服务说不上好，也说不上差，总体上还过得去

层次	描述
不太满意	指客户在购买某种商品或服务后所产生的对产品或服务的抱怨、遗憾状态。在这种情况下，客户虽心存不满，但想到企业提供产品或服务的状态，也就自然接受了
不满意	指客户在购买了某种商品或服务后所产生的气愤、恼怒状态。在这种状态下，客户可以勉强忍受产品的相关问题，并且希望通过一定方式进行弥补。若企业对其提出的问题不能满足其心理预期，在适当时候，客户也会对企业进行反宣传，提醒亲友不要购买相关商品或服务
很不满意	指客户在消费了某种商品或服务之后，因产品或服务不符合内心期望而感到愤慨、恼怒等负面情绪，不仅企图找机会投诉，而且对企业进行反宣传

（1）第一层次：核心产品和服务。

这一层次代表着企业所提供的基本产品和服务。在当前激烈竞争的市场中，企业必须把核心产品和服务做好，才能有利于客户使用，从而使客户满意。

（2）第二层次：支持性服务。

这个层次包括了外围的支持性服务，这些服务有利于核心产品的提供。也就是说即使客户对核心产品满意，也可能对企业的其他方面表示不满意，如价格、服务、沟通等。如果用较好的产品或服务为基础来取得竞争上的优势对于某个企业是很困难甚至是不可能的，那么它可以提供相关的信息支持、技术支持和辅助服务，通过这些逐步将自己与竞争对手区别开来，并为客户增加价值。比如，许多去海底捞吃饭的人，并不是因为它的菜品口味独特，而是想去体验在就餐过程中海底捞给客户提供的服务感觉。

（3）第三层次：承诺服务兑现。

这一层次主要指企业能否将核心产品和支持服务做好，重点在于向客户承诺的服务要兑现。客户任何时候都期望交易顺利进行并且企业遵守承诺，如果企业做不到这一点，客户就会产生不满情绪。信守承诺是客户关系中一个非常重要的因素。

承诺服务

（4）第四层次：沟通因素。

这个层次上强调的是企业与客户面对面的服务过程、良好沟通是提高客户满意度的重要因素。很多情况下，客户因对产品性能不了解而造成使用不当，需要企业提供咨询服务；客户因为质量、服务中存在的问题要向企业投诉，如果客户与企业联系缺乏必要的渠道或渠道不畅，就容易造成客户不满意。因此，可以看到现在大多数企业都开通了 400 免费服务电话，同时公布自己的服务邮箱和 QQ 号码，这些都是为客户沟通开辟沟通渠道的方式。

（5）第五层次：情感因素。

企业不仅要考虑与客户沟通中的基本因素，还要考虑企业某些时候传递给客户的微妙信息。这些信息是他们对企业产生的正面或负面情感。从根本上来说，这意味着客户在与企业进行交往的过程中的感受如何。

据调查，很多客户的满意度与核心产品或服务质量没有太大关系。事实上，客户的满意与否甚至决定于他们与企业员工的互动。不要因为一位员工的不当言行或行为使企业失去了客户。

二、 如何实现客户满意

1. 企业层面战略层

比尔·盖茨曾经说过，"微软今后 20% 的利润将来自产品本身，而 80% 的利润将来自产品销售后的各种升级、换代、咨询、维修等服务"。由此可见，服务在今后市场竞争中将趋于主导地位。现在，产品已经进入趋于同质化的时代，与竞争对手区别开，战胜竞争对手的最佳方法就是向客户提供满意的、独特的服务。

作为企业、客户满意现在已经被作为一种经营战略。也就是通常所说的 CS 战略。CS（Customer Satisfaction）战略在 1986 年起源于美国、1996 年引入中国，它促进了中国企业竞争观念的转变。CS 战略是企业为使客户能完全满意自己的产品或服务，综合而客观地确定客户的满意程度，并根据调查分析结果，整个企业一起来改善产品、服务及企业文化的一种经营战略。

企业的生存和发展都源于客户需要，没有客户对商品的需求就没有经营该商品的企业。既然客户的需求是企业生存发展的根基，那么企业就必须把满足客户需要、提升客户满意看成企业的基本职责。有的企业认为，企业的基本使命是获取利润，这个观点是不正确的。企业的基本职责是满足客户的需求，而不是追求利润，利润是客户对企业满足其需求的回报，而非销售产品的盈余。正如著名企业家福特所说："最有效、最能满足客户需求的企业，才是最后的生存者。"

客户的需求可分为现实需求、潜在需求、未来需求三类，因此如果想实现客户满意度的提升，企业应根据具体情况开展工作。

（1）满足客户的现实需求。

1）客户需要什么，就经营什么。企业生产什么商品不是由经理决定，而是由客户决定。客户的需要才是经营的指令。不要闭门造车，如果客户不需要这个"车"，那么"车"是很难销售出去的。企业必须树立的一个营销观念就是"你需要什么，我们就经营什么"。

2）把客户利益放在第一位。在企业利益和客户利益发生冲突时，企业应主动维护客户利益，做到客户第一，树立"客户永远是对的"观念。

维护客户的利益，将使客户满意，满意的客户会为你带来更多的客户，这就是企业经营的辩证法。

要维护客户利益，企业必须正确处理客户的意见。即使你的产品和服务非常好，也可能会遭到爱挑剔的客户的抱怨。不要把客户的抱怨看成麻烦，不予理睬甚至恶意对待，其实抱怨的客户才是企业的宝贵资源。

（2）开发客户的潜在需求。

在企业经营管理中有一条黄金格言——"市场是创造出来的"。一个企业不仅要迎合客户需求、适应市场，而且要走在市场潮流的前面，引导消费，创造市场。据调查，在整个客户需求中，潜在需求占 70%～80%，因此，企业要善于通过自己的努力来挖掘潜在市场，唤醒"沉睡"的"上帝"。比如：360 公司通过调研，发现很多人都有用移动终端上网的偏好，于是 360 研发了可以即插即用的随身 Wi－Fi，产品一推出，立刻受到了广大上网人群的喜爱，销量也是不言而喻的。

（3）适应客户需求的变化。

客户的需求是不断变化的，企业要紧跟市场潮流的变化。不断调整自己的经营方向，与时代变化保持同步，以求得企业的生存与发展。

（4）运用"100－1＝0"的等式原则。

"100－1＝0"这是 CS（顾客满意）经营中的一个非常有名的等式。其意为，尽管有 100 个客户对你的企业感到满意，但只要有一个客户说不，你的企业知名度马上就会变成零。这一等式又是怎样计算出来的呢？

当客户感到满意时，他会不断认同你的品牌和产品。并且重复购买，还会把它当作一次"愉快的经历"，为你的产品和服务做"义务宣传"，同时他会产生一种抵御其他竞争品牌诱惑的免疫力，绝不会离开你、背叛你。反之，当一位客户受到企业的恶劣服务，他的期望没有被满足时，他会非常生气地并将此段"不愉快的经历"告诉别人，而别人又会与其他人说起此事，这也就是俗话说的："一传十，十传百。"结果是：100－1＝0。

（5）给顾客宾至如归的感觉。

宾至如归是企业搞好优质服务至关重要的一步。许多客户往往正是从企业能否做到这一点，来决定是否与企业合作的。

例如，当客户走进你的接待大厅，看见安静的休息室、舒适的沙发、干净的茶具、最新的报纸杂志时，就会立刻对在这里工作的人和公司做出积极的评价。如果此时他又受到亲切的接待，比如接到一杯香浓的咖啡，并告知可以在柔软的沙发上休息等待。这份温馨，会让客户有一种"宾至如归"的满足感，客户也就容易对你的公司产生好感和信任感。

2. 客户服务人员执行层

客户服务理念需要客户服务人员实施，自接待客户的那一刻起，客户服务人员就代表着企业，一言一行都反映出企业对客户的态度。因此，提高客户满意度，客户服务人员的工作执行是至关重要的。

（1）专注的服务。

当你倾听客户的谈话或者与客户交流时，要把注意力集中在客户身上，这样你就可以确定他的需求。使用积极的非语言暗示，如眼神交流、开放的姿态等都会增强关注度，从而保证听到所有信息提高沟通的效果，更好地为客户服务。

（2）一次只为一位客户服务。

服务时不要瞻前顾后，你不可能同时为两个客户提供优质服务除非这两位客户是一起的。

（3）把客户当成朋友。

充分了解客户，养成定期和客户交流并记录交流内容的习惯，这对于长期客户的维护来讲是十分重要的。尝试与客户聊聊天，不仅有助于了解客户，还可以从交谈中知道客户的潜在需求。要把长期客户看成战略伙伴型的朋友，这样才能让客户对你有足够的信赖感和依赖感。

（4）给客户提供超值服务。

要舍得花时间处理客户的问题，比如客户抱怨和客户需求。不仅要提供客户期望的服务，还要提供附加值服务，比如给客户提供有帮助的建议，在特殊节日给客户祝福，事情虽小，但是在客户心里会留下深刻印象。超值服务是提升客户满意度有效方法。

3. 质量是客户满意的基础

质量是价值建立和客户满意的核心要素，质量要求全员、全过程的保证。

（1）质量的全程性。质量是一种产品或服务的性能和特征的集合体，它具有满足现实或潜在需求的能力。这是一种以客户为中心的质量定义。客户价值链传递生产质量和客户服务质量。国家电力公司承诺中关于供电可靠率和电压合格率的问题。如果这一条不能保证，经常对客户拉闸限电，电压、频率不稳，那么"窗口"微笑再多、再甜美也无济于事。要以建立适应市场竞争需要的质量保证体系为前提，以生产满足市场和客户需求的优质电能产品为目标，健全企业内部质量管理运行机制，做到事前预警、事中监督、事后反馈，实现从设计到售后服务的全过程质量保证。在内部质量管理运行机制日益完善和优化的前提下，还必须注重企业外部的信息管理与利用，从了解客户需求信息开始，在设计、制造、销售、服务的过程中，努力满足客户需求，让客户满意贯穿质量管理的全过程。

（2）质量的全员性。质量必须反映在公司的每项活动中，质量要求全体职员的承诺。卡特·怀特认为"保证内部服务水平一致性是很重要的，因为价值链就取决于最薄弱的环节。顾客对一个商业机构的总体印象将基于他们在某一地点所获得的最糟糕的服务而不是最好的。"德鲁克认为，不能把市场推销看成一个单独的职能，与制造、人事等其他职能相提并论，而必须把它看作企业全部活动的中心，使企业各个领域的活动都围绕这个中心进行，都关注市场推销并为之承担责任。这就要求，内部服务应先于外部服务。若公司没有提供优质服务的打算，却向客户许诺优质服务，结果会更糟。必须遵循上道工序为下道工序服务，上道工序向下道工序承诺的原则，将客户网的观念在整个公司落实，而不是仅由一线客户服务人员负责，企业的每一级管理人员也应该了解客户、服务客户。

4. 效率是客户满意的重要条件

一项分析表明：一个能比其他竞争者的反应快 4 倍处理顾客的抱怨与要求、送货与创新的企业，将较其他竞争者的增长速度快 3 倍，并获得 2 倍的利润。国电公司供电服务标准中规定：全过程办电最长时间，低压居民客户不超过 3 个工作日；实行投资界面延伸的，单电源高压客户不超过 60 个工作日，双电源高压客户不超过 80 个工作日；实行"三零"服务的低压非居民客户，不超过 20 个工作日。这些承诺充分体现了电力服务的效率。

练一练

（1）（多选）提问的方式有哪些？（　　　　）

A. 开放式提问　　　　B. 封闭式提问　　　C. 选择性提问　　　D. 引导性提问

（2）（单选）我国古代流传下来的《二十四节气歌》中"春雨惊春清谷天，夏满芒夏暑相连，秋处露秋寒霜降，冬雪雪冬小大寒"体现的学习策略是（　　　）。

A. 复述策略　　　　B. 组织策略　　　　C. 计划策略　　　　D. 精细加工策略

（3）（判断）人的情绪高低与身体重心高度成反比。重心越低，越容易情绪高涨。（　　）

评价反馈

请大家根据本次任务完成情况填写综合评价表，见表 4 - 9。

表 4 - 9　　　　　　　　　　　综 合 评 价 表

班级：		姓名：	学号：		
评价项目		评价内容	评价方式	分值	得分
线上学习（20%）	云教材	数字教材阅读时长	【过程评价】平台数据	5	
	平台资源学习	资源自学完成度		5	
	平台活动和测试	参与线上活动态度与能力		10	
	中华文化小课堂专题	课程思政学习效果反馈点 1			
线下实操（40%）	客户回访案例分析	能通过案例分析查找暴露问题	【过程评价】教师评价 60%组内互评 20%组间互评 20%	10	
	不同类别客户回访	制定不同类别客户回访应答		10	
	设计满意度调查问卷	使用在线工具设计满意度调查问卷		10	
	客户满意度管理	按照不同层级进行满意度管理		10	
	育心笃行学习情况	课程思政学习效果反馈点 2			
任务成果（20%）	客户回访工单	客户回访工单的完整性和准确性	【结果评价】教师评价 60%组间互评 40%	10	
	情景模拟音频	小组完成不少于 3 种情况的场景录音		10	
	思政口袋书记录情况	课程思政学习效果反馈点 3			
学习增量（20%）	个体学业成就	与上个任务成绩对比	【增值评价】平台数据对比学生自评	5	
	职业素养提升	服务意识、主动性增强		5	
	师生互动频率	师生互动次数增加		5	
	公益活动参与	公益活动、社会实践参与情况		5	
综合得分				100	

任务 2　电力客户忠诚度管理

学习情境描述

本学习情境要求按照《供电服务标准》（Q/GDW 10403—2021）等优质服务相关规定，学习规定中关于供电服务渠道、项目、人员方面的要求，了解客户满意度与客户忠诚度之间的关系，掌握企业通过优质服务来提高客户忠诚度的具体措施，同时作为客户服务人员、客户经理能够根据客户实际需求为客户提供优质的供电服务。

学习目标

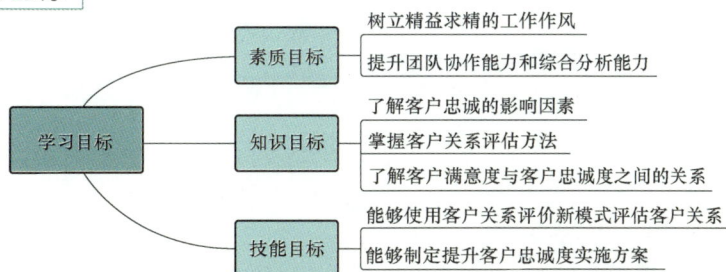

任务书

请阅读任务书，见表 4-10，了解本次任务详情。

表 4-10　　　　　　　　　　　　　　任 务 书

任务书	电力客户忠诚度管理				
学习情境	供电营业厅实训室	任务学时	4 学时	任务编号	任务 4-2
学习形式	理实一体化	学习方法	自主探究法 合作学习法	执行标准	《电力系统营销服务》（中级）"1＋X"职业技能标准
学习设备	柜台及呼叫设备		学习平台		智慧职教在线课程
任务描述	（1）开展客户关系评估 （2）制定提高客户获得感服务方案 （3）情景模拟开展方案实施 （4）进行过程检验提出修改策略				
实施步骤	客户关系评估 ↓ 明确提升忠诚度任务 ↓ 团队制定方案 ↓ 模拟实验 ↓ 过程检验 ↓ 完成任务/评价反馈				

任务书	电力客户忠诚度管理
任务成果	（1）客户关系评估表 （2）提升客户忠诚度实施方案 （3）情景模拟视频

✏️ 任务分组

按每组 4～6 人成立营销班组，明确班组成员的工作任务，并填写学习任务分配表，见表 4-11。

表 4-11 　　　　　　　　　　　学 习 任 务 分 配 表

营销班组		班组长	
组员			

任务分工：

💡 任务准备

（1）阅读任务书，了解任务内容。

（2）通过网络书籍了解客户忠诚度研究现状，为完成该任务做好铺垫。

（3）调研某供电公司客户忠诚度情况。

（4）思考客户忠诚度和客户满意度之间的关系。

🔧 任务指导

（1）认真阅读任务单中的任务背景和任务详情。

（2）小组讨论分析影响供电营业厅服务提高客户忠诚度的主要影响因素，并根据分析结果制定相关服务方案。

（3）自主探究学习方式回答引导问题，并写出自己的答案。

（4）成果展示各组的服务方案，复盘优化。

（5）对本人在此次任务中的表现进行评价总结，查漏补缺并反复练习。

⚗️ 任务实施

引导问题 1 根据课前调研反馈所调研的供电公司客户关系评估情况。

引导问题 **2** 思考为什么要培养客户忠诚？

_____

_____

▶▶ 小 提 示

客户忠诚是指客户愿意重复购买同一家企业的产品或服务，根据经济学原理，维护老客户的成本远低于开发新客户的成本；企业与客户关系越紧密、越长久，对于企业来说获益越大。因此，忠诚的客户是企业最重要、最可以依赖的对象。对于客户来说，没有理由继续接受不满意的产品或服务，同时也没有理由不接受自己满意的产品或服务。如果产品或服务越是能够让客户满意，客户就越会有意愿继续购买。因此，客户满意是建立客户忠诚、战胜竞争对手的关键。

引导问题 **3** 根据本任务相关知识的学习，列举有哪些因素影响客户忠诚度？

_____

_____

引导问题 **4** 结合课前某供电公司客户服务相关数据，设计客户关系评估表见表4-12。

表 4-12 客 户 关 系 评 估 表

客户名称：		客户编号：	
客户地址：		供电电压：	
评估指标	指标权重	得分	得分依据
关联度指标			
利润贡献指标			
成本占比指标			
忠诚度指标			
评估结果：			

▶▶ 小 提 示

评价客户关系的新模式

随着世界经济的快速发展，市场竞争越发激烈，对企业的发展提出了更高的要求。因为企业发展的关键在于客户，而客户的关键在于其价值，所以评价客户关系价值的指标体系就越来越重要。

传统的客户关系评价模式主要集中在客户信用体系和价值体系评价两个维度，更多的是反映客户对于企业的价值，却忽视了客户与企业的多维联系，以及从企业利润和成本的角度去思考企业与客户的关系。因此，新的客户关系评价模式将从更加全面和细分的维度，采用关键指标评估法，即通过设立某些关键性的指标，通过对客户满足指标的情况来评估客户关系。下面介绍4种常见的评估指标（由于各地实际工作的差异性，可以进行个性化的调整）。

育心笃行

中国电力奇迹：从筚路蓝缕到世界第一

1. 关联度指标

这类指标用于评估客户与供电企业的联系的紧密程度，一般来说，联系越紧密的客户，关系就越密切。

在评价时，可以采用是否有客户联系方式、客户是否愿意接受我方联系、客户是否主动联系我方、双方是否有常态化联系等指标进行衡量。

2. 利润贡献指标

利润贡献指标用来衡量客户能够直接为供电企业带来多少经济利益，一般来说，利润贡献越大的客户与供电企业的关系越紧密。

在评价时，可以采用月电费支出、单位产值电费支出、购买综合能源产品/服务支出等指标进行衡量。

3. 成本占比指标

成本占比指标用于衡量服务该客户所花费的总成本，一般来说，服务成本越低的客户与供电企业的关系越紧密。

在评价时，可以采用营销成本、服务成本、投诉处理成本等指标进行衡量。

4. 忠诚度指标

忠诚度指标用于衡量客户对供电企业的产品和服务的忠诚程度，一般来说，忠诚度越高的客户与供电企业的关系越紧密。

在评价时，可以采用是否重复购买、电费缴纳信用、是否存在流失风险等指标进行衡量。

引导问题 5 根据事件经过分析暴露问题，并给出措施建议。填写客户关系影响因素案例分析，见表 4-13。

表 4-13 客户关系影响因素案例分析

任务	供电服务过程中服务态度与客户关系影响分析

事件经过：

1月18日，某县小区客户来电反映，电量过高，申请核实抄表数据。工单回复：客户实际是想更换新电表，现已采取为客户更换新表措施解决客户问题。1月25日，客户再次来电投诉，对异常电量不认可拒绝缴费并要求尽快复电，且工作人员到客户现场换表时未出示工作证及未穿工作服，在处理用电异常问题时工作人员在与同事沟通时，另一工作人员存在侮辱客户言语，并说客户是恶意敲诈，不想交电费。另客户表示小区线路杂乱，要求尽快处理。

调查结果：

客户反映情况属实。客户前期反映电量过高，工作人员多次到达现场与客户沟通解释，并按照客户诉求更换新的电表。更换电表时存在未向客户出示工作证件及未穿工服情况。因客户对自家使用的电量电费一直不认可，工作人员便现场拨打供电部主任电话沟通此问题，在电话沟通中因楼梯内信号不好有回音，声音过高，客户误认为工作人员存在态度差的问题，并不存在侮辱言语"表示客户有恶意敲诈、不想交电费情况"。更换电表后，客户对新电表产生的电量也不认可，因欠费造成停电，工作人员多次到现场查看客户家中使用的电器，经核实现场用电量正常，客户使用电量无误，客户于1月25日交费后自动复电。因客户所在滨城国际小区前期用电是小区物业管理，电费由小区开发商长期垫付，业主从未交过，按县政府安排2020年12月31日，供电公司对该小区正式接管，并对小区内住户实施一户一表改造，位置线路杂乱情况也已进行整改。

暴露问题：

整改方案：

小 提 示

客户服务应做到：

（1）客户服务人员要有较强的责任心、服务意识，掌握一定的沟通技巧，真正做到真心实意为客户着想，尽力去解决客户诉求。

（2）客户服务人员在实际工作中严格按照公司制度标准进行现场作业。

（3）充分利用供电公司监管制度，及时发现一线员工实际工作中的违规之处。

具体措施包括：

（1）严格落实公司日常工作监管机制，及时发现员工在服务过程中的违规之处，加大考核力度，及时监督改正杜绝再次发生。

（2）加强一线工作人员服务意识、业务技能相关培训，提高员工素质，提升优质服务。

引导问题 6 以供电服务为例，列举客户满意度与客户忠诚度之间的关系。

拓展阅读

你的客户是不是真的忠诚？

有人可能会有疑问，我们的客户不是选择国家电网吗？难道我们也有不忠诚的客户？事实上，忠诚可以分为主动忠诚和被动忠诚，主动忠诚，就是客户满意度提高以后的结果。而客户在不满意的情况下，也可能存在"被动忠诚"，被动忠诚产生的原因主要有以下两类：

1. 惰性忠诚

这类忠诚是指客户尽管对产品和服务并不满意，但是由于本身的惰性不愿意寻找其他供应商或服务商。在这种情况下，如果有其他企业主动出击，给予客户更多实惠，很容易抢走这部分客户。

2. 垄断忠诚

这类忠诚是指在卖方主导市场的情况下，或者在市场处于某一家企业垄断的情况下，客户没有别的选择而被迫忠诚。电力在过去属于国家垄断的行业，近年来，售电市场逐渐放开，客户有了其他的售电企业可以选择，原来一些垄断忠诚的客户就有可能流失，这应该引起供电企业的注意。

引导问题 7 根据供电服务品质评价指标体系，制定提升客户忠诚度实施方案。

▶ **小 提 示**

供电服务品质评价指标体系见表 4 - 14。

表 4 - 14　　　　　　　　供电服务品质评价指标体系

一级指标	二级指标	三级指标		四级指标
某省电网公司各地市电业局综合客户满意指数	客户期望	理想期望	希望供电服务达到理想水平	调查问卷上的问题
		可接受期望	根据现状认为供电服务可以达到的水平	
	客户对质量的感知	供电质量	客户对供电质量的总体评价	供电可靠性	按服务过程、环节展开问卷指标
				电能质量	
		服务质量	有形性	为客户提供服务的设施、设备、传播媒介和客户服务人员的外表	
			可靠性	可信赖地、准确地履行所承诺的服务的能力	
			保证性	客户服务人员的知识、能力以及谦虚的态度和表现出的可信赖的和自信的精神状态	
			响应性	帮助客户并且提供快捷服务的意愿	
			移情性	为客户所提供的关心以及个人的关注	

190

一级指标	二级指标	三级指标		四级指标
某省电网公司各地市电业局综合客户满意指数	客户对形象的感知	客户对某省电网公司在心目中的形象评价		调查问卷上的问题
		客户对某省电网公司宣传工作（渠道多样、方便，信息更新及时、有用等）的评价		
		客户对某省电网公司推行"共产党员服务队"服务品牌的了解程度		
		某省电网公司受社会公众的欢迎程度		
		某省电网公司提供高水平供电服务品质的程度		
		某省电网公司重视社会公益事业的程度		
		某省电网公司重视客户的程度		
		某省电网公司保证高质量电力供应的程度		
	客户对价值的感知	与客户支付的国家规定的电费水平相比较的供电服务质量的高低		
		相同质量水平下与其他公用事业价格比较的国家规定的电费合理性		
	客户满意度	总体评价	对供电服务质量的总体感觉	
		时间发展比较	目前供电服务质量与去年相比较	
		同性质行业比较	与其他公用事业相比较的服务水平	
		客户期望相比较	与理想期望相比较	
			与可接受期望相比较	
	客户忠诚	行动	增加用电来代替其他能源的可能性	
		信任	供电服务质量保持稳定和不断提高的可能性	
		口碑	客户推荐电业局供电服务质量的意愿程度	
	客户抱怨	客户最近一年来，对供电服务质量的抱怨频次		

引导问题 8 以某 A 级乡村供电所为例，制定增值服务提高其客户忠诚度的方法及路径。

增值服务

▶ 小 提 示

提高客户忠诚度的方法

有效地提高客户忠诚度，可以从以下几点入手：

（1）企业应控制产品的质量和价格。

（2）对企业客户服务人员进行培训，传授产品及服务的相关知识。

（3）尽可能多地了解客户，为客户提供符合其需求的个性化产品及服务。

（4）提高客户服务的质量，为客户创造愉快的购物经历。

（5）为客户提供渴望的甚至是意外惊喜的服务，超越客户的期待。

育心笃行

为乡村全面振兴做好供电服务

（6）正确对待客户问题，合理处理客户的抱怨和投诉。

（7）优化产品购买程序，提高客户购买产品的频率。

（8）提高企业员工对企业的忠诚度，使他们以最大的效率开展各项工作。

引导问题 9 小组针对供电营业厅柜台服务制定的提升客户忠诚度实施方案进行情景模拟，查找问题，完善实施方案。

📖 **拓展实践**

到当地供电营业厅进行参观学习或请供电服务专家结合一线实际情况讲解工作岗位上遇到的问题，尝试提供客户用电申请、电费交纳等常见服务。

（1）学生总结专家讲解的优质服务项目及标准。

（2）教师提出完成该任务的要求，讲解与任务相关的内容。

（3）教师对现场参观给予指导。

（4）学生提交参观报告。

🌱 **相关知识点（"1+X" 证书）**

如今，企业竞争的目标已经由追求市场份额的数量转向追求市场份额的质量。对于许多企业而言，最重要的问题不是占有多大的市场份额，而是拥有多少忠诚客户，忠诚客户的数量决定了企业的生存与发展，也是企业持续发展的保障。

一、客户忠诚

客户忠诚是从客户满意概念中引出的概念，是指客户满意后而产生的对某种产品品牌或公司的信赖、维护和希望重复购买的一种心理倾向。

客户忠诚有两种表现形式：一种是客户忠诚于企业的意愿，即情感忠诚；一种是客户忠诚于企业行为，即行为忠诚。一般的企业往往容易将这两种形式混淆起来，其实二者具有根本的区别：对于企业来说，前者本身并不产生直接的价值，而后者可以直接产生价值。很简单，客户只有意愿，却没有行动，对于企业来说是没有实际意义的。对于企业来说，首先要推动客户从"意愿"转向"行为"；其次可以通过交叉销售和追加销售等途径进一步提升客户和企业的交易频度。

在当今的商业竞争中，任何一个新产品的诞生总会在最短的时间内被效仿，甚至在效仿中被超越。日趋同质化的产品使企业面临着更加严峻的市场考验，对付同质化产品的最佳方案就是提高产品的附加值。其中，优质的服务是提升产品附加值一个好的选择。服务的目的就是让客户满意，进而使他们变成忠诚的"铁杆消费者"，为什么"铁杆消费者"对于企业的生存和发展非常重要呢？有关数据表明：获得一个新客户所付出的成本比维系一个老客户的成本大很多，特别是在供过于求的市场竞争环境下，这种成本将会越来越大。但是，新客户对于企业的贡献力度却非常微小，甚至有些行业，新客户在短期内无法给企业带来利润；相比之下，忠诚客户对企业的贡献确实令人瞠目结舌。

客户忠诚度到底值多少钱？有调查研究表明：保险业提高客户5％的忠诚度，获利可增加60％；服务业提高客户4％的忠诚度，获利可增加21％；银行业提高客户5％的忠诚度，获利可增加40％。

客户忠诚是从客户满意概念中引出的概念，是客户满意后而产生的对某企业或某产品品牌的信赖、维护和希望重复购买的心理状态或态度。忠诚的基础在于持续的客户满意，它是一种情感、态度上的联系，而不仅仅是一种行为。客户忠诚的表现为：

（1）忠诚的顾客必定经常性地重复购买。

（2）忠诚的顾客对竞争者的促销宣传活动具有免疫能力。

（3）忠诚的顾客会购买企业其他相关的产品或服务。

（4）忠诚的顾客会积极向别人推荐。

二、 客户忠诚的意义

1. 客户忠诚能带动企业长期利润增长

取得新客户的成本是非常高的，而保留客户的成本则呈不断下降的趋势。忠诚客户不断购买和向他人推荐购买，使公司的收入和市场份额增长。研究表明，争取一位新客户所花费用是保住一位老客户所花成本的5～6倍。优质服务可以使企业通过少量增加成本而获得丰厚回报，让企业因客户忠诚而维持一定利润水平，实现企业的持续发展。

客户忠诚的意义

2. 客户忠诚能带动员工的忠诚

客户忠诚能提升员工的满意度和自豪感，员工的忠诚又加强了客户忠诚，从而形成企业经营的良性循环。

3. 客户忠诚有利于企业建立良好的口碑

忠诚的客户对某企业或某产品品牌产生信赖，并愿意主动推荐给别人，这就是对企业和产品最佳的口碑宣传。

三、 客户忠诚的影响因素

构建客户忠诚取决于两个方面：一是客户对产品或服务的依恋程度，二是实际重复消费的实现。其中，依恋程度由喜好程度和产品区别特征决定的。喜好程度是客户对产

品和服务承认的延伸，产品区别特征是客户对产品和服务不同于其他同类产品和服务的认知，这两个因素交叉组合，形成 4 种不同程度的依恋，如图 4-1 所示。一般来说，客户对产品或服务非常喜好，同时又很清楚该产品或服务的特别之处时，才会有较高的依恋程度。实际重复消费则体现了客户的总体满意度、客户的维护和加强与公司现行关系的主动性、成为重复购买者的意愿、向其他人推荐公司的意愿、转向公司竞争对手的抵抗力等。此外，一般常说的客户满意也是影响客户忠诚的重要因素之一，但客户满意与忠诚是两个完全不同的概念。满意度的增加并不代表客户对企业的忠诚度也在增加。

1. 客户对产品或服务的依恋程度

图 4-1　客户对产品或服务的依恋程度

不同的客户、不同的行业，客户忠诚各有不同，根据依恋程度和重复消费的情况，有以下几类：

（1）高依恋、高重复。如超值忠诚，表明客户对某企业及其产品和服务情有独钟，乐于向他人推荐，是一种典型的感情或品牌忠诚。

（2）低依恋、高重复。如垄断忠诚，即指只有一个供应商，客户别无选择的，如公用事业公司就属于这种情况；又如方便忠诚，是由于客户图方便或惰性，不愿去寻找其他供应商；再如激励忠诚，这类客户乐于企业的各种奖励活动，当活动结束后，可能会转向其他有奖励活动的公司。这一类要么企业没有竞争者，客户不得不"忠诚"，要么客户对产品服务是低依恋的，容易被竞争者挖走。

（3）高依恋、低重复。是指客户有购买意愿，但是由于种种原因而没有或极少有购买行动，是一种潜在忠诚，需要企业消除引起客户没有购买行动的原因。

（4）低依恋、低重复。如价格忠诚，对价格敏感的客户会忠诚于提供最低价格的零售商，这类客户一般不会成为忠诚客户的。

2. 实际重复消费中的信任和情感因素

客户重复性购买的原因一方面是因为客户对企业的产品有信任感和安全感，另一方面是企业在与客户交易过程中，通过情感沟通、与客户建立了一种超越经济关系之上的情感关系。

（1）信任因素。当今许多企业不重视客户信赖度，追求眼前利益、"一切向钱看"不考虑客户的感受，企业与客户之间的关系是"与鲨鱼共泳"即缺乏信任度。这种企业是不可能得到客户信任的，而没有得到客户信任的企业肯定得不到客户的忠诚。研究显示，信任是构成客户忠诚的核心因素、信任使购买行为的实施变得简单易行，同时也使客户对企业产生依赖感。可以说，信任是使客户产生忠诚的前提条件、是忠诚的直接基础。

（2）情感因素。日本最大的企业形象设计所"兰德社"曾评论说，松下电器和日立电器在质量、价格等方面并不存在什么差别，可有的客户之所以只购买松下电器（或日立电器）只是因为他更喜欢这家公司。美国人维基·伦兹在其所著的《情感营销》一书中也明确指出："情感是成功的市场营销的唯一的、真正的基础，是价值、客户忠诚和利润的秘诀。"

可见，企业与客户一旦有了情感，企业与客户之间就从单纯的买卖关系升华为合作伙伴，当客户与企业的感情变得深厚时，客户就不会轻易背叛，即使受到其他利益的诱惑也会考虑与企业的感情分量。

3. 客户满意是影响客户忠诚的重要因素

客户忠诚度和满意度之间有着重要的联系。一般来说，客户满意度越高，客户的忠诚度就越高；客户满意度越低，客户忠诚度就越低。客户满意和客户忠诚的联系：客户忠诚的建立模式和途径是相对固定的，即通过实现客户满意来建立客户忠诚，通过客户忠诚获取利润并实现企业的长久发展。

客户满意和客户忠诚的区别：客户满意是指企业提供的能够让客户满意的产品或服务的质量标准是在客户的期望值范围之内的，客户认为这是自己应该得到的产品或服务；而客户忠诚是指提供给客户的产品或服务的质量标准超出客户预期，也就是说使客户感到吃惊、兴奋的产品或服务。

客户满意与忠诚是两个完全不同的概念。满意度的增加并不代表客户对企业的忠诚度也在增加。调查显示，65％～85％对某一企业的产品表示满意的客户也会毫不犹豫地选择企业竞争对手的产品。所以客户服务的最高目标是提升客户的忠诚度，而不是满意度。

（1）满意才可能忠诚。相关统计表明，一个满意的客户愿意继续购买产品或服务的意愿是一个不满意客户的6倍。通常，客户满意是重复购买最重要的因素。如果企业不能让客户满意，就没有建立客户忠诚的基础。虽然一个满意的客户不一定就是忠诚客户，但有可能成为忠诚客户。但也有这样的情况存在：客户不满意，但仍然有重复购买的行为。所以，根据客户满意的状况，可将客户忠诚分为信赖忠诚和势利忠诚两种。

1）信赖忠诚。当客户对企业及其产品或服务非常满意时，常常表现出对企业的产品或服务的信赖感。信赖忠诚的客户在思想上对企业及其产品或服务有很高的精神寄托，在行为上表现为指向性、重复性、主动性和排他性购买。

2）势利忠诚。当客户对企业及其产品或者服务不完全满意时，往往表现为对企业及其产品或服务的势利忠诚。有些客户可能是因为购买方便才重复购买；有些客户是因为价格诱人才购买；有些客户是因为可以中奖、打折，或有奖励、赠品；还有些客户是因为转移成本太高，或者转移风险太大等。

总之，势利忠诚的客户会受企业提供的产品、价格、服务、促销等其中一个或几个因素的影响，为了能够得到某些好处或者害怕有某些损失而长久地重复购买某一产品或服务的行为。一旦没有了这些诱惑和障碍，他们也就不再忠诚，很可能就会转向其他更有诱惑的企业。

势利忠诚是虚情假意的忠诚，这些客户是用势利的眼光决定忠诚还是不忠诚，他们对企业的依恋度很低，很容易被竞争对手抢走。

（2）满意也可能不忠诚。通常，满意的客户在很大程度上就是忠诚的客户，但实际上它们之间并不像人们所想象的那样存在着必然的联系。许多企业管理人员发现：有的客户虽然满意，但还是离开了。据《哈佛商业评论》报告显示，对产品满意的客户中，仍有65%～85%的客户会选择新的替代品。也就是说，满意并不一定忠诚。

美国汽车制造业曾经投入大量奖金并制定一系列奖励制度、促使员工提高客户满意程度，以便与外国汽车制造厂争夺市场。现在，美国汽车制造厂的客户满意率超过了90%，然而，只有30%～40%的满意客户会再次购买美国汽车。也就是说，虽然许多汽车制造企业的客户满意度不断提高，但是它们的市场占有率和利润却在不断下降。可见，满意也可能不忠诚。要获得客户的忠诚，除了令他们满意外，还受其他许多因素的影响。如果企业仅仅把注意力放在客户满意上，仍将无法有效地控制客户流失。

（3）不满意一般不忠诚。通常，要让不满意的客户忠诚的可能性是很小的，如果不是无可奈何，迫不得已，客户是不会忠诚于企业的。或者说，一个不满意的客户迫于某种压力，不一定会马上流失或不表现不忠诚，但条件一旦成熟，就会离开。

（4）不满意也有可能忠诚。不满意也有可能忠诚可分为两种情况：一种是惰性忠诚，另一种是垄断忠诚。惰性忠诚是指客户尽管对产品或者服务不满，但是由于本身的惰性而不愿意去寻找其他供应商或者服务商。对于这种忠诚，如果其他企业主动出击，让惰性忠诚者得到更多的实惠和方便，还是容易将他们挖走的。垄断忠诚是指在卖方占主导地位的市场条件下，或者在不够开放的市场条件下，尽管客户不满却因为别无选择，找不到其他替代品，不得已，只能忠诚。

从以上的分析来看，客户忠诚很大程度受客户满意的影响，但是不绝对。只能说，忠诚的客户来源于持续满意（完全满意或不完全满意）的客户。

影响客户忠诚度的因素还有很多，如一个企业的社会行为、社会口碑、参与公益事业多少等。例如，汶川地震后王老吉捐款1亿元，很多消费者自愿发起"让王老吉从货架消失"的主动消费行为。此外，客户因为搬迁或经营地点转移，可能会离开企业。企业的主要联系人辞职、退休等，也会影响客户对企业的忠诚。

四、客户忠诚的衡量因素

企业判断一个客户是否为企业的忠诚客户，可以从6个方面来衡量。

1. 客户重复购买次数

在一定时期内，顾客对某一品牌产品重复购买的次数越多，说明对这一品牌的忠诚度就越高，反之就越低。应注意的是，在确定这一指标的合理界限时，必须根据不同的产品加以区别对待。

2. 客户购物时间的长短

根据消费心理规律，顾客购买商品，尤其是选购商品，都要经过比较挑选的过程。但由于信赖程度有差别，对不同产品、顾客购买挑选时间的长短也是不同的。一般来说，顾客挑选时间越短，说明他对某一品牌商品形成了偏爱，对这一品牌的忠诚度越高，反之则说明他对这一品牌的忠诚度越低。在运用这一标准衡量客户的忠诚度时，必须剔除产品结构、用途方面的差异而产生的影响。

3. 客户对价格的敏感程度

消费者对价格都是非常重视的，但并不意味着消费者对各种产品价格敏感程度相同。事实证明，对于喜爱和信赖的产品，消费者对其价格变动的承受能力强，即敏感程度低；而对于不喜爱的产品消费者对其价格变动的承受能力弱，即敏感度高。据此亦可衡量消费者对某一品牌的忠诚度。运用这一标准时，要注意顾客对于产品的必需程度、产品供求状况及市场竞争程度 3 个因素的影响。在实际运用中，衡量价格敏感度与品牌忠诚度的关系，要排除这 3 个因素的干扰。

4. 客户对竞争产品的态度

人们对某一品牌态度的变化，多是通过与竞争产品相比较而产生的。根据顾客对竞争对手产品的态度，可以判断顾客对其他品牌的产品忠诚度的高低。如果顾客对竞争对手产品兴趣浓，好感强，就说明对某一品牌的忠诚度低。如果顾客对其他的品牌产品没有好感，兴趣不大，就说明对某一品牌产品忠诚度高。

5. 客户对产品质量问题的态度

任何一个企业都可能出现产品质量问题，名牌产品也在所难免。如果顾客对某一品牌的印象好，忠诚度高，对企业出现的问题会以宽容和同情的态度对待，相信企业会很快加以处理。若顾客对某一品牌忠诚度低，则一旦产品出现质量问题，顾客就会非常敏感，极有可能从此不再购买这一产品。

6. 客户购买费用的多少

客户对某一品牌支付的费用与购买同类产品支付的费用总额的比值高，即客户购买该品牌的比重最大，说明客户对该品牌的忠诚度高；反之，则低。

五、 客户忠诚培养的关键

企业要不断地采取多种方式对客户实施关怀，提高客户满意度和忠诚度。客户忠诚的培养是一个系统工程，应注意以下几个方面：

1. 避免影响客户取向的不利因素

客户取向通常取决于价值、系统和人 3 方面的因素。

（1）价值因素主要指客户感觉到的产品或服务在质量、数量、可靠性或者"适合性"方面的不足。

（2）系统因素主要指客户遇到复杂、低效的办事程序，如排长队、环境差及标志不清等的抱怨，都是系统出问题的例证。

（3）人的因素主要指公司员工仪表态度、行为举止、技术能力等因素。

公司应当设法避免出现影响客户取向的不利因素，并提供超出客户预期的产品和服务，才能建立好的口碑。

2. 安抚不满的客户

服务不周造成的危害是显而易见的，弥补这种危害带来的影响，应被视为是一次机遇而不仅仅是痛苦的例行公事，零投诉并不见得是一件好事，沉默才是最可怕的，沉默背后可能预示着客户流失，关键是企业如何对待和处理投诉。用一些创造性的方法来补偿，至少可以抵消客户的不满或已经给他们带来的不便。有研究表明，如果企业能解决客户的投诉，这些客户中 57％～70％ 的将再次交易，如果企业能很快、圆满地解决客户的投诉，这些客户中 95％ 的将再次交易。

这项工作包括两方面，一是为客户投诉提供便利，二是对这些投诉进行迅速而有效的处理。

3. 提供超值的产品和服务

好的产品才是老客户帮助你推销产品的根源，让客户有宣传的信心和资本，客户不会舍本逐末，而这种超值需要创造条件以利于客户对价值的感知。企业可以通过改善以下几方面来达到目的：包装、保证和担保、产品的适用性、产品的纪念价值、公司的信誉等。

4. 提供超值信息

每一个产品、每一项服务或者每次的购买行为都含有信息成分在内，比如销售食品需要提供营养成分数据、注意事项和配方；汽车、家居用品和家用电器都附有用户手册。人们通过接受这些相关信息充分感受到了产品或者服务为他们带来的各项好处，以利于建立客户忠诚。企业应力求通过不同方式来让它的客户全面方便地了解这些信息，并分别为新的客户和老客户提供不同层次的咨询服务，以保证有效性。

5. 给予超值便利

便利主要体现在服务的速度和处理问题时的轻易程度，企业应当时刻注意改进现有服务体系，客户需要什么，你就应当设法去满足，使客户感到更加方便。致力于提供高效、便捷服务的机构容易获得客户的忠诚。

电力企业倡导的"客户只需打一个电话，其余事情由我们来做"，就是让客户享受到的"一站式"服务。

做到了上述 5 个方面，可以帮企业切实可行地把良好意愿转化为现实，培养出客户对公司前所未有的忠诚。随着电力体制改革的不断深化，培养客户忠诚对供电企业发展更是至关重要。这就要求供电企业必须主动为客户提供优质服务，在客户满意的基础上实现完全意义上的客户忠诚。

练一练

（1）（单选）在客户关系管理里，不是客户忠诚的表现的是（　　　）。

A. 对企业的品牌产生情感和依赖

B. 重复购买

C. 即便遇到对企业产品的不满意，也不会向企业投诉

D. 有向身边的朋友推荐企业的产品的意愿

（2）（多选）客户忠诚给企业带来的效应包括（　　　）。

A. 长期订单　　　　　B. 回头客　　　　　C 良好的口碑　　　　D. 新的成本

（3）（多选）影响客户忠诚度的重要因素有（　　　）。

A. 垄断　　　　　　　B. 满意　　　　　　C. 信赖　　　　　　　D. 惰性

评价反馈

请大家根据本次任务完成情况填写综合评价表，见表 4 - 15。

表 4 - 15　　　　　　　　　　综 合 评 价 表

班级：		姓名：	学号：		
评价项目		评价内容	评价方式	分值	得分
线上学习 （20％）	云教材	数字教材阅读时长	【过程评价】 平台数据	5	
	平台资源学习	资源自学完成度		5	
	平台活动和测试	参与线上活动态度与能力		10	
	中华文化小课堂专题	课程思政学习效果反馈点 1			
线下实操 （40％）	客户关系评估	能结合实际进行客户关系评估	【过程评价】 教师评价 60％ 组内互评 20％ 组间互评 20％	10	
	忠诚度指标分析	分析影响客户忠诚度指标		10	
	制定提升忠诚度 实施方案	小组制定相关实施方案		10	
	检验及修正方案	通过模拟实践检验方案并及时调整		10	
	育心笃行学习情况	课程思政学习效果反馈点 2			
任务成果 （20％）	客户关系评估表	客户关系评估表的完整性和科学性	【结果评价】 教师评价 60％ 组间互评 40％	10	
	忠诚度提升实施方案	方案制定的实践性和可行性		10	
	思政口袋书记录情况	课程思政学习效果反馈点 3			
学习增量 （20％）	个体学业成就	与上个任务成绩对比	【增值评价】 平台数据对比 学生自评	5	
	职业素养提升	服务意识、主动性增强		5	
	师生互动频率	师生互动次数增加		5	
	公益活动参与	公益活动、社会实践参与情况		5	
综合得分				100	

项目5 数字智能电力客户服务实践应用
——数智中国谱写电力之光
（社会实践指导手册）

本内容是为学生课外社会实践提供的指导手册，在实现中国式现代化的道路上，在一切为了人民的奋斗目标中，结合当前供电服务和数智中国发展等民生热点，激励学生了解电力客户服务发展前沿。通过电力营商环境优化、数字化供电所助力乡村振兴、双碳目标下电力新能源产业发展等项目指导学生开展社会实践和岗位体验。

"互联网+"使客户
服务换新颜

实践任务1 电力营商环境优化

【实践目的】

（1）深入体验供电企业优化电力营商环境的具体实施情况。

（2）通过理论与实践的结合，提升供电服务能力。

（3）强化作为电力人的职业认同感。

【实践前准备】

一、资料阅读

人民日报：优化营商环境办好用电实事——××电网提升供电服务水平

今年以来，××电网公司聚焦群众用电问题开展"我为群众办实事"专题实践活动，让党员成为服务标兵，不断优化电力营商环境、提升供电服务水平，满足人民群众的用电需求。

优化营商环境

1. 响应群众用电需求

××××年3月，××电网供电服务中心与产业园党工委就"如何加快构筑坚强可靠的电网，不断优化电力营商环境"进行讨论，并联合走访多家企业，详细解答用电问题，并收集企业的用电报装需求。

"时间就是效益，供电部门7天就完成了用电报装工作，项目还在施工，电就已经送到门口了。这让我们对后续的用电增容服务也很放心。"福瑞杰新材料有限公司负责人说。

供电部门还与当地全国人大代表和市、县、镇级代表，召开"听民声、征民意，推进连山十件民生实事"专题座谈会。通过各级人大代表的"牵线"，供电公司收集到对农网改造升级等方面工作的8项意见和建议，快速响应群众的用电需求。

目前，电网公司主动满足群众用电需求，大力推广网上智慧营业厅，积极探索"基础＋增值"用电用能新业态，努力做好群众用电业务办理"一次都不跑"。1～7月，已

为 114.1 万户居民或企事业客户办理了新增用电。

2. 提供贴心便利服务

某物流装备制造有限公司是一家集装箱生产企业，去年 4 月后订单量的迅速增多导致用电量骤然增大。今年 1～5 月，企业用电量达到去年同期的 1.6 倍，成本压力一下子增大许多。

供电服务中心了解到这一情况后，由客户经理为企业量身打造供电方案，通过业扩延伸投资累计为企业节约 1150 万元。疫情防控期间，客户经理还为企业推荐最优的基本电费计收方式，大大降低了客户用电成本。

为更好地服务老年人客户，电网公司出台《关爱老年人等特殊群体优抚服务举措》，从营业厅、客户经理、远程渠道三方面定制 12 项服务措施，切实为老年人等特殊群体提供更贴心便利的服务。

与此同时，电网公司于 6 月 1 日起在广东正式实施居民阶梯电价"一户多人口"政策。满 5 人及以上的居民家庭可享受更优惠的阶梯电价政策。符合政策条件的居民家庭，可以直接在网上快速办理，也可前往附近电网营业厅窗口办理，审核通过后，即可享受相关优惠。

二、 实践内容

2019 年 2 月，中共中央政治局会议指出，"要着力优化营商环境，培育壮大新动能，促进形成强大国内市场"。2019 年 10 月，国务院第 66 次常务会议通过《优化营商环境条例》。由此我们可以看出，优化电力营商环境是供电服务中重要的内容，请大家参考阅读材料中××电网公司的做法设计一次"优化营商环境办好用电实事"的社会实践活动，并在企业导师指导下完成此次任务。

三、 任务分组

按 8～10 人每组进行分组，明确每组成员的工作任务，并填写社会实践计划表，见表 5-1。

表 5-1 社 会 实 践 计 划 表

组号		组长	
实践时间		实践地点	
组员			

实践计划：

任务分工：

【实践过程】

社会实践过程指导：

（1）搜集关于电力营商环境的论述。

（2）从阅读资料中总结以上措施对应了哪些政策。

（3）参考阅读资料中的具体措施，以组为单位设计一次"优化营商环境、办好用电实事"的社会实践活动。

（4）在企业导师的指导下确定活动时间和地点，完成小组分工。

（5）实施过程要展现电力人的职业素养，各小组记录实践过程。

（6）活动结束后，各组总结实践效果，完成评价并进行反思改进。

【实践效果】围绕实践目的，重点介绍小组在实践过程中的总体表现，实践过程中发现的问题及解决方案。

【实践体会与评价】用自己的语言对本次社会实践效果进行评价，填写实践任务评价表，见表5-2。着重介绍自己的实践收获，针对实践过程中自己存在的不足，简要地提出今后的学习、锻炼和努力的方向。

表 5-2   实 践 任 务 评 价 表

序号	评价项目	评价标准	分值	评分	
				自评	小组评价
1	活动态度	态度明确、积极参与	20		
2	活动设计	讨论充分、目标清晰	10		
3	活动交流	真诚自然、感受深刻	10		
4	活动实施	认真负责、随机应变	20		
5	活动合作	互帮互助、民主和谐	10		
6	活动成效	协调有序、注重创新	20		
7	活动反思	认真总结、反思改进	10		
综合得分			100		

实践任务 2 　探索数字化供电所，助力乡村振兴

【实践目的】

（1）了解家乡供电企业数字化转型助力乡村振兴的具体措施。

（2）通过理论与实践的结合，提升乡村供电服务能力。

（3）强化作为电力人服务乡村振兴的责任意识。

【实践前准备】

一、资料阅读

供电所数字化转型，赋能乡村振兴

乡镇供电所作为电网企业的最前端，实现数字化转型，对于乡镇供电所提升供电服务水平、为乡村振兴助力具有重要意义。市供电公司围绕省、市公司数字化供电所建设要求，以"夯实数字化基础、提升数字化能力"两条主线，以"基层减负、数字赋能、提质增效"为方向，开展业务自动化、作业移动化、服务互动化、资产可视化、管理智能化、装备数字化为特征的数字化供电所建设，推进供电所数字化转型，实现基层减负提效。

精心掌灯
赋能乡村振兴

市供电公司某供电所员工通过库房的人脸识别门禁进入备品备件库房，凭装、换表工作单，一键扫码直接与营销 186 系统匹配表计资产及表计位置，并直接领用表计。库房的无人化管理，自动化流程与智能硬件设备，实现计量资产出入库流程环节的自动流转，大幅减轻了人工管理工作难度和工作量。这是该公司推进供电所数字化转型，打造无感智能表库建设的一个缩影。

目前，该供电所已完成 10 个常用系统业务系统接入调试及 6 个信息系统页面集成跳转，实现"一员工一个账号一次登录"，有效解决"多系统"登录问题。供电所现有移动作业终端应用，也实现了 95598 工单、停电监测、抄表工单、远程复电、营销普查、设备主人制等功能。同时，完成了"低压故障抢修智能短信通知""营业电费催缴""低压表箱普查""ORM 日作业计划统计"等 4 项数字化研发应用及 10kV 线路无人机巡检、智能表库日常管理 2 个场景应用，实现基层业务与已有系统深度融合优化，加强供电所重点业务移动化、线上化，供电所人员工作效率提升至 90％以上。

供电所数字化转型还不止这些，为更快响应老百姓尤其是农村地区用户的用电诉求，该供电公司开通了"村电共治"公众微信号，提供"我要办电、我要报修、我要留言、我要交电费、U 电工、拨打便民电话"6 大便民服务，24h"一呼即应"，让供电服务更"便民"，百姓用电更"舒心"。

"您可以用手机关注村电共治微信公众号，即使在家里也可以进行缴费，故障报修，办理业务装表流程，非常的方便。"为了让更多的农村用户使用"村电共治"微信公众号平台，该公司科数部技术团队研发了"老人版"模式，方便村民学会使用，更加方便、快捷用电。各供电所纷纷走出去，利用便民服务点、入户走访、微信群等方式，手

把手教会一些农村用户如何使用公众号进行电力故障报修、线上缴费，让更多的电力用户能享受到村电共治的便捷性、高效性。

二、 实践内容

党的二十大报告指出"全面推进乡村振兴。坚持农业农村优先发展，坚持城乡融合发展，畅通城乡要素流动。扎实推动乡村产业、人才、文化、生态、组织振兴"。乡村振兴、电力先行，通过阅读材料我们了解到作为供电服务最基层的组织——供电所正在通过数字化转型助力乡村振兴，请大家通过实地体验或远程视频等方式开展一次社会实践，了解自己家乡的供电服务都采取了哪些措施助力乡村振兴。

三、 任务分组

按 8～10 人每组进行分组，明确每组成员的工作任务，并填写社会实践计划表，见表 5-3。

表 5-3　　　　　　　　　　　　社 会 实 践 计 划 表

组号		组长	
实践时间		实践地点	
组员			

实践计划：

任务分工：

【实践过程】

社会实践过程指导：

（1）搜集关于服务三农，乡村振兴的论述。

（2）从阅读资料中总结以上措施提升了哪些供电服务能力。

网格化、
智能化营业厅

（3）以组为单位开展调研"供电所数字化转型，赋能乡村振兴"的社会实践活动。

（4）在企业导师的指导下确定调研时间和调研地点，完成小组分工。

（5）按照确定的调研时间和地点开展调研，各小组记录实践过程。

（6）活动结束后，各组总结实践效果，完成评价并进行反思改进。

【**实践效果**】围绕实践目的，重点介绍小组在实践过程中的总体表现，实践过程中发现的问题及解决方案。

【**实践体会与评价**】用自己的语言对本次社会实践效果进行评价，填写实践任务评价表，见表5-4。着重介绍自己的调研收获，针对实践过程中自己存在的不足，简要地提出今后的学习、锻炼和努力的方向。

表 5 - 4 实 践 任 务 评 价 表

序号	评价项目	评价标准	分值	评分	
				自评	小组评价
1	活动态度	态度明确、积极参与	20		
2	活动设计	讨论充分、目标清晰	10		
3	活动交流	真诚自然、感受深刻	10		
4	活动实施	认真负责、随机应变	20		
5	活动合作	互帮互助、民主和谐	10		
6	活动成效	协调有序、注重创新	20		
7	活动反思	认真总结、反思改进	10		
综合得分			100		

实践任务 3　网上国网 App 推广，足不出户的指尖生活

【实践目的】

（1）掌握国家电网 App 办电业务的操作流程。

（2）通过社区实践活动，提升供电服务能力。

（3）强化作为电力人职业认同感。

【实践前准备】

一、资料阅读

推广"网上国网"畅享"指尖服务"

"您只要下载网上国网 App，注册登录后，就可以线上办理查电费、交电费等业务，不出门、不排队，非常的方便……"8 月 15 日，国网河南省驻马店市某供电公司员工走上街头向广大用户推广"网上国网"App，并现场指导用户操作流程，让用户足不出户就能享受到"线上办电"的便利。

为进一步扩大网上国网客户辐射范围，打通线上办电推广"最后一公里"，真正解决客户往返营业厅的麻烦，该公司将推广注册工作纳入日常工作必要环节，连日来，组织工作人员采取多种方式大力推广"网上国网"App，全力确保用户足不出户享受"指尖"上的电力服务。该公司在各供电所营业厅张贴宣传海报，摆放宣传易拉宝、桌牌，让前来办理业务的用户"扫一扫"，注册"网上国网"用户端；组织专业推广宣传队进社区、进村镇、进农户，为群众提供面对面、一对一的"网上国网"App 讲解服务；定制微信朋友圈"网上国网"广告，根据地理定位，进行线上精准推广；开展"网上国网"超级会员日宣传活动，充分利用网上国网"超级会员日享立减"缴费优惠政策宣传的有利时机，推广介绍"网上国网"App。群众可通过扫描"网上国网"App 二维码，按照系统提示进行注册，实现随时享受线上办电、电费缴纳、账单查询、发票下载、故障报修等一站式服务，让"足不出户，轻松办电"的理念真正渗透到百姓生活，将方便快捷的供电服务送到千家万户。

目前，该供电公司已累计推广"网上国网"用户端 9.6 万余户。接下来，供电公司将持续加大推广力度，推动用电服务事项"网上办、掌上办、指尖办"，努力为客户打造一个舒适便利的用电环境，真正做到"让数据多跑路，让客户少跑步"，切实让广大客户享受到"指尖上的数字化便捷服务"。

二、 实践内容

通过阅读材料可以了解到，国家电网通过用电业务的移动端全覆盖实现了"让数据多跑路，让群众少跑腿"的供电服务，请大家开展一次"推广网上国网，畅享指尖服务"的实践活动，走进学校周边社区，跟随企业导师帮助居民足不出户办理所有用电业务。

熟练使用网络客户服务工具

三、 任务分组

按 8～10 人每组进行分组，明确每组成员的工作任务，并填写社会实践计划表，见表 5-5。

表 5-5　　　　　　　　　　　　社 会 实 践 计 划 表

组号		组长	
实践时间		实践地点	
组员			

实践计划：

任务分工：

【实践过程】

社会实践过程指导：

(1) 掌握国家电网 App 所有用电业务的办理流程。

(2) 从阅读资料中总结以上措施提升了哪些供电服务能力。

(3) 以组为单位进社区开展"推广网上国网，畅享指尖服务"的社会实践活动。

(4) 在企业导师的指导下设计推广方案，确定活动时间和活动地点。

(5) 完成小组分工，按照确定的活动时间和地点开展实践。

(6) 记录活动过程，活动结束后，各组总结实践效果，完成评价并进行反思改进。

【实践效果】围绕实践目的，重点介绍小组在实践过程中的总体表现，实践过程中发现的问题及解决方案。

【实践体会与评价】用自己的语言对本次社会实践效果进行评价，填写实践任务评价表，见表5-6。着重介绍自己的实践收获，针对实践过程中自己存在的不足，简要地提出今后的学习、锻炼和努力的方向。

表 5-6 实 践 任 务 评 价 表

序号	评价项目	评价标准	分值	评分	
				自评	小组评价
1	活动态度	态度明确、积极参与	20		
2	活动设计	讨论充分、目标清晰	10		
3	活动交流	真诚自然、感受深刻	10		
4	活动实施	认真负责、随机应变	20		
5	活动合作	互帮互助、民主和谐	10		
6	活动成效	协调有序、注重创新	20		
7	活动反思	认真总结、反思改进	10		
综合得分			100		

实践任务 4　分布式户用光伏电站收益计算

【实践目的】

（1）通过实践了解供电服务新内容。

（2）能够结合电价政策进行收益计算。

（3）提升供电服务能力。

【实践前准备】

一、资料阅读

2021 年分布式户用光伏电站收益

户用光伏已经发展了近 10 年了，时至今日仍有很多人不会计算光伏电站收益。每年光伏电站补贴都在变化，电价买入卖出也不同，确实有点复杂。今天我们一起看下 2021 年补贴情况下的光伏电站收益计算吧。想要安装光伏的朋友们进来一起了解下吧！

分布式户用
光伏电站收益

1. 成本计算

户用光伏报价在 3.2～4 元/W 范围，一般装机容量越大，价格越低。我们来计算投资 10kW 的光伏发电系统，10kW 的光伏发电系统大概占地 100m²。按照 3.6 元/W 的投资成本，初始投资额为 3.6 万元。

2. 收入计算

收益各电站不同，成本回收年数＝电站总投资/每年电站的总收益。全国大部分地方可以 6～7 年收回投资。一些自用比例高的、居民电价高的业主，还有一些有地方补贴的省份，不到 5 年就可以收回成本。

某户业主收益举例：

该省居民用户每月用电量划分为三档，电价实行分档递增。

第一档：电量每户每月 210 度（kW·h）及以下，电价不变，执行每 kW·h×0.5469 元。

第二档：电量每户每月 210～400kW·h 之间，在第一档电价基础上，每 kW·h 加价 0.05 元。

第三档：电量每户每月 400kW·h 以上，在第一档电价基础上，每 kW·h 加价 0.3 元。

假设业主每月用电量是 650kW·h，没装光伏电站前，业主每月的电费：210×0.5469＋（400－210）×0.5969＋（650－400）×0.8469≈440 元。

假如一个业主安装了一个 8kW 电站，平均每个月可以发电 750kW·h，业主光伏电站自发自用用电为 300kW·h，还有 450kW·h 电以当地燃煤标杆电价（脱硫煤电价）卖给电网公司。光伏电站的卖电收益＝余电上网电量×当地燃煤标杆电价＝450×0.39≈176 元。

业主还需要向电网买电电量：650－300＝350kW·h，需要向电网公司支付的电费

为 $210 \times 0.5469 +（350-210）\times 0.5969 \approx 198$ 元。同时，国家补贴 $= 750 \times 0.03 = 22.3$ 元。

同没有安装光伏时对比，每月节省电费 $440-198=242$ 元，卖电收入 176 元，国家补贴收入 22.5 元，每月合计收入＝节省电费＋卖电收入＋国家补贴＝ $242+176+22.5=440.5$ 元，每年合计收益 $440.5 \times 12 = 5286$ 元。

综上，成本回收年数＝电站总投资/每年电站的总收益＝ $32000/5286 \approx 6$ 年。

二、实践内容

通过阅读材料可以了解到，作为"双碳"行动中实现绿色转型和绿色发展的新能源主要力量，分布式光伏上网已成为供电服务新挑战。请大家开展一次"帮助分布式户用光伏电站测算收益"的实践活动，选择你身边的朋友或家人，在企业导师的指导下帮其测算收益情况。

三、任务分组

按 8～10 人每组进行分组，明确每组成员的工作任务，并填写社会实践计划表，见表 5 - 7。

表 5 - 7 社 会 实 践 计 划 表

组号		组长	
实践时间		实践地点	
组员			

实践计划：

_____

任务分工：

【实践过程】

社会实践过程指导：

（1）了解分布式户用光伏发电电价政策和上网服务情况。

（2）选择比较熟悉的朋友或家人作为服务对象，了解其具体情况。

（3）以组为单位结合电价电费政策和政府补贴等测算收益。

（4）邀请企业导师检验测算结果。

（5）记录操作过程，活动结束后，各组总结实践效果，完成评价并进行反思改进。

【实践效果】围绕实践目的，重点介绍小组在实践过程中的总体表现，实践过程中发现的问题及解决方案。

【实践体会与评价】用自己的语言对本次社会实践效果进行评价，填写实践任务评价表，见表5-8。着重介绍自己的实践收获，针对实践过程中自己存在的不足，简要地提出今后的学习、锻炼和努力的方向。

表5-8 实 践 任 务 评 价 表

序号	评价项目	评价标准	分值	评分	
				自评	小组评价
1	活动态度	态度明确、积极参与	20		
2	活动设计	讨论充分、目标清晰	10		
3	活动交流	真诚自然、感受深刻	10		
4	活动实施	认真负责、随机应变	20		
5	活动合作	互帮互助、民主和谐	10		
6	活动成效	协调有序、注重创新	20		
7	活动反思	认真总结、反思改进	10		
综合得分			100		

实践任务 5 大数据用能分析，帮您降本增效

【实践目的】

（1）通过实践强化大数据分析能力。

（2）检验供电方案提供能力。

（3）探索电力客户服务新内容。

【实践前准备】

一、资料阅读

利用大数据进行用能分析，助企降本增效

"有了能效账单的用能建议，我们申请更改了基本电费计费方式，一个月就省下了4000多元电费！"8月2日，某供电公司在开展客户大走访活动时，亿丰彩印有限公司电气负责人对供电能效账单赞不绝口。

利用大数据进行用能分析

亿丰彩印有限公司从事产品包装印刷行业，合同容量400kV·A。今年以来，用户部分生产设备停工检修，用电负荷有所下降，供电公司供电服务中心客户经理在走访时，对该客户用电情况进行了用能分析，并指导客户改为按实际最大需量计收基本电费，仅6月份一个月，就帮助企业节省基本电费4000多元，大大降低了企业生产成本。

近两年，该地区部分企业客户订单减少，用电负荷较以往降低，供电公司积极开展客户大走访活动，逐一了解企业生产情况，对负荷需求明显减少或停产企业，快捷办理暂停、减容业务，保证客户利益不受损。对两部制电价客户，主动引导客户优化调整基本电费计费方式，最大化节约客户电费支出，让惠及企业的政策有效落地。

"能效账单"是国家电网公司基于"网上国网"App，为客户提供的在线用能效率诊断单。该功能将供电服务与客户用电场景相结合，为客户可视化呈现负载分析、力调分析、峰谷分析、变损分析等用电数据，让客户对自己的用电情况一目了然。不仅如此，还能帮助客户最大程度提升用能效率，减少非必要电费支出，为企业提供电能能效服务，达到降本增效的目的。

供电公司持续推广"能效账单"功能，组织客户经理走进企业开展"能效账单"现场解读、案例推广服务，吸引客户主动下载"能效账单"。同时不断创新服务方式、丰富服务内容、提升服务品质，全面落地"用上电、用好电、不停电"服务体系，开展客户能效诊断、能源托管、多能供应、配电智能运维、分布式光伏建设运营等，积极为客户提供数字化、精益化、多维度的能效服务，为企业带来更多的个性化能效服务方案，切实帮助企业用户节约用电成本支出，提升企业"获得电力"用户感知，切实优化电力营商环境。

二、实践内容

通过阅读材料可以了解到，利用大数据帮助企业或居民进行电力能效分析是客户经理主动服务的重要体现。请大家开展一次"给电费体检，帮您省钱"的实践活动，选择你身边的朋友或家人，在企业导师的指导下通过电力大数据，了解客户当前的用电情况，进行能效分析，并针对其用电特点，给出用电改善建议帮助大家省电省钱。

三、任务分组

按 8～10 人每组进行分组，明确每组成员的工作任务，并填写社会实践计划表，见表 5-9。

表 5-9   **社 会 实 践 计 划 表**

组号		组长	
实践时间		实践地点	
组员			

实践计划：

任务分工：

【实践过程】

社会实践过程指导：

（1）熟悉电力营销系统（测试库）用能分析的操作方法。

（2）选择比较熟悉的朋友或家人作为服务对象，了解其用电情况。

（3）以组为单位利用电力大数据和电价电费政策开展数据分析。

（4）在企业导师的指导下设计省电方案。

（5）记录操作过程，活动结束后，各组总结实践效果，完成评价并进行反思改进。

【实践效果】围绕实践目的，重点介绍小组在实践过程中的总体表现，实践过程中发现的问题及解决方案。

【实践体会与评价】用自己的语言对本次社会实践效果进行评价，填写实践任务评价表，见表 5-10。着重介绍自己的实践收获，针对实践过程中自己存在的不足，简要地提出今后的学习、锻炼和努力的方向。

表 5 - 10   实 践 任 务 评 价 表

序号	评价项目	评价标准	分值	评分	
				自评	小组评价
1	活动态度	态度明确、积极参与	20		
2	活动设计	讨论充分、目标清晰	10		
3	活动交流	真诚自然、感受深刻	10		
4	活动实施	认真负责、随机应变	20		
5	活动合作	互帮互助、民主和谐	10		
6	活动成效	协调有序、注重创新	20		
7	活动反思	认真总结、反思改进	10		
综合得分			100		

附 录 资 源 目 录

资 源 目 录

任务	思政资源	课程资源
前言		课程介绍
项目1 电力客户服务人员形象塑造（备）——为中国电力代言		
任务1 轻松入门——电力职业礼仪展风采	1. 中国传统文化中的以人为本 2. 古代文化之服饰礼仪	1. 电力客户服务之着装礼（情景实录） 2. 电力客户服务之服务礼（情景实录） 3. 电力客户服务人员着装要求（"1＋X"证书） 4. 客户服务之仪态礼（情景实录）
任务2 新手上路——电力服务话术暖人心	3. 企业文化之职业表达 4. 《礼记》中的话术技巧	5. 营业窗口文明用语和忌语（企业标准） 6. 英语客户服务秘籍 7. 客户服务人员语言表达基本素质要求（"1＋X"证书） 8. 服务语言的表达技巧
任务3 内外兼修——自我心理建设强态度	5. 提高心理健康的简单方法 6. "同理心"《道德经》中的处事之道	9. 同理心的力量 10. 先管理自己情绪，再安抚客户情绪 11. 情绪管理 12. 情绪 ABC 理论 13. 电力客户服务人员解压妙招
项目2 电力客户关系建立（待）——人民电业为人民		
任务1 牛刀小试——电力客户识别分类	7. 办电进入"刷脸新时代" 8. 党的二十大报告指出：构建全国统一电力市场	14. 电力客户信息有效性识别（动画） 15. 电力客户分级管理 16. 客户的分类与处理技巧 17. 客户信息分类方法（动画） 18. 电力客户信息分类（动画）
任务2 大显身手——电力客户信息管理	9. 企业文化之职业道德 10. 筑牢电力客户信息安全	19. 客户信息管理的内容（动画） 20. 大数据环境下信息管理新模式（动画） 21. 客户关系管理信息系统（动画） 22. 客户信息的收集方式（动画）

任务	思政资源	课程资源
任务 3 融会贯通——用电咨询与查询	11. 行为规范（企业文化） 12. 服务永远排第一	23. 95598 供电服务热线标准（动画）（企业标准） 24. 中国电价高不高（动画） 25. 供电企业电力服务流程
项目 3 电力客户关系互动（办）——你用电，我用心		
任务 1 耐心听——认真倾听，了解需求	13. 以文化自信助推电力现代化 14. 全国劳模周海萍"愿做一束光 照亮千万家"	26. 倾听的技巧 27. 用心听，你的需求我明白 28. 倾听作用 29. 提问和复述的技巧
任务 2 细心想——高效沟通，确认需求	15. 了解中国戏曲"脸谱"，塑造客户沟通面孔 16. "立木为信"讲诚信	30. 有效的电话沟通 31. 对难沟通客户的交流方法 32. 沟通要素 33. 不同客户群体沟通的特点 34. 营业厅供电服务标准（动画）
任务 3 贴心做——提升体验，满足需求	17. 服务意识中社会主义核心价值观的体现 18. 企业文化：国家电网在奉献中践行使命	35. 留住客户的技巧——留下记忆的艺术 36. 以客户为中心的服务战略 37. 设计客户体验（动画） 38. 一对一营销步骤（动画）
任务 4 诚心改——客户投诉处理	19. 价值理念、战略目标（企业文化） 20. 古圣贤如何处理客户投诉	39. 客户投诉的处理技巧 40. 如何稳定自己的情绪 41. 如何稳定客户的情绪
任务 5 温心待——突发事件处理	21. 电力企业文化建设：我的班组我的家 22. 好心态成就好工作	42. 服务意识的三种境界（动画） 43. 突发事件的应急处理 44. 处理异议的技巧（动画） 45. 柜台服务突发事件处理（企业标准）
项目 4 电力客户关系维持（访）——"电"亮美好生活		
任务 1 电力客户满意度管理	23. 人民对美好生活的向往就是我们的奋斗目标 24. 营商环境（企业文化）	46. 客户回访典型任务（"1+X"证书） 47. 客户回访，优化用电方案 48. 顾客满意 49. 客户满意度评价步骤 50. 承诺服务

任务	思政资源	课程资源
任务2 电力客户忠诚度管理	25. 中国电力奇迹：从筚路蓝缕到世界第一 26. 为乡村全面振兴做好供电服务	51. 增值服务（动画） 52. 客户忠诚的意义（动画） 53. 客户忠诚的影响因素（动画） 54. 客户忠诚培养的关键（动画）
项目5 数字智能电力客户服务实践应用——数智中国谱写电力之光（社会实践指导手册）		55. "互联网＋"使客户服务换新颜
实践任务1 电力营商环境优化		56. 优化营商环境
实践任务2 探索数字化供电所，助力乡村振兴		57. 精心掌灯 赋能乡村振兴 58. 网格化、智能化营业厅
实践任务3 网上国网 App 推广，足不出户的指尖生活		59. 有温度的指尖语言 60. 熟练使用网络客户服务工具
实践任务4 分布式户用光伏电站收益计算		61. 分布式户用光伏电站收益（动画）
实践任务5 大数据用能分析，帮您降本增效		62. 利用大数据进行用能分析（动画）

参 考 文 献

[1] 邓向越.电力客户服务理论与实务［M］.北京：中国电力出版社，2008.

[2] 《供电企业新型客户关系管理》编写组.供电企业新型客户关系管理［M］.北京：中国电力出版社，2020.

[3] 汤大勇.电力客户服务［M］.北京：中国电力出版社，2020.

[4] 国家电网有限公司客户服务中心.95598电力客服专员岗前培训教材［M］.北京：中国电力出版社，2020.

[5] 国网盐城供电公司.供电营业厅窗口业务规范化服务手册［M］.北京：中国电力出版社，2021.

[6] 丁雯，李婷.客户服务实务［M］.大连：东北财经大学出版社，2019.

[7] 蔡映珍，庄跃峰，任文杰.客户关系管理［M］.成都：电子科技大学出版社，2020.

[8] 蔡志军，欧阳娟，周景景.服务营销［M］.成都：电子科技大学出版社，2020.

[9] 李先国，曹献存.客户服务实务［M］.北京：清华大学出版社，2006.

[10] 刘铜锁.电力客户用电服务一本通［M］.北京：中国电力出版社，2018.